한 번에 합격,
자격증은 이기적

이렇게
기막힌
적중률

함께 공부하고 특별한 혜택까지!

이기적 스터디 카페 🔍

구독자 13만 명, 전강 무료!

이기적 유튜브 🔍

자격증 독학, 어렵지 않다!
수험생 합격 전담마크

이기적 스터디 카페

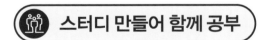 스터디 만들어 함께 공부

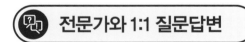 전문가와 1:1 질문답변

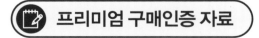 프리미엄 구매인증 자료

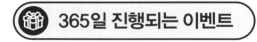 365일 진행되는 이벤트

이기적 스터디 카페

인증만 하면, 고퀄리티 강의가 무료!

100% 무료 강의

영진닷컴 이기적

1년 365일 이기적이 쏜다!

365일 진행되는 이벤트에 참여하고 다양한 혜택을 누리세요.

EVENT ❶
기출문제 복원

- 이기적 독자 수험생 대상
- 응시일로부터 7일 이내 시험만 가능
- 스터디 카페의 링크 클릭하여 제보

이벤트 자세히 보기 ▶

EVENT ❷
합격 후기 작성

- 이기적 스터디 카페의 가이드 준수
- 네이버 카페 또는 개인 SNS에 등록 후
  이기적 스터디 카페에 인증

이벤트 자세히 보기 ▶

EVENT ❸
온라인 서점 리뷰

- 온라인 서점 구매자 대상
- 한줄평 또는 텍스트 & 포토리뷰 작성 후
  이기적 스터디 카페에 인증

이벤트 자세히 보기 ▶

EVENT ❹
정오표 제보

- 이름, 연락처 필수 기재
- 도서명, 페이지, 수정사항 작성
- book2@youngjin.com으로 제보

이벤트 자세히 보기 ▶

N Pay
네이버페이
포인트 쿠폰
20,000원

영진닷컴 쇼핑몰
30,000원

- N페이 포인트 5,000~20,000원 지급
- 영진닷컴 쇼핑몰 30,000원 적립
- 30,000원 미만의 영진닷컴 도서 증정

※이벤트별 혜택은 변경될 수 있으므로 자세한 내용은 해당 QR을 참고하세요.

이기적 크루를 찾습니다!

WANTED

저자 · 강사 · 감수자 · 베타테스터 상시 모집

저자 · 강사

- **분야** 수험서 전 분야
  수험서 집필 혹은 동영상 강의 촬영
- **요건** 관련 강사, 유튜버, 블로거 우대
- **혜택** 이기적 수험서 저자 · 강사 자격
  집필 경력 증명서 발급

감수자

- **분야** 수험서 전 분야
- **요건** 관련 전문 지식 보유자
- **혜택** 소정의 감수료
  도서 내 감수자 이름 기재
  저자 모집 시 우대(우수 감수자)

베타테스터

- **분야** 수험서 전 분야
- **요건** 관련 수험생, 전공자, 교사/강사
- **혜택** 활동 인증서 & 참여 도서 1권
  영진닷컴 쇼핑몰 30,000원 적립
  스타벅스 기프티콘(우수 활동자)
  백화점 상품권 100,000원(우수 테스터)

◀ 모집 공고 자세히 보기

이메일 문의하기 ✉ book2@youngjin.com

기억나는 문제 제보하고 Ṅ페이 포인트 받자!
기출 복원 EVENT

| 성명 | 이기적 | 수험번호 | 2 | 0 | 2 | 4 | 1 | 1 | 3 |

Q. 응시한 시험 문제를 기억나는 대로 적어주세요!

① 365일 진행되는 이벤트 ② 참여자 100% 당첨 ③ 우수 참여자는 N페이 포인트까지

영진닷컴 쇼핑몰

30,000원

N Pay

네이버페이
포인트 쿠폰 **20,000원**

적중률 100% 도서를 만들어주신 여러분을 위한 감사의 선물을 준비했어요.

신청자격 이기적 수험서로 공부하고 시험에 응시한 모든 독자님

참여방법 이기적 스터디 카페의 이벤트 페이지를 통해 문제를 제보해 주세요.

※ 응시일로부터 7일 이내의 시험 복원만 인정됩니다.

유의사항 중복, 누락, 허위 문제를 제보한 경우 이벤트 대상에서 제외됩니다.

참여혜택 영진닷컴 쇼핑몰 30,000원 적립

정성껏 제보해 주신 분께 N페이 포인트 5,000~20,000원 차등 지급

이벤트 페이지 확인하기 ▶

이기적이 다 드립니다

여러분은 합격만 하세요! 이기적 합격 성공세트 BIG 3

영상으로 쉽게 이해하는, 무료 동영상 강의

공부하기 어려운 한국실용글쓰기 내용도 문제없이!
한국실용글쓰기 문제 풀이 요령에 대한 강의를 시청하세요.

추가적으로 궁금한 내용을 정리한, 부록 자료

도서의 이론 내용 이외에 추가적으로 독자들에게 준비해 드립니다.
PART 06 특별부록을 통해 더 많은 정보를 얻어 가세요.

무엇이든 물어보세요, 1:1 질문답변

한국실용글쓰기 시험에 대한 궁금증, 전문 선생님이 해결해 드려요.
스터디 카페 질문/답변 게시판에 어떤 질문이든 올려주세요.

※ 〈이기적 한국실용글쓰기 최신문제집〉을 구매하고 인증한 독자에게만 드리는 자료입니다.

이 모든 혜택 한 번에 보기 ▶

누구나 작성만 하면 100% 포인트 지급
합격 후기 EVENT

이기적과 함께 합격했다면,
합격썰 풀고 네이버페이 포인트 받아가자!

합격 후기
작성 시
100%
지급

네이버페이
포인트 쿠폰
25,000원

 카페 합격 후기 이벤트
이기적 스터디 카페에
합격 후기 작성하고 5,000원 받기!

5,000원
네이버 포인트 지급

▲ 자세히 보기

 블로그 합격 후기 이벤트
개인 블로그에
합격 후기 작성하고 20,000원 받기!

20,000원
네이버 포인트 지급

▲ 자세히 보기

- 자세한 참여 방법은 QR코드 또는 이기적 스터디 카페 '합격 후기 이벤트' 게시판을 확인해 주세요.
- 이벤트에 참여한 후기는 추후 마케팅 용도로 활용될 수 있습니다.
- 이벤트 혜택은 추후 변동될 수 있습니다.

이기적 스터디 카페 🔍

이렇게
기막힌
적중률

한국실용글쓰기
최신문제집

"이" 한 권으로 합격의 "기적"을 경험하세요!

YoungJin.com Y.
영진닷컴

차례

▶ QR코드를 스캔하여 한국실용글쓰기 시험 분석, 학습 방법,
객관식&주관식 문제 풀이 요령에 대한 동영상 강의를 시청하세요.

▶ 출제기준안에 따라 동영상 내용은 변경될 수 있습니다.

한국실용글쓰기
합격 강의

이 책의 구성

STEP 01

전문가가 핵심만 정리한
이론으로 학습

이론으로 들어가기 전 출제 요소를 되짚는 문제를 풀어보고, 꼭 필요한 내용만 뽑아 학습할 수 있도록 하였습니다.

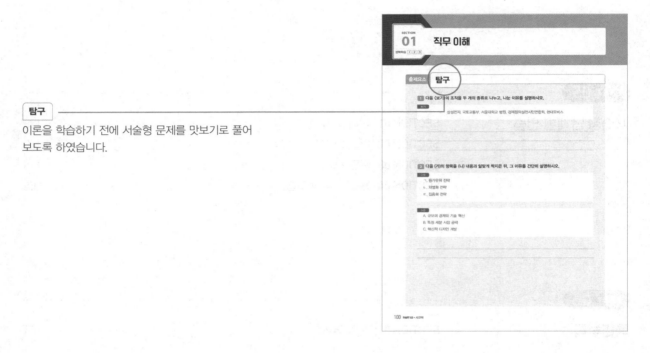

탐구

이론을 학습하기 전에 서술형 문제를 맛보기로 풀어 보도록 하였습니다.

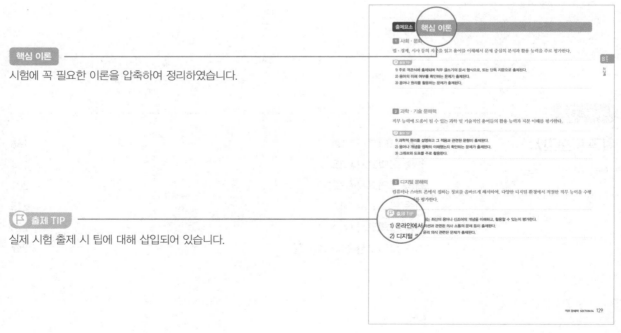

핵심 이론

시험에 꼭 필요한 이론을 압축하여 정리하였습니다.

출제 TIP

실제 시험 출제 시 팁에 대해 삽입되어 있습니다.

이론을 확인하는 문제로
복습 및 유형 파악

학습 후 이론을 확인하는 문제로 이론을 복습하고 자신의
실력을 체크하세요.

최종 모의고사 풀이로 마무리

출제 경향을 반영하여 개발한 최종 모의고사 5회입니다.
실전처럼 풀어보고 감각을 키워보세요.

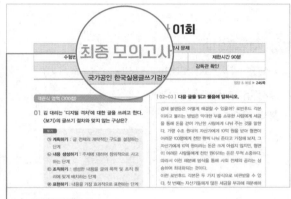

최종 모의고사

실제 시험에서 나온 문제들을 응용하여 풀 수 있도록 최종
모의고사가 준비되어 있습니다.

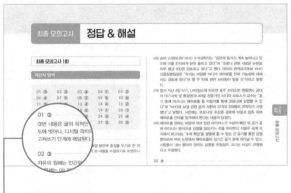

자세한 해설

정답 및 풀이에 대한 자세한 설명을 통해 문제를 이해할
수 있도록 하였습니다.

이론을 확인하는 문제

이론 학습 후 문제를 통해 실력을 바로 테스트해 보세요.

시험의 모든 것

01 시험 개요

- 한국실용글쓰기 검정 시험은 문화체육관광부로부터 자격기본법 제19조 의거한 국가공인 글쓰기 자격 시험이다.
- 실용글쓰기 검정 평가의 요지는 공공기관 및 기업체 등에서 직무 관련 글쓰기 능력의 평가(기안서, 기획서 등)에 있다.

02 시행 안내

- **시행처** : 한국국어능력평가협회(www.klata.or.kr)
- **응시자격** : 자격 제한 없음
- **출제 기준**

시험 과목	중 영역	소 영역
글쓰기 원리	계획하기	• 쓰기 맥락 분석 • 주제 설정 • 자료 수집 및 선택 • 구성 및 개요 작성
	표현하기	• 표현 전략(내용 생성과 조직) • 단어, 문장, 문단 쓰기 • 구성 및 전개 방식 • 표현 및 서술 방식
	글 다듬기 (고쳐쓰기)	• 글 단위별 고쳐쓰기 • 독자 고려 고쳐쓰기 • 평가와 조정(문서 다듬기)
글쓰기 실제	문서 이해	• 문서의 이해와 분류 • 문서 작성
	기안서, 품의서	• 기안서 이해와 분류 • 기안서 작성 • 품의서 이해와 분류 • 품의서 작성
	보고서	• 보고서 이해와 분류 • 보고서 작성
	기획서	• 기획서 이해와 분류 • 기획서 작성
	프레젠테이션	• 프레젠테이션 이해 • 프레젠테이션 작성

	홍보문, 보도문	• 홍보문 이해 • 홍보문 작성 • 보도문 이해 • 보도문 작성
	계약서	• 계약서 이해 • 계약서 작성
사고력	직무 이해	• 경영, 직무 이해 (대인관계, 갈등 · 고객관리, 자원관리) • 직무 관련 의사 소통
	수리 · 자료 활용	• 기초 연산 • 통계 해석 • 도표 해석
	문제 해결	• 문제 유형 • 사고 전략 • 문제 해결 과정
	직무 문해력	• 사회 · 문화 · 경제 문해력 • 과학 · 기술 문해력 • 디지털 문해력
글쓰기 윤리	글쓰기 윤리	• 저작권과 표절 • 인용 및 출처 • 글쓰기 윤리

• **영역별 문항 구성**

과목명	출제 문항 수		
	객관식	서술형	계
글쓰기 원리	7	2	9
글쓰기 실제	14	5	19
사고력	7	1	8
글쓰기 윤리	2	1	3
문항 합계	30	9	39
배점 합계	300	700	1000

03 시험 시간 및 배점

교시	시간	영역	문항 수	배점
1교시	120분	객관식	30(각 10점)	300
		서술형(단답)	5(각 30점)	150
		서술형(문장)	1(50점)	50
		서술형(문단)	2(100점)	200
		서술형(논술)	1(300점)	300
계	120분		39	1000

※ 공인시험(1급-준3급) 기준

04 등급별 합격 기준

등급	합격 기준
1급	총 1000점 중 870점 이상
2급	총 1000점 중 790점 이상
준2급	총 1000점 중 710점 이상
3급	총 1000점 중 630점 이상
준3급	총 1000점 중 550점 이상

05 자격증 활용 정보

- **고등학교 :** 생활기록부 기재
- **학점은행(평생교육진흥원) :** 자격 학점 인정
- **공무원/공기업/사기업 :** 채용 및 승진 등 가산점 적용
  - 경찰청, 소방청, 해양경찰청, 제주특별자치도, 부산광역시, 충청북도, 전라남도, 육군3사관학교, 육군부사관학교, KT, POSCO, 현대중공업, 현대엔지니어링, 한국전력공사, 한국수력원자력(주), 대한체육회, 국민건강보험, 한국농어촌공사, 근로복지공단, 한국지역난방공사, KSPO국민체육진흥공단, 도로교통공단, 건강보험심사평가원, 식품의약품안전처 등

➕ 더 알아보기

인터넷 검색 창에 한국실용글쓰기검정 또는 https://www.klata.or.kr을 입력하여 사이트에 접속 후, 공지사항과 자주 묻는 질문 등 시험 관련 정보를 확인하세요!

시험 출제 경향

PART 01 글쓰기 원리

글쓰기 과정을 나타내는 개념들을 〈보기〉에 제시하고, 그 제시문을 응용, 적용하는 문제가 주로 출제된다.

계획하기	• 개요 작성 유의점 • 주제의 요건
표현하기	• 글의 전개 방식 • 내용 조직의 원리
글 다듬기	• 주제의 일관성 • 독자 예상 반응

PART 02 글쓰기 실제

문서별 양식을 보여주고, 그 양식에 적합한 단어와 어절, 문장을 찾아야 하고, 해당 문서의 특징을 묻는 문제가 출제된다.

문서 일반	• 공문서 구성 요소 • NCS 기반 입사지원서 및 채용 공고문
기안서, 품의서, 제안서	작성 시 유의사항
보고서, 기획서	• 기획서 작성 과정 • 보고서 작성 시 유의사항
프레젠테이션	발표에 따른 적절한 도표 선정
홍보, 광고, 기사문, 보도문	• 기사문의 육하원칙 • 기사문의 표제 작성 • 광고의 특징 • 보도자료 구성 및 작성
거래 문서, 계약서	계약서 작성 시 유의사항

기본 경영과 직무 관련 개념에 대한 지문을 제시하여 활용 이해하는 능력, 수리 통계의 이해, 경영상 문제해결 기법의 활용, 직무에 필요한 사회, 과학, 디지털 등의 시사적인 글에 대한 이해를 묻는 문제가 출제된다.

직무 이해	• 의사소통능력의 구성 요소 • 높임 표현 • 자원관리 시 시간과 예산 관련 배치 문제 • 기업문화
수리, 자료 활용	• 자료 해석 및 도표의 종류별 특징 • 수리 계산 문제 출제(방정식, 측정 단위 등)
문제 해결	• 문제 유형(발생형, 탐색형, 설정형) • 사고 전략
직무 문해력	사회 · 과학 · 디지털 지문 파악과 응용

직무 및 글쓰기 윤리에 대한 제시글을 분석, 응용하는 문제가 출제된다.

글쓰기 윤리	저작권과 표절

Q&A

※시험에 대해 가장 궁금해하시는 내용을 모았습니다.

Q **한국실용글쓰기 시험 합격 후 자격증의 유효기간이 있나요?**

A 개정 전(2021년 12월 31일 이전 기준) 실용글쓰기 시험 자체의 유효기간은 5년이며, 취득일로부터 5년이 경과되면 홈페이지 내 보수교육의 절차(최대 1회)를 통해 다시 5년 갱신됩니다. 개정 후(2022년 1월 1일 이후) 유효기간은 2년이며, 취득일로부터 2년이 경과되면 만료되고 보수교육 및 갱신은 해당되지 않습니다.

Q **한국실용글쓰기 시험지는 시험 종료 후 회수하나요?**

A 한국실용글쓰기 검정 규정에 따라 문제 유출 방지, 응시자 확인, 추후 문제은행식으로의 전환을 위해 문제지를 회수하고 있습니다.

Q **시험 볼 때 준비물은 어떤 것이 있나요?**

A 신분증, 수험표(사진이 확인된다면 흑백도 가능), 컴퓨터 용 싸인펜, 검정 볼펜, 수정테이프입니다.

Q **개명으로 인해 이름이 변경되었을 때, 어떻게 해야 하나요?**

A 이름이 변경된 경우, 개명 후 주민등록초본을 협회에 등록된 아이디와 함께 기재하여 협회의 팩스(tel) 02-2064-0560) 혹은 이메일(Lee@klata.or.kr)로 보내주시고, 전화(02-2064-0306) 주시면 즉시 이름을 변경해 드립니다. 이름 변경 후의 자격증은 재발급을 이용해 주세요.

Q **채점은 어떻게 이루어지나요?**

A 객관식 마킹의 경우, 스캔 방식으로 채점이 이루어지며 예전과 달리 빨간펜 등을 모두 인식하기 때문에 이 점 유의해서 확인해 주시기 바랍니다.

Q **성적/자격 조회는 어디서 진행해야 하나요?**

A 국가공인 한국실용글쓰기 홈페이지에 들어가셔서 로그인 후, 자격취득조회 메뉴를 통해 조회하시면 확인하실 수 있습니다.

모든 수험서가 '단기 완성'이라는 명목으로 책을 출간하고 있다. 그러나 수험생의 어떤 능력을 단기 완성하겠다는 것인지는 명확하지가 않다. 물론 결론적으로는 교재를 통해서 수험생이 목표로 하는 점수를 빠른 시일에 획득할 수 있게 한다는 의미이지만, 최소한 수험서라면 좀 더 명확하게 단기 완성이라는 청사진을 수험생에게 제시해야 한다.

단기완성은 교재 내용을 간략히 줄이거나, 아니면 너무 방대하게 출제 요소를 다루어서도 안 된다. 이런 물리적인 양이 아니라 수험생들에게 어떤 능력을 단시일에 도달할 수 있도록 할 것인가라는 학습 전략적인 측면에서 살펴야 한다.

본 교재는 수험생의 서술형 쓰기 능력의 단기간 배양에 초점을 맞추었다. 따라서 이러한 목표에 불필요하다고 생각되는 요소들은 과감히 배제하였다. 실용글쓰기 검정 시험의 서술형 배점은 총 1000점 만점에 700점을 구성하고 있다. 실용글쓰기가 요구하는 수준의 글쓰기 능력에 도달되지 않는 한 고득점은 어려울 것이다. 따라서 본 교재는 실용글쓰기가 요구하는 수준의 글쓰기 능력을 최대한 빠른 시일에 효과적으로 도달할 수 있도록 기획하였다.

하지만 글쓰기 능력 배양은 무조건 지식의 양을 늘린다고 이루어지는 것은 아니다. 실용글쓰기 검정 시험이 높은 수준의 논술형 문제를 내는 것은 아니지만 최소한 직무 관련 사고력이 증진되지 않으면 서술형 문제들을 풀어내기는 어렵다. 그렇다면 시험 준비의 핵심은 단시일에 직무 관련 글쓰기 유형을 문장으로 서술할 줄 아는 능력을 갖추는 것이다. 따라서 본 교재는 이러한 쓰기 능력 중에서도 사고력 증진에 집중하였다.

이 책을 통하여 모든 응시자가 서술형에 강해져서 고득점을 할 수 있기를 바란다.

저자 **박원근**

저자약력

박원근

- (현) 날아라 교육 대표
- (현) 날아라 논술 프로그램 개발
- 저서) 한국실용글쓰기 초단기합격 기본서
- 저서) 한국실용글쓰기 최신문제집

PART

01

글쓰기 원리

글쓰기 원리 출제 분석

1 평균 출제 문항 수

구분	객관식	서술형	계
글쓰기 원리	8문제	2문제	10문제
전체 문항 수	30문제	9문제	39문제
출제 비중	27%	22%	25%

2 학습 전략

❶ 글쓰기 과정에 대한 흐름을 이해한다.
❷ 글 단위별 고쳐쓰기 사례 문제를 연습한다.
❸ 글의 통일성의 개념을 이해한다.

차례

출제요소 | 탐구

1 '공정 무역'에 대한 개요를 작성하려고 한다. 〈보기〉의 문장들을 논리적인 순서에 맞게 다시 쓰고, 주제와 맞지 않은 문장을 제외하시오.

> **보기**
> – 공정 무역 상품의 다양화로 공정 무역을 정착시켜야 한다.
> – 공정 무역은 생산과 유통, 소비 과정에서 합리적 이익 배분이 되는 장점이 있다.
> – 일반 소비자는 공정 무역이 무엇인지 잘 모른다.
> – 공정 무역이란 중간 상인의 개입을 최소화하는 무역 형태이다.
> – 관세로 국민 경제를 보호하는 것이 국가 차원에서는 공정한 행위이다.
> – 공정 무역은 취지에 비해 실상은 제대로 시행되지 않는다.

1) ....

2) ....

3) ....

4) ....

5) ....

탐구 답안

1 1) 공정 무역이란 중간 상인의 개입을 최소화하는 무역 형태이다. – 머리말 : 공정 무역의 개념

2) 일반 소비자는 공정 무역이 무엇인지 잘 모른다. – 본문1 : 공정 무역의 인지도

3) 공정 무역은 생산과 유통, 소비 과정에서 합리적 이익 배분이 되는 장점이 있다. – 본문2 : 공정 무역의 필요성

4) 공정 무역은 취지에 비해 실상은 제대로 시행되지 않는다. – 본문3 : 공정 무역의 실상

5) 공정 무역 상품의 다양화로 공정 무역을 정착시켜야 한다. – 결론 : 공정 무역의 과제

---

* 관세로 국민 경제를 보호하는 것이 국가 차원에서는 공정한 행위이다 : 공정 무역에 대한 내용이 아니고 보호 무역에 대한 문장이다.

1 쓰기 맥락 분석

글을 쓰려면 먼저 글의 주제를 무엇으로 정하며, 그 주제는 어떤 목적을 가지고 있으며, 그 주제와 목적을 읽을 독자의 수준과 범위를 고려해야 한다. 또한 그 글이 어떤 매체에 실릴 것인지, 즉 기사문인지 보고서인지 등을 결정해야 한다.

2 주제 설정

1) 주제

주제란 글의 중심 생각을 말한다. 주제가 불분명하면 독자는 글의 의도를 파악할 수 없다. 따라서 주제의 설정은 글 구성의 첫 단계에서 가장 중요한 요소이다.

2) 주제의 종류

주제는 대주제와 소주제로 나뉘는데, 대주제는 글 전체의 주제를 말하고, 소주제는 문단에서 다루는 주제로서 구체적이고 세분화된다.

3) 주제의 요건

① 구체성 : 주제는 범위가 명확해야 한다.
② 단일성 : 주제는 한가지 개념으로 나타내야 한다.
③ 독창성 : 주제는 새로워야 한다.
④ 관심성 : 주제는 글쓴이가 잘 알고 있어야 한다.
⑤ 공감성 : 주제는 독자가 흥미를 가져야 한다.

3 자료 수집 및 선택

1) 자료 수집의 의의

글을 쓰기 위해서는 주제와 목적에 맞는 자료 수집이 선행되어야 한다. 대부분의 글은 글쓴이의 지식에만 의존하는 것이 아니라 풍부한 자료조사와 수집에 의해 더욱 가치 있는 글이 될 수 있다.

2) 자료 수집과 선택의 원칙

자료 수집을 무조건 많이 한다고 좋은 글이 된다는 보장은 없으며 아래와 같은 원칙이 있다.
① 주제를 분명히 해서 자료 수집의 방향을 명확히 정한다.
② 자료의 근거 가치가 있어야 하므로 객관성이 있어야 한다.
③ 독자의 관심을 끌 수 있어야 한다.
④ 자료의 출처가 분명해야 한다.

3) 자료의 종류

① 문헌 연구 : 책, 논문, 기사문, 통계자료 등
② 질문지법 : 우편, 전화방문, 인터넷 설문 등
③ 면접법 : 직접 대화를 통한 자료 수집
④ 참여 관찰법 : 직접 참여하여 체험하면서 내용을 수집
⑤ 실험법 : 통제와 조직을 통한 실험 집단의 비교 분석을 통한 자료 수집

4 구성 및 개요 작성

1) 개요

개요란 글쓰기 준비 과정에서 전체적인 내용 흐름을 구상하기 위해 작성하는 계획서이자, 독자가 글 전체를 파악할 수 있도록 준비시켜주는 단계이기도 하다.

2) 개요 작성 단계

① 주제문과 자료 배열
  글의 내용을 포괄하는 주제문을 작성하고 그 주제를 논리적으로 뒷받침할 수 있는 자료를 선택한다.
② 글의 논리적 순서 배치
  주제문에 적합한 논리구조를 정하고 자료의 범위와 관계를 고려하여 글의 순서를 배열한다.
③ 개요 작성
  주제문과 주제를 뒷받침하는 핵심 문장을 작성한 후 앞서 배치한 순서와 논리적 관계를 고려하여, 뒷받침 내용을 정의, 부연, 예시의 관례로 정리해 작성한다.

이론을 확인하는 문제

01 김○○ 대리는 '창의적 사고 방법론'에 대한 글을 사내지에 게재하려고 한다. 글의 계획 중 적절하지 않은 내용은 무엇인가?

> 요즘 정보화 시대에 창의적 발상은 기업 마케팅 및 경영 성과에 절대적이므로 창의적 사고의 중요성을 알리는 글을 써야겠다. 그러려면 먼저 창의성 개념과 사고의 특징을 소개하고 이러한 사고 방식이 왜 사업과 경영에 중요한지 구체적인 사례를 통해 강조해야겠다.
>
> 그렇다면 먼저 글을 쓰기 위해 수집할 자료는 무엇으로 할까? 우선,
>
> ㉠ 창의성을 정의한 학자들의 글을 수집해서 표로 요약해야겠다.
>
> ㉡ 독자의 흥미를 유발하기 위해 성공적인 창의경영 사례와 제품을 소개해야겠다.
>
> ㉢ 다음으로 창의적 사고 방법들을 간단히 소개해서 직원들이 실무에 적용할 수 있도록 해야겠다.
>
> ㉣ 글의 구조는 창의성의 개념이해와 사례, 더불어 에너지 문제의 창의적 극복사례 등으로 순서를 정해야겠다.
>
> ㉤ 글의 중간중간에 창의적인 제품 사진을 배치해서 글의 흥미를 더욱 유발해야겠다.

① ㉠   ② ㉡

③ ㉢   ④ ㉣

⑤ ㉤

✔ 정답   ④

위 글은 창의성과 경영의 관계를 다루는 글로서 에너지 문제를 다루는 것은 글의 주제와 맞지 않고, 주제의 단일성을 이루지 못하게 한다.

02 글의 주제는 〈보기〉와 같은 요건을 갖추고 있어야 한다. 설명 중 〈보기〉의 항목과 잘못 짝지어진 것은?

주제의 요건

1. 구체성
2. 단일성
3. 독창성
4. 관심성
5. 공감성

좋은 주제란 ㉠ 포괄적인 주제보다는 문제의식을 갖고 초점을 좁히는 것이 좋다. ㉡ 무엇보다 주제 자체가 필자는 물론 독자 모두에게 관심 있는 주제여야 한다. 또한 ㉢ 좋은 글이 되려면 주제에 대한 당위적인 내용보다 논쟁적인 메시지를 담고 있어야 하며, ㉣ 흥미로운 논점을 보여주어야 한다. ㉤ 주제는 한눈에 보이도록 하나의 문장으로 만드는 것이 바람직하다.

① ㉠ – 구체성   ② ㉡ – 공감성
③ ㉢ – 독창성   ④ ㉣ – 관심성
⑤ ㉤ – 단일성

정답 ④

관심성은 주제에 대하여 글쓴이가 잘 알고 있어야 하는 것을 의미하는 요건이다. 그러나 ㉣은 공감성의 요건을 충족시키는 내용이다.

03 다음 글에 어울리지 않는 문장 개요를 고르시오.

> 한국은 빠른 속도로 저출산, 고령화 사회에 진입했고 더욱 가속화되는 중이다. 이로 인해 2020년대부터는 본격적인 노동력 부족 문제가 나타날 것으로 전문가들은 예측하고 있다. 무엇보다 인적 자원이 가장 강력한 자원인 21세기에 노동력 부족은 경제 성장을 위협하는 가장 큰 요소 중 하나이다. 이에 필자는 '여성인력의 활용' 대책이야말로 가장 효과적이고 최선책이라고 생각한다. 지금 한국 사회는 여성이 지속적으로 일할 수 있는 여건을 만들어야 하고 그러기 위해 정부가 나서서 역량을 집중해야 한다.
>
> 2000년 초반부터 현재까지 약 195조 원, 연간 15조 원, 여성이 임신, 출산, 육아 등의 이유로 경제활동을 포기한 데 따른 사회적 비용의 손실액이다. 한국여성정책연구원의 '여성 경력 단절의 사회적 비용 조사' 보고서에 따르면 이는 여성이 직장을 퇴사하고 잠시 쉬었다가 임금이 더 낮은 직장에 취업한 데 따른 임금손실액, 재취업을 위한 교육훈련비, 정부가 여성 경력 단절 방지를 위해 쓰는 예산 등의 비용을 추산한 비용이다.
>
> 정부는 이러한 여성의 경력단절을 막는 대책보다는 재취업을 돕는 데 집중하고 있다. 여성인력개발센터 새로 일하기 등의 정책사업이 대표적인 예이다. 그러나 법으로 명시된 제도와 현실 간의 괴리가 크기 때문에 이러한 제도 자체가 유명무실하다는 지적이 나온다. 경제활동을 하는 여성들은 "출산휴가, 육아휴직만 제대로 보장된다면 경력단절을 막을 수 있다."라고 주장한다. 이러한 현실이 의미하는 바는 제도를 만드는 것에 그치지 말고, 실제로 현장에서 어떻게 적용되는지 점검하여 실효성을 강화하는 보완대책이 뒤따라야 한다는 것이다. 보완대책이 마련되어야 이러한 제도가 여성의 당연한 권리라는 사회적 인식이 자리잡을 수 있을 것이다.
>
> 한국산업인력공단 2018

① 한국은 빠른 저출산, 고령화로 노동력 부족 문제가 나타날 것이다.
② 여성 인력의 활용이 노동력 부족 현상을 대비할 수 있는 최선이다.
③ 정부가 여성 경력단절 방지를 위해 쓰는 예산이 연간 15조 원이다.
④ 여성의 경제활동을 위해서는 기존 제도의 실효성을 강화해야 한다.
⑤ 여성의 경제활동을 위한 제도는 여성의 권리에 대한 사회 인식을 높일 것이다.

✓ 정답 ③

연간 15조 원의 비용은 임금손실액, 교육훈련비 등이 모두 포함된 금액이다. 여성 경력단절 방지를 위해 쓰는 정부 예산은 일부 항목일 뿐이다.

04 다음 개요를 〈보기〉의 설명과 같이 문장식 개요에서 항목식 개요로 고쳐 쓰시오.

꽃밭에 물을 준다. ➡ 문장식 개요

꽃밭에 물 주기 ➡ 항목식 개요

개요

(가) 무디스가 한국의 국가신용등급을 현상 유지했다.

(나) 무디스는 한국의 신용등급을 Aa2로 유지한다고 밝혔다.

(다) 국가신용등급은 해당 국가의 투자 여부를 결정하는 기준이 된다.

(라) 무디스는 한국의 신용등급을 올릴 가능성이 크다.

(가) ....

(나) ....

(다) ....

(라) ....

✓ 정답

(가) 무디스의 한국의 국가신용등급 현상 유지

(나) 무디스의 한국의 신용등급 Aa2로 유지 발표

(다) 해당 국가의 투자 여부 결정 기준인 국가신용등급

(라) 무디스는 한국의 신용등급을 올릴 가능성이 큼

표현하기

출제요소 | 탐구

1 김팀장은 나트륨 과다 섭취에 대한 초고를 작성하면서 글의 전개 방향을 다양하게 고려하고 있다. 각 문장들을 〈보기〉와 같이 키워드를 활용하여, 전개방식에 맞게 완성하시오.

> **보기**
>
> 키워드 : 가공식품
>
> 전개방식 : 원인
>
> ➡ 나트륨 과다 섭취는 (가공 식품의 증가 때문이다.)

1) 키워드 : 인식 부족

전개방식 : 원인

➡ 나트륨 과다 섭취는 (   )

2) 키워드 : 국, 찌개

전개방식 : 예시

➡ 나트륨은 (   )

3) 키워드 : 세 살 버릇

전개방식 : 비유

➡ 나트륨 섭취량을 줄이기 위해서는 (   )

4) 키워드 : 세계보건기구

전개방식 : 대조

➡ 우리나라 나트륨 섭취량은 (   )

탐구 답안

1　1) 나트륨 과다 섭취는 (대다수 국민이 섭취량을 줄여야 한다는 인식부족 때문이다.)

2) 나트륨은 (국, 찌개와 같은 국물에 많이 함유되어 있다.)

3) 나트륨 섭취량을 줄이기 위해서는 (세 살 버릇이 여든까지 간다는 말처럼 나쁜 식습관을 버려야 한다.)

4) 우리나라 나트륨 섭취량은 (세계보건기구 기준에 의하면 다른 나라에 비해 많은 것으로 나타났다.)

1 내용 생성과 조직

1) 내용 생성

글을 쓰기 위한 준비 단계로 글을 쓰는 목적과 독자를 고려하여 상황 맥락을 분석하는 과정으로서 글쓴이는 그 글의 주제에 맞는 아이디어를 생성하고, 자료를 수집하며 전체적인 내용을 구상한다.

2) 아이디어 생성 방법

① 브레인스토밍 : 주제에 맞는 내용들을 가능한 많이 자유롭게 작성하는 방법이다.

② 이미지 검색 : 주제와 관련된 이미지 검색을 통해 받은 영감으로 다양한 연관 아이디어를 생성한다.

③ 관련 텍스트 읽기 : 글의 주제와 목적에 부합하는 도서를 참고하며 글의 아이디어를 생성한다.

3) 내용 조직의 원리

① 통일성

• 주제와 무관한 내용이 없어야 한다.

• 한 단락 안에서는 반드시 하나의 중심 생각만 있어야 한다.

② 완결성

• 중심 문장에 대한 뒷받침 문장이 제시되어야 한다

• 진술에 대한 구체적인 부연, 보충, 이유 제시, 예시 등이 있어야 한다.

③ 일관성

• 각 문장들이 서로 긴밀히 결합되어야 한다.

• 적절한 접속어, 지시어를 사용해야 한다.

④ 단계성

글은 서론-본론-결론의 단계가 분명히 나타나야 한다.

⑤ 간결성

• 글의 의미가 분명하게 드러나도록 문장이 짜임새가 있어야 한다.

• 주제 제시에 필요한 내용만 드러나도록 구성해야 한다.

2 단어, 문장, 문단 쓰기

1) 단어와 문장

① 단어는 문장을 이루는 가장 기본적인 요소로서 여러 가지 종류로 분류할 수 있는데, 먼저 의미 성질에 따라 명사, 동사, 형용사 등으로 분류할 수 있으며, 단어 구조에 따라 복합, 합성, 파생어로 나눌 수 있다.

② 문장은 생각이나 감정을 말과 글로 완결된 내용으로 표현한 최소 단위이다. 문장은 기본적으로 말하는 사람이 표현하고자 하는 내용이 무엇인지에 따라 그 구조가 결정된다.

2) 문단

① 문단은 중심 문장 한 개와 뒷받침 문장들로 구성된 문장들의 집합이며, 전체 글 속에서 하나의 소주제를 담고 있다. 글은 내용과 형식에 따라 여러 개의 문단으로 나뉜다.

② 문단의 요건
- 하나의 문단에는 한 개의 소주제만이 있다.
- 문장들이 중심 문장을 축으로 긴밀히 연결된다.
- 문단은 소주제에 관해서 완결성을 갖추고 있다.
- 중심 내용은 명료하고 구체적으로 표현해야 한다.

③ 문단의 종류
- 두괄식 문단 : 중심 문장 + 뒷받침 문장들
- 미괄식 문단 : 뒷받침 문장들 + 중심 문장
- 양괄식 문단 : 중심 문장 + 뒷받침 문장들 + 중심 문장
- 중괄식 문단 : 뒷받침 문장들 + 중심 문장 + 뒷받침 문장들

3 구성 및 전개 방식

1) 글의 구성

글의 내용을 서론−본론−결론이나 기−승−전−결의 구조로 조직하는 것을 의미한다.

2) 글의 전개방식

전개방식이란 글을 구성하는 구조 속에서 글쓴이가 글의 내용을 펼쳐나가는 방식이다. 이를테면 서론−본론−결론의 구성 속에서 글 내용을 정의, 비교, 예시하는 방식으로 작성하는 것을 의미한다.

3) 전개 방식의 유형

① 내용 생성형 : 정의, 묘사, 분석, 일반화, 비교, 분류
② 내용 속성형 : 형태 특성, 사례, 구조, 공통점 · 차이점
③ 내용 배열형 : 나열, 반복, 병치, 생략, 요약, 종합

01 다음 글의 전개방식으로 가장 적절한 것은?

> 지방소멸은 지역 사회의 급격한 인구 감소로 생활 인프라 및 산업별 공급에 애로사항이 생겨 그 지역이 공동체로서 기능하기 어려운 상태를 의미한다. 이 '지방소멸'이라는 개념은 일본의 마스다 히로야가 쓴 책 〈지방소멸〉에서 처음 사용하였다. 지방소멸은 그 지역 사회만의 문제가 아니라 국가 전체의 문제와 연관되어 있다.
>
> 지방소멸의 가장 큰 원인 중 하나는 일자리가 너무 수도권 중심으로만 분포되어 있어 청년 일자리가 지방에서는 턱없이 부족하다는 것이다. 이러한 수도권 과밀, 집중화 현상이 저출산, 고령화 사회가 지속되면서 지방 중소도시의 소멸 위기가 가속화되고 있다. 이를 극복하기 위해서는 지역별 인프라의 확대 정책과 지역 맞춤형 산업 생태계를 조성하는 것이 시급하다.

① 열거하는 방식으로 문제의 핵심을 다루고 있다.
② 문제의 원인과 해결하기 방식으로 작성하였다.
③ 비슷한 점이나 차이점을 들어 대상의 특성을 설명하고 있다.
④ 찬성 · 반대의 관점을 비교하고 대안 제시를 하였다.
⑤ 일어난 순서대로 서사적인 배열로 구성하였다.

✅ **정답** ②
지방소멸의 원인이 청년 일자리 부족에 있고, 이를 극복하기 위해 산업 생태계 조성이라는 해결책을 제시하고 있다.

02 다음 글의 ㉠, ㉡, ㉢에 쓸 수 있는 단어로 가장 적절한 것은?

> 고령자 운전에 의한 사고가 늘고 있는 (㉠)이다. 택시업계는 65세 이상일 정도로 연령대가 올라갔다. 고령자 운전사고가 늘어나자 노인 운전을 규제하거나 면허증 반납을 받아야 한다는 주장이 거세지고 있다. 경찰청 (㉡)에 따르면 65세 이상 고령 운전자가 급증하면서 교통사고로 늘어나는 통계치를 보여주었다. 노인의 운전면허 자진 반납시 각종 혜택을 주거나 일정 연령이 되면 운전면허를 (㉢)하는 외국(뉴질랜드)의 정책을 고려할 필요가 있다.
>
> 그러나 아직 노령자 운전이 위험하다는 과학적, 객관적 통계가 나와있지 않은 상태이다.

	㉠	㉡	㉢		㉠	㉡	㉢
①	말소	집합	추세	②	상황	통계	생성
③	추세	추계	말소	④	판로	통계	발급
⑤	유출	의견	정정				

✅ **정답** ③
추계 : 일부를 가지고 전체를 미루어 계산하다.

03 김 팀장은 사내에 건의함 설치를 위한 제안의 글을 작성하였다. 글의 전개방식에 대한 분석으로 적절하지 않은 것은?

> 말은 해야 맛이고 고기는 씹어야 맛이라 했습니다. 직원들의 애로사항과 소수 의견이 있다면 언제든지 회사를 향해 말할 수 있어야 합니다. '작은 소통'이 원활하게 이루어질 때 회사라는 큰 배는 산업이라는 넓은 바다를 항해할 수 있을 것입니다. 만약 직원들의 의견 통로가 막힌다면 회사의 창의적인 분위기가 활성화되지 못해서 결국 회사의 경쟁력 악화로 이어질 것입니다.
> 따라서 건의함 설치를 제안합니다.

① 비유적인 표현으로 건의 내용을 강조하고 있다.
② 관용표현으로 내용을 전개해서 관심을 모으고 있다.
③ 건의 내용을 뒷받침하기 위해 조건문을 사용하였다.
④ 주장하는 바를 반복을 통해 강조하고 있다.
⑤ 주장글이지만 은유적인 표현으로 완곡하게 표현하였다.

정답 ④

글의 본래 목적인 건의함 설치 제안은 글의 끝부분에만 나타나있다.

04 다음 중에서 A~D에 들어갈 적절한 단어를 한 개씩만 찾아 기호와 함께 순서대로 쓰시오.

| 조건 | A~D 기호를 쓰지 않으면 0점 처리함

> • 방만(放漫) : 맺고 끊는 데가 없이 제멋대로 풀어져 있음
> • 교란(攪亂) : 마음이나 상황 따위를 뒤흔들어서 어지럽고 혼란하게 함
> • 궁색(窮塞) : 아주 가난함. 말이나 행동의 이유나 근거 따위가 부족함
> • 결제(決濟) : 증권 또는 대금을 주고받아 매매 당사자 간의 거래 관계를 끝맺는 것
> • 공통(共通) : 둘 또는 그 이상의 여럿 사이에 두루 통하고 관계됨

> • 모든 사람들이 겪고 있는 (　A　) 문제는 빈곤이었다.
> • 질문에 대한 답변이 어색하고 (　B　)하기 짝이 없다.
> • 회사는 돌아오는 어음의 (　C　)을/를 거부하였다.
> • (　D　)한 운영으로 운영비가 불필요하게 나갔다.
> • 지구 온난화로 인해 생태계의 (　E　)이/가 우려된다.

정답

A : 공통, B : 궁색, C : 결제, D : 방만, E : 교란

글 다듬기(고쳐쓰기)

출제요소 **탐구**

1 다음 글의 밑줄 친 문장과 어구들은 고쳐야 할 부분들이다. 왜 고쳐야 하는지 그 이유를 간단히 쓰시오(문장을 수정할 필요는 없음).

> 인터넷 발달과 더불어 악성적인 댓글로 인해 사회문제가 점차 심각해지고 있다. ㉠ <u>왜냐하면</u> 이제는 그러한 댓글이 법정소송으로 이어지는 경우가 흔하게 일어난다.
>
> 건전한 비판이 아닌 근거 없는 악성 댓글이 ㉡ <u>당사자들이</u> 얼마나 큰 고통과 피해를 주는지 우리 모두 인식할 필요가 있다.
>
> ㉢ <u>인터넷의 발달 정도는 무엇보다도 인터넷 접속 속도가 얼마나 빠른지를 기준으로 측정될 수 있다.</u>
>
> ㉣ <u>우리 모두는 악성 댓글의 위험성을 인식하며 더불어 올바른 문장쓰기에도 주의를 기울어야 한다.</u>
>
> 좋은 댓글은 다른 사람에게 용기와 희망을 주고 더불어 아름다운 사회로 발전하게 될 것이다.

㉠ _____

㉡ _____

㉢ _____

㉣ _____

탐구 답안

1 ㉠ 접속어가 자연스럽지 않다. '그래서'로 고쳐야 한다.

㉡ 조사의 쓰임이 잘못되었다. '당사자들에게'로 고쳐야 한다.

㉢ 글의 흐름과 어긋나는 문장이다.

㉣ 한가지 주제만 다루어 통일성이 있어야 한다. 악성 댓글이 주제인데 올바른 문장까지 다룰 필요는 없다.

1 고쳐쓰기 의미

고쳐쓰기는 글쓴이가 의도한 글과 실제로 작성한 글 간의 불일치를 조정하고, 문자 및 문법적 오류를 수정하며 더불어 글이 표현하려는 내용과 독자의 이해간의 불일치를 조정하는 것을 의미한다.

2 글 단위별 고쳐쓰기

1) 글 수준

- 주제를 벗어난 내용이 없는지
- 독자가 이해할 수 없는 내용이 있는지
- 주제가 일관된 관점으로 서술되었는지
- 근거 문장들이 타당성 있는지
- 제목이 적절한지

2) 문단 수준

- 서론, 본론, 결론이 적절하게 짜여 있는지
- 한 문단에 소주제가 여러 개인지
- 문단별 중심 내용이 명확한지
- 이어주는 말을 올바르게 사용했는지

3) 문장 및 단어 수준

- 문맥에 맞지 않는 단어는 없는지
- 단어가 중복된 것은 없는지
- 주어와 서술어의 호응이 잘 되었는지
- 문장 길이가 적절한지

4) 표기 수준

- 문장 부호가 적절하게 사용되었는지
- 잘못된 표기는 없는지
- 띄어 쓰기는 정확한지

평가	검토 내용
주제의 일관성	글의 내용이 명료하면서 글쓴이의 사고가 중심내용 중심으로 전개되었는가?
조직	• 글의 전개 과정과 구조는 일치하는가? • 문단별로 그 기능이 잘 작동하는가? • 논리적 모순이 있는가?
독자 인식	• 독자의 흥미를 고려하였는가? • 독자의 다양한 입장을 고려하였는가? • 독자의 이해를 충분히 고려하였는가?
언어와 문체	문장구조 등 어휘의 적절성 어법의 정확성

01 다음은 사내보 편집장이 보낸 요청과 그에 따라 사내 기자 김○○이 작성한 초고이다. 초고에 대한 부적절한 조언은?

> 안녕하세요. 사내보 편집장입니다. 이번 사내지에 '공유지의 비극'이라는 내용의 글을 게재하려고 합니다. 전 직원들이 이 용어를 쉽게 이해할 수 있는 원고 부탁드립니다.

〈초고〉

소를 키우는 마을에 모두가 사용할 수 있는 목초지가 있다면 그 목초지는 서로가 경쟁적으로 소를 방목해서 금새 황폐해질 것이다. 즉 사용제한이 없는 공유지를 마구 사용해서 그 기능을 상실케 하는 것이 '공유지의 비극'이다. 이와 비슷한 사례를 우리 사회 곳곳에서 경험할 수 있다.

이 문제를 해결하는 방법은 우선 단순 직접 규제 방식이 있는데 신속한 해결 방안이기는 하지만 강제력에 대한 반발이 있을 수 있다. 또 다른 대안으로 공유지의 소유권을 명료히 접하는 코즈적 접근 방식이 합리적이라는 의견이 있지만 공평성의 문제가 있다.

이 공유지의 비극은 환경오염과 자원고갈이라는 심각한 문제로 확대되기 때문에 시급히 합리적인 해결 방안이 정착되어야 한다.

① '공유지 비극'이라는 용어에 대한 구체적인 사례가 더 있어야 한다.
② 해결방안에 대한 설명이 편집자의 요청에 잘 부합되지 않는다.
③ 편집장이 설명글을 요구했으니 끝부분 개인 주장은 불필요하다.
④ 용어에 대한 배경 설명과 과정이 더 추가되어야 한다.
⑤ 단락별 소주제를 좀 더 명확히 하는 뒷받침 문장을 보충해야 한다.

✅ 정답 ③ ———

설명글이어도 그 내용에 대한 개인적 의견이나 주장을 나타낼 수 있다. 오히려 설명하는 대상을 더 잘 이해할 수 있다.
① 공유지 비극에 대한 우리 생활 속 사례가 더 필요하다.
② 용어를 쉽게 이해할 수 있는 글을 부탁했으나 '단순 직접 규제 방식'이나 '코즈적 접근 방식'이라는 용어들을 별도 설명 없이 사용하고 있다.
④ ②번 설명과 동일하다.
⑤ 1문단에서는 사례를 보충하는 문장을, 그 문단은 용어 설명의 문장이 더 보충되어야 한다.

02 다음 글에 대한 독자의 예상 반응으로 적절하지 않은 것은?

> 4.17 남북정상회담을 계기로 남북 경험 기대가 고조되고 있는 가운데 남북 간 경제력 격차가 새삼 관심사다. 1일 한국은행의 경제통계시스템에 따르면 남북한의 경제력은 계속 격차가 확대돼 지금은 비교가 불가능한 수준이다. 한은이 통계를 작성하기 시작한 1990년과 2016년의 주요지표 남한/북한 배율을 비교해 보면 확연해진다. 명목 국민총소득(GNI)은 지난 1990년 12.1배에서 2016년 45.3배로 격차가 4배가량 커졌다.

① GNI와 GDP는 어떤 차이가 있는 거지?
② 한은의 북한경제통계는 어떻게 산출한 것이지?
③ GNI 기준으로 남북한의 격차를 금액으로 환산하면 얼마일까?
④ 북한은 세계 최빈국 수준에 해당할까?
⑤ 핵실험으로 인한 대북제재는 어느 정도 수준일까?

✅정답 ⑤

핵실험으로 인한 대북제재는 위 글의 요지인 '남북한 경제력 차이'라는 주제에 벗어난 반응으로서 글을 통해 연상된 질문일 뿐이다.

03 다음 글에 대한 수정 방안으로 적절하지 않은 것은?

> 선의의 거짓말을 해서는 안 된다. 아무리 선의로 한다고 하더라도 거짓말은 나쁠 수밖에 없다. 거짓말은 이미 선의가 아니기 때문이다. 그런데 거짓말을 하여 이득을 보는 일도 있다. 다른사람이 어머니의 거짓말을 듣고 자신을 칭찬해 주면 부끄럽기는 하지만 기분 좋은 것도 사실이다. 그리고 보면 거짓말은 나쁜 것이지만 때에 따라 좋은 것도 될수 있다.

① 글의 논리성이 부족해서 앞뒤를 고쳐야 한다.
② '밖에'가 명사로 쓰였으므로 '나쁠 수 밖에'로 띄어 써야 한다.
③ 관형사 '다른'은 뒤에 말과 띄어 써야 하므로 '다른 사람'으로 고친다.
④ 마지막 부분을 "거짓말은 때론 하고 싶은 유혹을 불러일으키기도 한다"로 고친다.
⑤ '될수 있다'를 '될 수 있다'로 띄어 쓴다.

✅정답 ②

이 글에서 '밖에'는 명사가 아니라 조사이므로 붙여 써야 한다.

04 영진빌딩의 관리인은 다음과 같은 '화장실 이용 수칙'을 화장실의 문에 붙였다. 다음 안내문에서 잘못된 3곳을 찾아 고쳐 쓰시오.

| 조건 | 1. 잘못된 것만 골라서 고쳐 쓸 것(맞는 것을 골라 고쳐 쓴 경우 감점 있음)
         2. 맞춤법이 잘못된 곳 1개, 띄어쓰기가 잘못된 곳 1개, 주어와 서술어의 잘못된 호응관계 1곳임

화장실 이용 수칙

1. 휴지나 비누 등 비품은 각 사무실에서 직접 갖추어 사용하셔야 합니다.

2. 휴지통에는 휴지 외 컵라면, 일회용품 등의 재활용품을 버리지 않습니다.

3. 공동의 공간이니 깨끗하게 사용해주시기 바랍니다.

4. 화장실은 금연입니다.

✅ 정답

2. 휴지통에는 휴지 외 컵라면, 일회용품 등의 재활용품을 버리지 <u>않습니다.</u>

3. 공동의 공간이나 깨끗하게 <u>사용해 주시기</u> 바랍니다.

4. <u>화장실에서는</u> 금연입니다.

글쓰기 실제

글쓰기 실제 출제 분석

1 평균 출제 문항 수

구분	객관식	서술형	계
글쓰기 실제	13문제	5문제	18문제
전체 문항 수	30문제	9문제	39문제
출제 비중	44%	50%	46%

2 학습 전략

❶ 각 문서의 특징과 작성 시 유의사항을 숙지한다.

❷ 각 문서를 실제로 작성하면서 문서별 표현의 특징을 익힌다.

❸ NCS 기반 입사지원서를 반드시 숙지한다.

차례

문서 이해

1 다음 표는 글쓰기와 문서의 차이점을 나타낸 것이다. 빈칸에 알맞은 말을 써 넣으시오.

구분	문서	글쓰기
주제	(가)	생각
표현	정확한 사실을 구성	(나)
능력	(다)	상상력

가 ....

나 ....

다 ....

2 다음 〈보기 1〉의 내용을 〈보기 2〉의 형식으로 간단히 정리하시오.

보기1

　사내 업무 시설 노후화로 교체의견이 많아서 주무 부서와 함께 이 문제를 논의하려고 합니다. 이번 금요일 오후 2시에 저희 총무팀 회의실에서 회의를 진행할 예정입니다. 인사과와 재무팀, 기획실 부서장께서는 반드시 참석하시기 바랍니다.

보기2

발신	
제목	
내용	
수신	
수신처	

3 면접관의 입장에서 〈보기〉와 같이 다음 항목들에 임의의 질문을 하나씩 만드시오.

> 보기
>
> 자기개발능력 : 지난 3년 동안 귀하가 성취한 일 중 가장 보람있었던 것은?

1) 자기개발능력 ⋯⋯⋯⋯⋯⋯⋯⋯⋯⋯⋯⋯⋯⋯⋯⋯⋯⋯⋯⋯⋯⋯⋯⋯⋯⋯⋯⋯⋯⋯⋯⋯⋯⋯

2) 문제해결능력 ⋯⋯⋯⋯⋯⋯⋯⋯⋯⋯⋯⋯⋯⋯⋯⋯⋯⋯⋯⋯⋯⋯⋯⋯⋯⋯⋯⋯⋯⋯⋯⋯⋯⋯

3) 대인관계능력 ⋯⋯⋯⋯⋯⋯⋯⋯⋯⋯⋯⋯⋯⋯⋯⋯⋯⋯⋯⋯⋯⋯⋯⋯⋯⋯⋯⋯⋯⋯⋯⋯⋯⋯

4) 조직이해능력 ⋯⋯⋯⋯⋯⋯⋯⋯⋯⋯⋯⋯⋯⋯⋯⋯⋯⋯⋯⋯⋯⋯⋯⋯⋯⋯⋯⋯⋯⋯⋯⋯⋯⋯

5) 의사소통능력 ⋯⋯⋯⋯⋯⋯⋯⋯⋯⋯⋯⋯⋯⋯⋯⋯⋯⋯⋯⋯⋯⋯⋯⋯⋯⋯⋯⋯⋯⋯⋯⋯⋯⋯

🔎 탐구 답안

1 가 : 사실

나 : 독창적인 내용 생성

다 : 현상 파악

※ 상기 내용에 준하는 어휘나 문장을 사용하면 정답 인정

2

발신	총무팀
제목	업무시설 노후화 대책
내용	상기 건으로 금요일 오후 2시에 총무팀 회의실에서 주무 부서와 논의하려 함
수신	수신처 참조
수신처	인사과, 재무팀, 기획실

3 1) 자기개발능력 : 지원한 직무분야와 관련하여 어떠한 노력을 하였는가?

2) 문제해결능력 : 계산 실수로 비용이 발생했을 때 어떻게 대처할 것인가?

3) 대인관계능력 : 신뢰 형성을 위하여 귀하는 어떠한 노력을 하는가?

4) 조직이해능력 : 지원하는 조직의 사회 공헌 요소는 무엇이라고 생각하는가?

5) 의사소통능력 : 고객이 전혀 설명을 이해하고 있지 못할 때 어떠한 조치를 취할 것인가?

※ 상기 내용에 준하는 어휘나 문장을 사용하면 정답 인정

1 문서 일반

1) 문서의 개념

업무에서 의사소통의 가장 중요한 도구이다. 문서는 업무 활동과 관련된 사람들의 의사를 여러 가지 방법으로 표현하고 설명하는 방식으로 좁은 의미로는 문자 또는 이에 대신할 수 있는 일정한 부호를 사용하여 사람의 생각이나 사물의 상태나 관계 등을 글로 쓴 것으로 정의할 수 있다. 넓은 의미로는 좁은 의미의 문서 외에 그림, 지도, 사진, 컴퓨터 디지털 파일 등도 문서라 할 수 있다.

2) 문서의 기능

① 의사의 기록화 · 구체화

문서는 사람의 의사를 구체적으로 표현하는 기능을 갖는다. 주관적인 의사를 문자나 기호로 매체를 통하여 문서화함으로써 내용을 구체화한다.

② 의사의 전달

문서는 자기의 의사를 타인에게 전달하는 기능을 갖는다. 구두로 전달하는 것보다 정확하게 내용을 전달할 수 있다.

③ 의사의 보존

문서는 의사를 오랫동안 보존하는 기능을 가지면서, 의사표시를 시간적으로 유지하는 역할을 한다.

④ 자료 제공

보관 · 보존된 문서는 필요한 경우 참고자료 내지 증거자료로 제공되어 업무 활동을 지원할 수 있다.

⑤ 사무의 연결 · 조정

문서의 기안 · 결재 및 협조과정 등을 통해 조직내외의 사무처리 및 정보순환이 이루어져 업무의 연결 조정 기능을 할 수 있다.

3) 문서처리의 원칙

① 신속처리의 원칙

문서는 내용 또는 성질에 따라 그 처리기간이나 방법이 다르지만 업무 수행을 위하여 가능한 조속히 처리해야 한다.

② 책임처리의 원칙

문서는 정해진 사무분장에 따라 각자가 직무의 범위 내에서 책임을 가지고 관계규정에 따라 신속 · 정확하게 처리하여야 한다.

③ 적법처리의 원칙

문서는 법령 등 각종 규정에 따라 일정한 형식 및 요건을 갖추어야 함은 물론 권한 있는 자에 의하여 작성, 처리되어야 한다.

④ 전자처리의 원칙

문서는 전자처리를 원칙으로 하며 문서의 기안, 검토 등 모든 처리절차가 전자문서 시스템에서 전자적으로 처리되는 것이 좋다.

4) 문서의 분류

구분	종류
작성 주체	• 공문서 : 행정기관의 공무상 문서 • 사문서 : 사적인 목적의 문서
내용	• 공개문서 : 비밀이 없는 문서 • 비밀문서 : 비밀을 요구하는 문서 • 일반문서 : 일반 사무처리 문서(통보 등) • 특별문서 : 특별한 용도의 문서(감사장 등)
수신 대상	• 대내문서 : 품의서, 보고서, 협조전 • 대외문서 : 안내장, 통지서, 주문서
성질	법규문서, 지시문서, 공고문서, 민원문서, 일반문서

5) 문서 작성의 원칙

① 전달하고자 하는 내용을 완전히 알고 있어야 한다.

② 전달하고자 하는 목표를 명확히 해야 한다.

③ 효과적인 형식이 무엇인지 생각해야 한다.

④ 대상에 대한 이해와 분석을 해야 한다.

⑤ 문장은 긍정문 형식으로 쓴다.

⑥ 결론을 먼저 쓰고 이유와 설명을 덧붙인다.

⑦ 반드시 필요한 경우가 아니면 한자 사용을 자제한다.

⑧ 육하원칙을 지키며 용어를 정확히 사용해야 한다.

2 공문서

1) 공문서 개념

행정기관 내부 또는 상호 간이나 대외적으로 공무상 작성 또는 시행되는 문서 및 행정기관이 접수한 문서로서 기안자와 결재자, 수령자와 발신의 의사소통을 성립시킨다.

2) 공문서 작성 요약

① 두문

• 발신 기관명 : 문서 발신 행정기관명을 정중앙에 기재

• 문서번호 : 문서를 분류하고 보관하는 데 용이하도록 함

• 수신 : 문서를 수령할 기관이 많을 경우 수신란에 '수신처 참조'라고 기재

• 경유 : 수신 기관의 열람 전 미리 열람하는 기관

• 참조 : 공문서를 처리할 주무 부서장

② 본문
- 제목 : 문서의 내용을 명료하게 알 수 있도록 기재
- 내용 : 구어체와 경어체를 원칙으로 내용을 쉽게 파악할 수 있도록 작성
- 첨부 : 첨부물이 있을 경우 본문 밑줄에 작성

③ 결문
- 문서 작성 기관장의 직위를 문서 중앙에 기재
- 내부 문서는 발신 명의 미표시

3 입사문서

1) 입사문서 구분

구분	내용

채용공고문	• 개념 : 회사에 필요한 인재를 모집하기 위해 작성한 문서
	• 작성 원칙
	  – 명확한 응시자격 기준
	  – 지원자의 필요 서류
	  – 채용과 상관없는 내용 제외

입사지원서	• 개념 : 입사 지원자의 경력 및 적성 등을 파악하기 위한 기본 문서
	• 작성 원칙
	  – 학력, 경력, 자격을 사실대로 기술
	  – 자격, 어학, 수상 경력 기재
	  – 사실 증명

2) NCS 입사문서

① NCS

NCS(National Competency Standards, 국가직무능력표준)는 산업현장에서 직무를 수행하는 데 요구되는 지시, 기술, 소양 등의 내용을 국가가 산업분야별, 수준별로 체계화한 것이다.

② 기존 채용과 NCS 기반 채용의 차이점

구분	기존 채용	NCS 기반 채용
채용공고문	모집 분야 정보제공	채용 분야별 직무 명세 제공
서류전형	자전적 소개서	직무 관련 자기소개서
필기전형	인성, 적성평가	직무능력 측정 필기 평가
입사지원서	비구조화 면접	직무능력 평가의 구조적 면접

③ NCS 기반 입사지원서

• 특징 : 해당 기관의 직무수행에 꼭 필요한 사항만을 기재하게 되어 있어서 지원자들이 불필요한 스펙을 쓸 필요가 없다.

• 구성

  – 인적사항 : 지원자의 이름, 생년월일, 연락처 등 최소 필요 정보

  – 교육사항 : 학교 교육과 직업 교육으로 구성

  – 자격사항 : NCS 세분류별로 제시된 자격현황을 참고하여 해당 직무와 관련 있는 것만 기재

  – 경력사항 : 경력기술서, 경험기술서, 자기소개서에 구체적으로 명시

• 자기소개서 : 지원자의 일대기를 기술하는 방식이 아닌 지원동기, 조직적합성, 직업기초능력을 평가하는 방식으로 구성된다.

  – 자기개발능력 : 귀하가 최근 5년 동안 성취한 일은? / 직무 분야에서 성공한 노력의 결과는?

  – 문제해결능력 : 예상치 못한 일을 처리한 경험은? / 부서 내 예산 부족 시 대처 방안은?

  – 대인관계능력 : 신뢰 형성 과정을 기술하시오.

  – 조직이해능력 : 지원동기 / 조직의 중요성을 기술하시오.

  – 의사소통능력 : 대화로 소통 불능 시 대처 방안은?

  – 직업윤리 : 책임 전가 없이 업무를 완수한 경험을 기술하시오.

01 문서에 관한 설명으로 적절하지 않은 것을 고르시오.

① 업무와 관련된 내용을 신속하게 보고할 때 필요하다.
② 업무 과정, 결과를 확정하는 의사소통의 도구이다.
③ 멀티미디어 매체는 문서로 포함하지 않는다.
④ 작성 주체에 따른 구분으로는 공문서와 사문서로 분류한다.
⑤ 신속 처리의 원칙은 문서의 처리 원칙 중 하나이다.

✅ **정답** ③
넓은 의미에서의 문서는 음성 녹음테이프나 비디오테이프 같은 멀티미디어 매체까지 포함한다.

02 문서는 수신 대상에 따라 대내문서와 대외문서로 구분된다. 다음 중 대외문서에 해당되지 않는 것은?

① 보고서
② 청구서
③ 신청서
④ 영수증
⑤ 견적서

✅ **정답** ①
보고서는 내부적으로 결재를 받는 대내문서에 해당한다. 청구서, 신청서, 영수증, 견적서 등의 경우에는 대외문서에 해당한다.

03 문서의 성질에 따른 구분으로 적절하지 않은 것은?

① 헌법, 법률, 조례 및 기록에 관한 것은 법규 문서이다.

② 일정한 사항을 지시하는 기록이 담긴 것은 지시 문서이다.

③ 일정 사항을 기록하여 업무에 활용하는 문서는 일반 문서에 포함된다.

④ 어떤 특정한 사항을 일반인에게 알리기 위한 내용의 문서는 공고 문서이다.

⑤ 일반인이 어떤 기관에 특정 행위를 요구하는 문서는 민원 문서이다.

☑ 정답 ③

일정 사항을 기록하여 업무에 활용하는 문서는 비치 문서이다. 비치 문서는 행정 기관 내부에서 대장, 카드 등의 형식으로 업무에 활용하는 문서를 말한다.

04 공문서에 관한 설명으로 옳은 것을 고르시오.

① 기업 활동을 하는 데 있어서 요구되며 기획서 등도 포함된다.

② 일상 용어뿐 아니라 전문 용어도 종종 들어간다.

③ 두문, 본문, 결문으로 구성되며 두문의 문서번호 같은 경우엔 기관기호와 분류번호만이 사용된다.

④ 법률상 공문서는 행정상에 비해 범위가 더 넓게 쓰인다.

⑤ 문장을 서술할 때는 두괄식으로 서술하도록 한다.

☑ 정답 ⑤

공문서의 문장을 서술할 때는 두괄식으로 서술하도록 한다.

05 다음 중 작성해야 하는 문서의 종류가 다른 것 하나를 고르시오.

① 상사가 부하 직원에게 시행해야 하는 사항들을 정리하여 전달
② 2주 동안 필요할 것으로 예상되는 여러 물품들을 정리하여 거래처 홍보팀에게 전달
③ 고객의 문의 사항을 해당 부서에 전달
④ 중요한 이벤트 집행을 앞두고 상사에게 결재를 올리려는 상황
⑤ 사내 연구팀이 연구 결과를 알리는 상황

✓정답 ②

①, ③, ④, ⑤는 외부로 발신하지 않고 기업체 내부적으로 작성하는 대내문서이고 ②는 거래처 홍보팀이라는 외부를 대상으로 보내는 것이기에 대외문서이다.

06 입사지원서 작성 방법에 있어 옳지 않은 것을 고르시오.

① 사진은 단정한 복장으로 촬영한 최근 3개월 이내의 것을 사용한다.
② 취미 모임이나 어학 연수, 사회 봉사, 동아리 활동 등도 특이사항에 기록할 수 있다.
③ 학력에 있어서는 고등학교 때부터의 사항을 기술하도록 한다.
④ 지원하는 분야와 관련된 수상 경력은 최대한 간단하게 적는다.
⑤ 입사지원서의 마지막에는 '상기 기재 사항은 사실임을 확인'이라는 문구를 꼭 적는다.

✓정답 ④

지원 분야와 관련된 수상 경력은 사소한 것이라도 모두 기록해야 한다.

07 자기소개서 작성 원칙에 대한 내용으로 옳지 않은 것은?

① 약간의 허구보다는 최대한 솔직하게 작성한다.

② 최대한 간결한 문장으로 중심 내용을 전달한다.

③ 내용을 강조하기 위해 중의적인 표현이 부분적으로 들어갈 수 있다.

④ 문체, 어법, 호칭, 경어 등에 있어서는 일관성을 지킨다.

⑤ 주제에 맞추어 통일되게 작성하여 어긋난 내용을 작성하지 않도록 한다.

✅ 정답 ③

자기소개서에는 중의적이거나 중복된 표현을 피해야 하는 명료성이 존재한다.

08 다음 중 자기소개서 작성 과정의 순서로 옳은 것은?

㉠ 주제 정하기

㉡ 기관이나 기업에 대한 정보 수집

㉢ 해당 기업, 기관의 자기소개서 양식 확인

㉣ 자기소개서의 구성 항목 확인

㉤ 초고 작성, 글 다듬기

㉥ 내용 구상, 그리고 정리

---

① ㉠ - ㉡ - ㉤ - ㉣ - ㉢ - ㉥

② ㉡ - ㉢ - ㉣ - ㉠ - ㉥ - ㉤

③ ㉣ - ㉠ - ㉢ - ㉤ - ㉥ - ㉡

④ ㉡ - ㉠ - ㉣ - ㉤ - ㉢ - ㉥

⑤ ㉠ - ㉡ - ㉤ - ㉣ - ㉥ - ㉢

✅ 정답 ②

먼저 정보부터 수집하고 그 기관이나 기업 자기소개서의 양식을 확인한 뒤, 구성 항목을 확인하고 주제를 정한 다음 내용 구상과 정리를 해 나간다. 초고가 완성되면 글을 다듬는다.

09 다음 직무 기술서의 경험사항과 아래의 〈자료〉를 바탕으로 [조건]에 맞는 경험사항을 기술하시오.

| **조건** | 1. 〈자료〉의 내용을 바탕으로 〈경험사항〉을 두 문장 이내로 작성할 것.
2. 60자 이내로 작성할 것.

직무 기술서

경험사항

경험사항은 직업 외적(금전적 보수를 받지 않고 수행한)인 활동을 의미하며, 팀 프로젝트 활동, 연구회 활동, 동아리/동호회 활동 등이 포함될 수 있습니다. 아래의 지시에 따라 해당하는 내용을 기재해 주십시오.

자료

활동 기간	소속 조직	주요 역할	활동 주요 내용
3년	동아리 – 로봇 세계	회장	전국 대학생 로봇 경진대회 우수상

✓ 정답

저는 대학교 재학 3년 동안 로봇 개발 동아리에서 회장으로 활동하면서 전국 대학생 로봇 경진대회에 참가해 우수상을 수상하였습니다.

※ 상기 내용에 준하는 어휘나 문장을 사용하면 정답 인정

기안서, 품의서

출제요소	탐구

1 인사과 A씨는 부서의 복사기가 노후화되어서 업무 효율이 떨어진다고 생각했다. 그래서 새 복사기를 구입해야겠다고 생각하고 총무팀에 가서 새 복사기를 구입해야 할 필요를 조리 있게 설명했다. 그러나 A씨의 설명은 받아들여지지 않았다. 총무팀은 절차가 잘못되었다는 말만 했는데, 무엇이 잘못되었는가?(50자 내외로 작성할 것)

2 A씨는 사내 체육대회에 대한 기안서를 부서장에게 제출했다. 그러나 부서장은 내용 보충을 요구하며 다시 쓸 것을 제안하였다. A씨가 제출한 내용이 다음과 같을 때, 무엇이 빠져 있는가?

> **A씨의 기안서 기본내용**
>
> 1. 제목 : 0000년도 추계 사내 체육대회 실시 건
>
> 2. 내용
>
> – 일자 : 0000년 10월 29일 토요일 오전 10시 ～ 오후 3시
>
> – 장소 : 영진 근린 공원
>
> – 경기종목 : 축구, 배구, 줄다리기
>
> – 기타사항 : 통근 버스 운영

3 회사 업무에 도움이 되는 좋은 아이디어를 생각한 A씨는 사내제안서를 쓰려고 한다. 제안서를 쓰기 위해서 유의할 점을 3가지 이상 작성하시오.

_____

_____

_____

_____

_____

탐구 답안

1 인사과 A씨는 새 복사기를 사기 위해서는 품의서를 작성해서 먼저 상급자에게 보고 및 결재를 받아야 한다.

2 기안자명, 기안일자, 두문(행사를 계획하게 된 경위), 별첨(일정표, 예산, 운영방식 등)

3 1) 제안 이전과 이후를 시각자료를 활용하여 작성한다.
2) 중요한 부분을 강조하기 위한 쓰기 전략을 활용한다.
3) 육하원칙에 따라 쓴다.
4) 틀에 얽매이지 않게 쓴다.
5) 간단한 문체로 쓴다.
6) 제안명, 제안 이유, 제안 내용, 실시 효과 순으로 명료하게 쓴다.
※ 상기 내용에 준하는 어휘나 문장을 사용하면 정답 인정

1 기안서

1) 개념

진행하고자 하는 업무의 의사결정을 위해 작성하는 문서로서 결재권자의 승인을 목적으로 한다. 해당 업무를 담당하는 사람이라면 누구든지 기안서를 작성할 수 있다.

2) 기안서 작성 시 유의사항

① 육하원칙에 따라 작성하여야 한다.

② 이해하기 쉬운 용어로 쓰고 전문 용어나 애매한 어휘를 피해야 한다.

③ 주로 능동문으로 써야 한다.

④ 결론을 앞서 제시해야 한다.

예

기안서

보존기간	영구/반영구 0000.03.13.	결 재	담당	계장	과장	부장	사장
기안일자	0000년 3월 13일						
기안 책임자	홍길동						
수신 참조 경유	내부결재	발신 명의			발 송 인		
제목		기업부설연구소 설립에 따른 기술인력 채용의 건					

기술연구소 설립에 따른 필요인원(연구전달요원 자격자) 충원을 아래와

같이 하고자 하오니 검토 후 재가하여 주시기 바랍니다.

- 아 래 -

1. 충원목적 : 기업부설연구소 설립에 필요한 연구전달요원 신규채용

2. 업무내용 : 연구개발 담당

3. 충원인력 : 2명

4. 필요요구사항
 (1) 자연계열 4년제 대학 졸업자

끝.

2 품의서

1) 개념

업무 특정 사안에 관한 구체적인 의견이나 결재를 받기 위한 문서로서 구매, 인력 채용, 업체 제휴 등 수량과 단위, 금액을 구체적으로 기술할 수도 있다.

2) 품의서의 종류

① 구매 품의서 : 지출 내역의 원인과 과정을 기록하여 보관할 수 있다.

② 제안 품의서 : 업무 개선 및 새로운 업무 제안으로 결재의 사안이 있다.

③ 행사 품의서 : 행사의 전 과정을 일목요연하게 보여 주어서 결재권자의 결정에 도움을 준다.

④ 채용 품의서 : 담당자의 신분을 분명히 기재해야 한다.

예

품의서	결재	담당	부서장	임원	사장
		/	/	/	/

기안일자		전결규정	
문서번호		보존연한	
합의			
기안구분		작성자	

제목 : 도서 구입의 건

1. 직원들의 사기 진작과 동기부여 및 업무활성화에 도움이 되게 도서구입을 하고자 합니다.
2. 도서명 및 상세 내용은 아래와 같습니다.
3. 검토 후 재가 바랍니다.

- 아 래 -

1) 와인 폴리 : 매그넘 에디션
 • 저　자 : Madeline Puckette, Justin Hammack
 • 역　자 : 차승온
 • 출판사 : 영진닷컴

2) THE FOOD LAB 더 푸드 랩
 • 저　자 : J. 켄지 로페즈-알트
 • 역　자 : 임현수
 • 출판사 : 영진닷컴

3) 그림 속 여자가 말하다
 • 저　자 : 이정아
 • 출판사 : 영진닷컴

4) 라탄으로 만드는 감성 소품
 • 저　자 : 김수현
 • 출판사 : 영진닷컴

3 사내 제안서

1) 개념

사내 제안서는 회사에서 아이디어 공모를 할 경우 일정한 서식이 있을 수 있지만 대개 제안하는 내용에 따라 다양한 형태로 구성할 수 있다. 그러나 제안 목적과 필요 경비, 아이디어 효과, 협조 부서 등 핵심 사항을 명확하게 기술하여야 한다.

예

업무개선 제안서								
제안명			제안자(또는 그룹)					
			소　　　속					
			성명(그룹 명칭)					
			대　표　자　명				(인)	
			소　　속　　장				(인)	
현재의 문제점								
개선의 구체적 내용				기대할 수 있는 효과				
실시에 있어서의 문제점								
관련 부서에 대한 의뢰사항								

접수								
No.	결재	담당	과장	부장	이사	사장	심사위원회 개최	

4 기안서, 품의서, 제안서의 차이

구분	개념	의사결정	문서번호	문서형식
기안서	업무계획 및 실행에 대한 의사결정을 요청하는 문서	결재	있음	정형화
품의서	업무 특정 사안에 대한 결재권자의 승인을 요청하는 문서	결재	있음	정형화
사내 제안서	회사의 새로운 아이디어를 상사에게 제시하는 문서	참조	없음	비정형화

01 기안서에 대한 설명으로 옳지 않은 것을 고르시오.

① 접수한 문서를 처리할 때 쓰인다.
② 본인이 맡은 업무와 관련하여 특정한 안건을 제안할 때 쓰인다.
③ 상급자가 나에게 지시한 상황을 처리하기 위해 쓰일 때도 있다.
④ 법령, 규정 등에 근거해 기안이 필요할 때 쓰인다.
⑤ 특정 안건에 대해 구체적인 의견이나 결재를 받기 위한 문서이다.

✅정답 ⑤ --

특정 안건에 대해 구체적인 의견이나 결재를 받기 위한 문서는 품의서이다.

02 다음 중 기안서를 작성할 때의 유의사항으로 틀린 것을 고르시오.

① 문장은 능동문으로 써서 적극적인 느낌이 들게 한다.
② 되도록 구체적으로 설명이나 정보, 해석 등을 추가한다.
③ 이해하기 쉽게 쓰되 구체적으로 쓰도록 한다.
④ 긴 문장보다는 짧고 간결하게 쓰도록 해야 한다.
⑤ 전문 용어, 한자어 등이 필요할 때는 괄호 안에 보충해서 써야 한다.

✅정답 ② --

기안서를 작성할 때는 불필요한 설명이나 해석 등은 피하고 꼭 필요한 요점만 써야 한다.

03 다음 중 품의서의 목적으로 옳지 않은 것을 고르시오.

① 어떤 문제를 해결하기 위해 결재권자에게 의사 결정을 요청할 때 쓰인다.
② 접수한 문서를 처리할 때 쓰인다.
③ 비용과 관련된 사안에 결재를 받기 위해 작성한다.
④ 작성 전에 집행 예정금액이 예산 범위 이내인지 확인할 필요가 있다.
⑤ 해당 내용을 그대로 진행해도 될지 승인을 얻기 위한 문서이다.

✅ 정답 ①

결재권자에게 의사 결정을 요청할 때 쓰이는 문서는 기안서이다.

04 어떤 문서에 대해 설명하고 있는 다섯 사람 중 그 설명이 틀린 사람은?

① 혜주 : 과장된 표현이나 지나친 수식어는 되도록 피하는 것이 좋아.
② 시연 : 읽는 사람을 생각해서 이해하기 쉬운 용어를 사용하는 것이 좋지.
③ 지수 : 기업의 내부에서 결정된 사항을 다른 단체나 타 기업에 발신하기 위하여 작성하는 경우도 있지.
④ 예인 : 회사 내 자신의 업무를 개인이 발안하는 경우에도 작성할 수 있어.
⑤ 희진 : 기업 내에서 주요 사안에 대한 의사 결정이 필요할 때 올리는 문서인 만큼 일정 직급 이상의 직원만이 작성할 수 있지.

✅ 정답 ⑤

해당 문서는 기안서로 어떠한 문제를 해결하기 위해 그 방안을 문서로 작성해서 결재권자의 의사 결정을 요청하는 문서이다. 그러므로 해당 업무를 담당하는 사람이라면 직급에 얽매이지 않고 누구나 작성할 수 있다.

05 다음 중 제안서에 관한 설명으로 옳지 않은 것을 고르시오.

① 제휴 제안서는 자신의 기업과 제휴 관계를 맺고 공동 이익을 창출하여 나누기 위하여 작성한다.

② 제품을 제공하는 기업이 의뢰한 기업으로부터 제안받은 사업을 어떻게 수행할 것인지에 대해 정리한 자료이다.

③ 업무의 일정 부분을 외부 기업에 의뢰하기 위해 작성하는 문서는 투자 제안서이다.

④ 중요한 부분을 강조하기 위해 글씨체를 바꾸거나 밑줄을 긋는 전략이 사용되기도 한다.

⑤ 새로운 아이디어나 개선점 등을 상사에게 제시하는 문서는 사내 제안서이다.

✅정답 ③

업무의 일정 부분을 외부 기업에 의뢰하기 위해 작성하는 문서는 투자 제안서가 아니라 용역 제안서이다.

06 다음 문서에 대한 설명으로 적절하지 않은 것을 고르시오.

> 다음과 같이 품의하오니 검토 후 재가하여 주시기 바랍니다.
>
> 1. 목적 : 기업 홍보용 영상 제작에 따른 용역 업체에 대금을 지급하기 위함
>
> 2. 결제 금액 : 중도금 20,000,000원(계약에 근거)
>
> 3. 지급 일시 : 품의 완료일로부터 즉시
>
> 4. 첨부 자료
>
>   ① 홍보영상 제작 용역 (ⓐ) 사본 1부
>
>   ② 홍보영상 제작 용역 세부 견적 사본 1부
>
>   ③ 계약에 따른 홍보용 영상 결과물

① 사내 문서에 해당된다.

② 품의 내용에 근거해 ⓐ에 '계약서'가 들어갈 수 있다.

③ 실질적 효력을 발생시키는 문서로 볼 수 있다.

④ 중도금보다는 최종 결제 금액만을 정확히 명시해야 한다.

⑤ 결과물 최종 완성의 여부는 위의 문서만으로 판단하기가 힘들다.

✅정답 ④

해당 문서는 품의서로 비용과 관련된 사안에 대해 결재를 받기 위한 문서이므로 비용에 관련된 사항도 최대한 구체적으로 작성해야 한다.

07 품의서 작성 시 유의사항으로 옳지 않은 것을 고르시오.

① 작성하기에 앞서 관련 정보를 수집한다.
② 작성할 때는 구체적이고 사소한 것까지 세세하게 작성한다.
③ 명확한 논점 정리가 중요하다.
④ 초안을 작성하고 검토하는 것도 필요하다.
⑤ 끝으로 잘못된 부분이 있으면 수정하고 목적과 일치하는지 확인한다.

✓ 정답 ②

품의서 작성 시에는 간결하게, 이해하기 쉬운 말로 작성하는 것이 좋다.

08 품의서의 종류에 관한 설명으로 옳지 않은 것을 고르시오.

① 필요한 물품을 구매하기 위해 품명이나 규격, 단가, 수량 등을 기재해 결재를 구하는 것이 구매 품의서이다.
② 기존의 업무에 대한 개선책이나 새로운 업무를 제안하는 문서는 제안 품의서이다.
③ 채용 품의서는 직원이나 사원 채용에 대해 상급자의 의사 결정을 요청하기 위한 문서이며 세밀한 부분이라도 따로 별첨하지 않는다.
④ 행사 준비와 진행, 실시 효과 등을 항목별로 기술하고 표, 그림 등으로 그 내용을 작성하여 결재권자가 보다 쉽게 의사 결정을 할 수 있게 작성하는 것이 행사 품의서이다.
⑤ 구매 품의서에는 기업 지출 내역이 공문으로 남아야 하는 것을 감안해 구매 내역, 적요를 기록하고 절차에 따라 결재를 받는다.

✓ 정답 ③

전체적인 내용 파악을 위하여 세밀한 부분 등은 자료를 별첨해야 한다.

09 다음 품의서의 제목을 아래 내용을 참고한 뒤 [조건]에 맞게 빈칸을 작성하시오.

| 조건 | 20자 내외로 작성할 것.

품의 제목 : (   )

아래와 같이 품의하오니 검토 후 재가하여 주시기 바랍니다.

−아래−

* 목적 : 신입 직원 업무 능력 향상 교육(관련 근거 : 인사12−445)을 진행하기 위한 연수원 시설 사용 금액

* 결제 금액 : 계약에 근거한 최종 금액 3,000,000원(일금 삼백만 원정)

* 지급 일자 : 품의 완료일로부터 즉시

* 첨부자료

  1. 연수원 사용 계약서

  2. 신입 직원 연수 프로그램 1부

✅ 정답

신입 직원 교육을 위한 연수원 사용료 지급 건

※ 상기 내용에 준하는 어휘나 문장을 사용하면 정답 인정

출제요소 **탐구**

1 다음은 사원과 상사의 업무 대화이다. 사원의 보고 내용 중 고쳐야 할 점을 기술하시오(3가지).

> **상사** : 이번 주 방문처 영업 실적은 어떻게 되었죠?
>
> **사원** : 먼저 A사는 자사 제품에 대해서 호의적이긴 하지만 이미 오랫동안 발주를 하는 업체가 있어서 여전히 소극적인 자세를 취하고 있습니다. B사는 예상치 못하게 계약을 체결하게 되어서 다음 주에 구체적인 미팅 약속을 잡아 놓았습니다. 또한 C사는 자사 팸플릿을 먼저 면밀히 보겠다고 했습니다.
>
> **상사** : 보고가 끝난 건가요?
>
> **사원** : 다른 궁금한 점이 있으신가요?

1) _____

2) _____

3) _____

탐구 답안

1 1) 결론을 먼저 제시해야 한다. 상사가 이번 주 영업 실적을 물었으니 이번 주에는 계약이 한 군데 되었다고 먼저 보고했어야 했다.

2) C사의 계약 건에 예상치에 대한 보고자의 의견이 있어야 한다.

3) B사가 계약을 체결하게 된 이유를 가격, 기술, 마케팅 효과 등에 근거해 객관적으로 보고해야 한다.

1 보고서

1) 개념

어떤 사실이나 업무의 경과, 결과 등을 글로 작성하여 알리는 문서로서 특정한 일에 관한 현황이나 그 진행사항 또는 연구, 검토결과 등을 보고하거나 건의할 때도 작성한다.

2) 보고서의 목적

① 정책결정 및 · 방침설정을 위한 자료
② 업무 추진상황의 확인, 통제, 조언
③ 목표 · 전략 · 개선방안 등의 제안

3) 보고서의 기본 원칙

① 필요성의 원칙 : 보고 목적에 필요한 사항만 작성한다.
② 완전성의 원칙 : 사실을 분명히 제한하고 작성자의 책임한계를 명확히 한다.
③ 적시성의 원칙 : 보고 내용이 상황에 부합해야 하며 적절한 시기를 맞추어 보고해야 한다.
④ 정확성의 원칙 : 공정한 판단에 의하여 정확하게 작성해야 한다.
⑤ 경제성의 원칙 : 보고서 작성 노력보다 보고서에 의한 이익이 더 커야 한다.
⑥ 유효성의 원칙 : 업무의 통제나 방침결정 등에 활용될 수 있어야 한다.
⑦ 간결성의 원칙 : 보고의 내용은 간결한 형식으로 요약하고 이해하기 쉬운 방법으로 표현해야 하며 결론을
　　먼저 제시해야 한다.

4) 보고서의 종류

구분	기존 채용
시기별	일일보고서, 주간보고서, 월간보고서, 연간보고서, 출장 보고서, 회의 보고서, 연수 보고서 등
의견별	제안서, 기획서, 품의서 등
상황별	사고 보고서, 클레임 보고서, 경위서 등
분석별	조사 보고서 등

5) 보고서의 작성절차

① 목적 설정

보고서 작성의 목적과 이유, 기대효과, 결재권자의 의도 및 지시내용, 필요한 문서 등을 정확히 파악하고 제출하기까지의 진행순서를 정한다.

② 정보수집과 선택

관련규정, 법령, 사례, 통계, 참고문헌 등의 자료를 수집하고 보고서 작성에 필요한 내용을 조사·연구한 후, 보고서 작성의 목적에 따라 필요한 내용을 선택한다.

③ 현재의 상황 및 문제점

수집, 선택, 조사한 정보를 바탕으로 현재의 상황과 문제점을 파악하고 현황이 어떠한지를 객관적이고 사실적이며 다각적으로 기술해야 한다.

④ 개선 및 제안

보고서의 중점 내용을 분명히 하여 문장을 구성하고, 보고에 대한 개선 및 제안사항 등을 상대방의 입장에서 이해하기 쉽게 표현하여 작성한다.

⑤ 최종 확인

작성 후 반드시 검토하여 잘못된 부분이나 불필요한 부분이 없는지 꼼꼼히 확인해야 한다.

01 보고서 작성 시 유의사항 중 옳지 않은 것을 고르시오.

① 작성할 때는 정보 수요자의 입장에서 작성해야 한다.

② 정보 수요자가 필요로 하는 시점에 보고할 수 있도록 한다.

③ 문서 그 자체로 완결성을 가질 필요가 있다.

④ 간결하고 명료하게 양식에 따라 작성하는 것이 좋다.

⑤ 너무 객관적이기보다는 작성자 개인의 주관적인 입장도 들어갈 수 있다.

✓정답 ⑤

보고서 작성 시에는 특정 정보를 다루는 태도 등에서 작성자의 선입견이나 이해관계를 배제해야 한다.

02 다음 중 보고서 작성 과정을 순서대로 바르게 나열한 것을 고르시오.

> ㉠ 최종 확인
>
> ㉡ 현재 상황 및 문제점 파악
>
> ㉢ 자료수집 및 정보조사
>
> ㉣ 목적 설정
>
> ㉤ 개선 및 제안 → 보기 추가
>
> ㉥ 정보 수집 및 선택

① ㉣－㉡－㉢－㉥－㉤－㉠

② ㉡－㉣－㉥－㉢－㉠－㉤

③ ㉣－㉥－㉠－㉢－㉤－㉡

④ ㉡－㉠－㉣－㉤－㉥－㉢

⑤ ㉠－㉡－㉤－㉥－㉣－㉢

✓정답 ①

목적부터 설정한 뒤 현재의 상황과 문제점을 파악하고 정보를 수집하여 보고서 목적에 필요한 정보만을 선택하여 해결방안을 시행할 경우의 기대 효과는 무엇인지 적는다. 작성 후에는 반드시 최종적으로 검토하여 불필요하거나 잘못된 부분이 없는지 꼼꼼하게 확인해야 한다.

03 다음 여러 가지 유형의 업무 보고서 중 잘못 짝지어진 것을 고르시오.

① 정책 보고서 – 정책에 대한 계획이나 진행 사항과 결과를 보고하거나 재가를 받기 위함이다.
② 정보 보고서 – 독창적이되 객관성과 논리성을 지니도록 한다.
③ 회의 보고서 – 회의 전후로 작성하며 결정된 사항은 회의록 형태로 정리한다.
④ 행사 보고서 – 행사 확정 후 사전 보고할 때 쓰인다.
⑤ 연구 보고서 – 어떤 분야에 대해 연구 과제를 실행한 후 그 결과를 보고하기 위해 쓰인다.

✅ 정답 ②
독창적이되 객관성과 논리성을 지녀야 하는 보고서는 연구 보고서이다.

04 다음 문장 중 맞는 것에 O, 틀린 것에 X표를 하시오.

1) 회의 자료 보고서는 꼭 회의 전에 작성할 필요는 없다. (   )
2) 결론부터 제시하는 보고서는 잘못된 것이다. (   )
3) 학생들 현장 학습 신청서는 반드시 학생이 작성할 필요는 없다. (   )
4) 조사 방법은 육하원칙에 따라서 하되 후반부엔 느낀 점도 밝혀야 한다. (   )

✅ 정답
1) X : 회의 자료 보고서는 회의 전에 작성해 두는 것이 원칙이다.
2) X : 연구 보고서는 때에 따라서 결론에 해당하는 연구 결과의 기대 효과 등을 제시하기도 한다.
3) O : 반드시 해당 학생이 작성할 필요는 없다.
4) X : 보고서를 작성할 때는 개인의 선입견은 배제하여 작성한다.

출제요소 | **탐구**

1 다음은 기획서의 문장이다. 적절하지 않은 점을 찾아서 이유를 밝혀 보자(3가지).

"금번 기획서는 두 가지 목적을 가지고 있다. 첫째는 서울시의 직영점 예정지를 확정하는 것이고, 둘째는 그 지역의 마케팅 활성화 방안을 마련하는 것이다. 이를 위해서는 시계열 도표를 작성하여 지리적 조건을 감안한 시장 분석을 할 것이다. 우선 서울시 사람들은 우리 제품의 선호도가 높아 보이므로 시장 선점을 위한 신제품 개발도 가능한 시장이라고 보고 있다."

1) ....

2) ....

3) ....

💡 탐구 답안

1 1) 하나의 기획서는 하나의 목적에 집중해 기술해야 한다. 그런데 두 가지 목적을 가지고 있다고 명시하고 있다.

2) 기획서는 되도록 전문용어를 피하고 쉽게 풀어서 써야 한다. '시계열 도표'와 같은 어려운 통계 용어는 피해야 한다.

3) 추측과 가정은 피하고 객관적인 근거를 기준으로 의견을 밝혀야 한다. 서울시 사람들이 제품 선호도가 높아 보인다는 추측은 기획서에 맞지 않는 내용이다.

1 기획서

1) 개념

기획서는 조직의 문제나 과제에 대해서 자신이 구상한 아이디어를 상사에게 보고하기 위한 목적으로 작성되는 문서다. 기획서는 마케팅 또는 신상품 개발과 업무에서부터 인사나 총무 관리의 제안 등 내부적인 분야까지 다양한 의도로 작성된다. 따라서 기획서는 조직의 목표달성을 이루기 위한 중요한 도구이다.

2) 기획서 작성 과정

① 아이디어 구상하기 : 새로운 콘텐츠 개발 및 문제 해결에 대해 구상한다.

② 정보의 수집 : 아이디어를 각종 자료 수집으로 구체화시킨다.

③ 기획 콘셉트 잡기 : 아이디어와 정보의 체계화

④ 기획서 초안 작성 : 기획 이유, 내용, 대상, 방법, 시기, 요건, 예산

⑤ 기획서 작성 : 배경 – 목적 – 전략 – 실행 계획 – 예산 – 일정

3) 기획서 작성 시 유의사항

① 기획서는 다른 사람에게 전달하는 것이 목적이기 때문에 이해를 높이기 위해서 용어나 숫자, 그래프 등을 이용하여 적절하게 구사하여 작성해야 한다.

② 본론을 위해 서론은 핵심사항을 중심으로 간략하게 구성한다.

③ 읽는 사람의 기대를 정확히 알고 작성해야 한다.

④ 모든 내용이 유기적으로 연결되면서 기획의 의도에 설득력이 있어야 한다.

01 기획서 작성 시 유의할 점에 대해 옳지 않은 것을 고르시오.

　① 체계적이고 조직적으로 작성해 이해하기 쉬워야 한다.

　② 읽는 사람의 취향이나 성격보다는 최대한 정석에 맞춰서 쓴다.

　③ 상황 변화에 따라 유연하게 대응할 수 있어야 한다.

　④ 기획의 목적과 의미가 분명히 드러나도록 서론과 머리말을 활용한다.

　⑤ 보다 논리적으로 설명하여 보는 사람을 설득할 수 있도록 한다.

✅ **정답** ②

투자자나 상사의 흥미를 끌어야 하므로 읽는 사람의 취향이나 성격도 고려할 필요가 있다.

02 다음 기획서 작성 과정을 맞는 순서대로 나열하시오.

> ㉠ 기본구조 만들기
>
> ㉡ 기획 내용 및 문제점 파악
>
> ㉢ 기획 컨셉 및 도출 확정
>
> ㉣ 자료수집 및 정보조사
>
> ㉤ 기획서 작성
>
> ㉥ 기획서 완성

　① ㉠-㉡-㉤-㉣-㉢-㉥

　② ㉡-㉣-㉢-㉠-㉤-㉥

　③ ㉣-㉠-㉢-㉤-㉥-㉡

　④ ㉡-㉠-㉣-㉤-㉢-㉥

　⑤ ㉠-㉡-㉤-㉣-㉥-㉢

✅ **정답** ②

기획 내용과 문제점을 파악함으로 목표와 내용을 재확인하고 검토할 수 있으며 정보조사를 통해 보다 자세하고 구체적인 자료를 얻을 수 있다. 그 다음 기본구조를 만듦으로써 내용 간의 연계성을 고려할 수 있고 기획서를 작성하며 초안 마련과 수정 및 보완작업을 효율적으로 되풀이할 수 있다.

03 기획서는 사내 대상 기획서(대내문서)와 사외 대상 기획서(대외문서)로 나누어진다. 다음 중 잘못 짝 지어진 것을 고르시오.

① 교육 기획서 – 사내 대상 기획서
② 점포 개발 관련 기획서 – 사외 대상 기획서
③ 행사 기획서 – 사외 대상 기획서
④ 경영 기획서 – 사내 대상 기획서
⑤ 광고 및 CF 기획서 – 사외 대상 기획서

✓정답 ③
행사 기획서는 자사의 판매 상품 등을 대상으로 하는 사내 대상 기획서에 해당한다.

04 기획서의 구성은 총 7가지로 이루어진다. 다음 구성요소들 중 빠진 것을 쓰시오.

1) 표지
2) 머리말
3) (   )
4) 요약
5) 본문
6) (   )
7) 맺는말

3) _____

6) _____

✓정답
3) 목차
6) 자료편
전체 흐름을 보여 줄 목차와 근거가 될 수 있는 자료나 데이터 보강도 필요하다.

05 다음의 행사 기획서를 읽고 행사 취지 (가)를 [조건]에 따라 작성하시오.

| 조건 | 1. 기획서 내용 범위 안에서 작성할 것.
        2. 60자 이내로 작성할 것.

지역 축제 기획
1. 행사 제목
시민 소리 한마당

2. 행사 목적
일상의 생활을 한때나마 벗어나 나와 우리 이웃이 함께하는 자리를 만들어 내며 가족과 이웃, 지역민의 화합을 일궈 내는 데 목적이 있다.

3. 추진 방향
생활 속에서 부대끼는 우리의 이웃들과 함께 어우러지는 소통의 장을 만들어 내며 그 속에서 우리 이웃들이 따스함을 함께할 수 있는 다양한 행사를 직접 참여하고 실천함으로써 지역민들의 화합과 단결을 만드는 지역축제를 만들어 낸다.

4. 행사 개요
1) 행사명 : 시민 소리 한마당
2) 일시 : ○○○○년 ○○월 ○○일
3) 장소 : 영진구 닷컴공원
4) 주최 : 영진구 사회복지과

5. 행사 취지
(가   )

✓ 정답

내 주변의 이웃을 모르고 사는 우리들이 행사를 통하여 서로의 삶을 공유하고 아울러 이웃과 화합할 수 있는 지역 축제를 만들어 내고자 한다.
※ 상기 내용에 준하는 어휘나 문장을 사용하면 정답 인정

프레젠테이션

출제요소 | **탐구**

1 다음은 제품 설명회를 위한 프레젠테이션 계획서이다. 준비 단계에서 보충해야 할 내용이 무엇인지 서술하시오.

> 1. 기존의 제품과 새로운 제품에 대한 정보를 가급적 시각 자료로 비교한다.
> 2. 음향기기, 조명 시설, 참가자를 위한 주차 공간 확보 등을 점검한다.
> 3. 빔 프로젝터 사용 및 점검을 철저히 한다.
> 4. 예상 청중 수를 산정해서 발표 장소의 규모를 정한다.

탐구 답안

1 상기 계획서는 청중의 수준을 파악해서 적절한 설득 전략을 세워야 한다. 프레젠테이션은 발표를 듣는 청중들에 대한 사람 분석이 먼저 이루어져야 한다. 먼저 청중은 어떤 사람들이고, 무엇을 원하고 있으며, 그들에게 어떤 정보와 이익을 줄 것인지를 생각해야 한다.

1 프레젠테이션의 개념

프레젠테이션은 상대방에게 자신의 주장이나 논리의 타당성을 알리고 상대방을 납득시켜 궁극적으로 설득하는 작업으로서 주로 컴퓨터와 같은 멀티미디어를 이용하여 내용을 전달하는 행위이다.

2 프레젠테이션 성공 조건

1) 사람의 분석

발표자는 먼저 참석자들이 누구인지를 파악해야 한다. 그들이 고객인지, 투자자인지, 팀원들인지를 확인해야 하며 그들이 원하는 것이 무엇인지를 무엇보다 잘 알고 있어야 한다.

2) 목적의 분석

목적은 구체적이어야 하고 그 목적 달성을 위해서 적절한 계획을 세워야 하는데, 주로 정보 전달 방식, 설득, 제안의 기술, 동기부여 전략 등을 세워야 한다.

3) 장소의 분석

프레젠테이션의 중요한 요소 중 하나가 장소이다. 따라서 장소와 관련된 사항들을 사전에 파악해야 하는데 이는 발표장, 발표 기기, 편의시설 등으로 구분할 수 있다.

3 프레젠테이션 작성 방법

① 사람, 목적, 장소의 분석과 구상
② 전체에 대한 스토리텔링을 구상
③ 핵심 메시지에 대한 스토리를 구상
④ 핵심 메시지에 적합한 사진이나 비주얼 구상
⑤ 자료 생성과 발표의 연습

4 프레젠테이션 시 유의사항

① 발표할 때는 청중을 똑바로 바라보아야 한다.
② 화면과 청중을 향한 시선 비율은 50:50을 유지해야 한다.
③ 억양과 사소한 언어 습관에 신경 써야 한다.
④ 발표시간을 초과해서는 안 된다.
⑤ 일방적인 전달 방식이 아니라 청중과 쌍방향 대화를 시도해야 한다.
⑥ 질문 시간을 별도로 둔다는 것을 사전에 알려야 한다.

01 프레젠테이션 시 유의사항에 대한 내용으로 옳지 않은 것을 고르시오.

① 중요한 요지는 자주 반복함으로써 강조한다.
② 떨지 않고 당당하고 자신감 있는 자세로 임한다.
③ 설명을 하되 청중의 입장도 같이 생각한다.
④ 최대한 청중을 설득하기 위해 노력한다.
⑤ 너무 프레젠테이션 화면만을 바라보지 않고 청중을 향한 시선도 생각한다.

정답 ④

프레젠테이션을 할 때에는 청중을 설득하기보다는 소통하려는 태도를 가져야 한다.

02 다음 중 프레젠테이션을 할 때 갖춰야 할 태도로 옳지 않은 것은?

① 무엇보다 밝고 긍정적으로 하는 것이 중요하다.
② 먼저 충분한 연습이 필요하다. 연습을 통해 실수할 가능성을 줄일 수가 있고 의외의 변수에 대해서도 대처할 수 있기 때문이다.
③ 청중이 원하는 것 이상으로 지나치게 말을 많이 하면 오히려 청중은 지루해할 수 있다.
④ 준비가 미흡한 것 같으면 청중들에게 미리 양해를 구하고 시작할 필요도 있다.
⑤ 너무 급하지 않은 여유 있는 마음으로 프레젠테이션을 하는 것도 중요하다.

정답 ④

미흡한 준비에 대해 미리 사과하면 청중은 발표하는 사람에 대한 신뢰도가 떨어질 수 있으니 철저한 준비와 자신감을 갖고 임해야 한다.

03 프레젠테이션을 할 때 있어서 올바른 표현 방식이 아닌 것은?

① 프레젠테이션 안에서 발표자, 그리고 청중이 양방향 소통을 할 수 있도록 한다.
② 간단히 만들어 프레젠테이션의 시각자료를 그대로 읽는 것은 지양해야 한다.
③ 질문 유도보다는 최대한 정보를 전달하는것에 집중한다.
④ 비언어적인 표현으로 감정까지 청중에게 전달할 수 있도록 한다.
⑤ 제한된 시간을 최대한 효과적으로 활용할 수 있도록 한다.

✔정답 ③
정보만 전달하는 것은 자칫 지루해질 수가 있으니 질문을 하거나 질문을 유도하는 등 다양한 변화도 필요하다.

04 프레젠테이션을 만들기에 앞서 보조 자료를 만들 때 고려해야 할 사항이 아닌 것은?

① 먼저 전체적인 레이아웃을 고려한다.
② 숫자나 통계자료 같은 것은 간결하게 도표화하도록 한다.
③ 그래프나 도표 같은 것을 준비해서 청중의 이해를 돕도록 한다.
④ 문장은 최대한 구체적으로 써서 정보를 전달하는 것이 중요하다.
⑤ 사용할 수 있는 모든 구성 요소를 이용해 의미를 효과적으로 전달할 수 있어야 한다.

✔정답 ④
너무 구체적으로 늘어놓기보다는 핵심만 간략하게 요약하여 쓰는 것이 중요하다.

05 프레젠테이션에 들어가야 할 내용면에 있어 옳지 않은 것은?

① 설득을 해야 하는 대상에 대해 철저한 연구와 요구를 파악하는 것이 필요하다.
② 청중이 내용을 쉽게 이해할 수 있도록 쉽고 정확하게 표현한다.
③ 객관적인 자료 활용으로 신뢰를 획득할 수 있어야 한다.
④ 청중의 이해 정도를 고려할 필요가 있으므로 발표 내용을 조절해야 한다.
⑤ 과인원보다는 소수의 청중을 대상으로 발표를 할 필요가 있다.

✔정답 ⑤
소수만을 대상으로 하면 특정 청중에게만 호응을 얻게 되어 발표의 의도와 목표를 충족할 수 없다.

06 다음 중 올바른 프레젠테이션 연습법이 아닌 것을 고르시오.

① 발표하기 전에 기획서의 내용을 충분히 숙지할 수 있도록 한다.

② 반언어적 표현과 비언어적 표현을 적절하게 섞어 연습한다.

③ 발표시간이 20~30분이 넘어가면 지루할 수 있으니 그 시간 안에 끝낼 수 있게 한다.

④ 준비한 내용을 최대한 그대로 읽어서 확실하게 의미를 전달할 수 있게 한다.

⑤ 유머나 재담 등을 곁들여서 청중을 지루하지 않게 하는 것도 좋다.

✅ 정답 ④

준비한 내용을 너무 그대로 읽게 되면 청중과의 상호 작용을 방해하는 지루한 발표가 될 수 있다.

07 프레젠테이션을 발표할 때 있어서 갖춰야 할 올바른 태도가 아닌 것은?

① 여러 사람을 대상으로 발표하는 것이므로 경어법을 사용해야 한다.

② 청중을 설득하는 것이 중요하므로 설득력 있게 말하기 위해 노력한다.

③ 너무 똑같은 톤으로 말하기보다는 자연스러운 구어체로 목소리의 높낮이를 다르게 해야 한다.

④ 청중들에게 요지를 자주 상기시켜 준다.

⑤ 청중에게 이익이 되는 점을 부각시키는 것이 좋다.

✅ 정답 ②

조급하게 설득하는 것보다는 상호 간에 소통하려는 태도가 더 중요하다.

08 프레젠테이션의 서론, 본론, 결론에 들어가야 할 내용으로 잘못 짝지어진 것은?

① 주위를 유도하고 분위기를 조성한 다음 핵심 내용과 발표 과정 소개 – 서론

② 주요 내용을 제시하고 논리적으로 전개 – 본론

③ 신뢰감 있는 몸짓과 목소리로 발표 – 본론

④ 주의를 환기시키고 중요 내용은 강조 – 본론

⑤ 질의 응답 시간 – 결론

✅ 정답 ④

중요 내용(본문)을 요약하고 강조하는 것은 결론 부분에서 해야 한다.

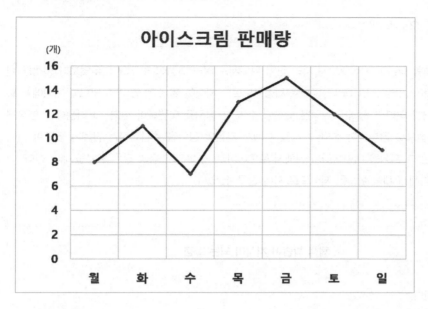

09 다음 도표의 종류를 활용하기 어려운 주제는?

① 인구 추이
② 환율 지수
③ 예산 편성
④ 경제 성장률
⑤ 판매량

✅정답 ③

선 그래프는 시계열 데이터라고도 하는데 주로 시간에 따라 변하는 지표를 표현한다. 따라서 예산 편성은 전체에 대한 부분의 비율을 보여 주는 원그래프가 적당하다.

10 발표자료 준비 시 유의할 점이 아닌 것은?

① 메시지는 간결하면서도 명확하게 작성한다
② 슬라이드를 복잡하게 구성해서는 안 된다.
③ 준비에 대비한 별첨자료를 준비한다.
④ 시간에 쫓기는 느낌을 주어서는 안 된다.
⑤ 내용의 차별점을 고민해야 한다.

✅정답 ④

④는 발표 시 유의할 점 중 하나이다.

11 다음 글을 읽고 아래의 프레젠테이션의 형식으로 내용을 다시 요약해서 ②~④를 작성하시오.

| 조건 | 각각 한 문장으로 쓰시오.

학생들의 현장 체험 학습이 지식으로서 자리 잡기 위해서는 여러 과정이 필요하다. 무엇보다 현장을 실제로 체험하는 것이 기본이다. 그러나 실제로 체험만으로는 지식이 될 수는 없다. 무엇보다 현장에서 느낀 점을 기록하거나 어떠한 형태든 기억을 되살릴 수 있는 장치를 마련해야 한다. 그 다음에는 현장에서 본 것을 이론적으로 공부해야 한다. 지식을 통해서 자신의 경험을 추상화하는 단계가 필요한 것이다. 그 다음으로는 그 지식을 내면화하기 위해서 토론이나 자기 보고서 등과 같은 활동을 해야 한다. 이와 같은 과정을 통해서 체험 학습은 지식으로 자리 잡을 수 있다.

체험 학습이 지식이 되는 과정

① 현장을 체험한다.
② (   )
③ (   )
④ (   )

---

② _____

③ _____

④ _____

---

② 현장 체험에서 보고 느낀 점을 기록한다.
③ 체험을 이론적으로 공부한다.
④ 체험에 대한 토론이나 보고서 작성을 한다.

홍보문, 보도문

출제요소 | **탐구**

1 다음 내용을 보도자료 양식으로 다시 작성하시오.

내용

국토교통부는 17개 광역 지자체를 대상으로 도시개발사업 현황 조사를 바탕으로 2019년말 기준 전국 도시개발구역 현황 통계를 발표하였다. 도시개발법 시행 이후 전국 도시 개발구역의 수는 524개이고 이중 218개는 완료되었고 306개는 시행 중인 것으로 조사되었다. 자세한 자료는 "전국 도시개발사업 추진 현황"으로 알 수 있으며 담당 부서 도시활력과로 문의가 가능하다.

보도자료 양식

표제	
헤드라인	
내용	
안내	

2 당신은 음료회사를 다니고 있고, 홍보담당이다. 이번에 새롭게 여름 청량음료 신제품이 나왔을 경우, 고객의 흥미를 자아낼 홍보문구 2개를 작성하시오.

1) ....

2) ....

3 당신이 A 회사 홍보팀에서 근무하고 있고, 이번 사내 야유회를 기획했다. 이 행사를 직원들에게 알리기 위한 안내문을 임의로 작성해 보자.

안내문

1.	
2.	
3.	
4.	
5.	
6.	

💡 탐구 답안

1

표제	전국 도시개발구역 현황 통계
헤드라인	국토교통부에서는 2019년말 기준 전국 도시개발구역 현황통계를 발표, 전체 구역 306개가 시행 중임을 밝혔다.
내용	국토교통부는 17개 광역 지자체를 대상으로 조사한 결과 2019년 말 기준 전체 개발 구역 524개에서 218개가 완료되고 306개가 아직 시행되고 있는 것으로 조사하였다.
안내	1) 문의처 : 도시활력지원과 2) 붙임 : 전국 도시개발사업 추진 현황 보고서

※ 상기 내용에 준하는 어휘나 문장을 사용하면 정답 인정

2 1) 여름이 갑자기 차가워진다.

2) 당신이 경험하지 못한 음료가 찾아온다.

※ 상기 내용에 준하는 어휘나 문장을 사용하면 정답 인정

3

1. 행사명	A사 사내 야유회
2. 주최	A사 홍보팀
3. 목적	사내 근로 의욕 고취 및 직원 간 화합 도모
4. 장소	설악산
5. 기간	○○○○년 ○○월 ○○일 오전 9시 ~ 오후 5시
6. 내용	A사 사내 야유회를 행사일에 설악산에서 실시합니다. 야유회 장소로 이동하기 위해 회사에서 전세버스로 이동할 예정입니다. 자세한 내용은 첨부자료 참조 첨부 1 행사 안내 자료

※ 상기 내용에 준하는 어휘나 문장을 사용하면 정답 인정

1 홍보와 광고

1) 홍보와 광고의 차이점

구분	홍보	광고
목적	회사나 기관 업무를 널리 알림	마케팅 측면에서 이익이나 선전 효과
시기	장기적 측면의 인지도 상승	단기적 측면의 선전 효과
표현방식	설명을 통한 정보제공	간결한 문구 및 이미지로 전달 효과 극대화

2) 홍보, 광고의 과정

① 시장 환경 파악

② 홍보 방향의 마케팅적 전략 수립

③ 홍보 매체 선택(신문, 잡지, 전단지 등)

④ 결과 확인 및 평가

3) 광고의 특성

① 설득력 : 광고는 독자를 자극해서 목적하는 상품의 판매나 추구하는 공익적 내용을 받아들이도록 하는 결과를 이루어야 한다.

② 함축성 : 제품이나 공익 목적을 간결하고 상징적으로 나타내서 독자에게 강렬한 인상을 주어 그 효과를 극대화한다.

③ 비유성 : 표현하려는 사물을 다른 사물에 빗대어 표현함으로써 짧은 시간과 문구로 선명하게 공감대를 형성한다.

2 기사문

1) 개념

독자에게 알릴만한 사실을 빠르고 정확하게 전달하기 위해 작성한 글이 기사문이다. 기사문은 표제, 부제, 전문, 본문, 해설로 구성된다. 기사문을 작성할 때는 육하원칙(누가, 언제, 어디서, 무엇을, 어떻게, 왜)에 의거해야 한다. 기사문은 취재 대상을 결정하고 거기에 맞는 자료를 수집하고 취재해야 하며, 이를 토대로 작성한다.

① 표제 : 내용 전체를 간결하게 나타내는 제목

② 부제 : 내용을 구체적으로 알리는 작은 제목

③ 전문 : 기사 내용을 육하원칙에 따라 요약한 부분

④ 본문 : 기사의 구체적인 내용을 서술한 부분

⑤ 해설 : 기사에 대한 참고 사항이나 설명을 덧붙이는 부분

2) 기사문의 구조

① 헤드라인 : 사건이나 사실의 개요를 알리는 표제를 말한다.

② 전문 : 표제보다 길게 기사문을 요약해서 작성한다.

③ 본문 : 사건의 행위나 행위자, 환경과 배경, 논평, 배경사진 등을 게재한다.

3) 기사문의 특징

① 객관성 : 사실을 있는 그대로 보도한다.

② 신속성 : 독자에게 가급적 빠른 시간 안에 전달해야 한다.

③ 보도성 : 일반 대중에게 쉽게 알려야 한다.

④ 간결성 : 수식어나, 애매한 문구를 피하고 이해하기 쉽고 간략하게 작성해야 한다.

3 보도문(보도자료)

1) 개념

행정 기관 및 민간 기업 등에서 언론용으로 발표된 성명이나 문서를 말한다. 기자들은 자신이 원하는 취재 대상을 직접 접촉하여 기사를 작성하기도 하지만, 정부 기관이나 기업 관련 뉴스는 그들 조직이 배포한 보도자료를 바탕으로 작성하는 일이 많다. 따라서 각종 기관과 기업은 주요 언론사의 기자들이 자신들이 원하는 방향으로 기사를 작성해 주도록 유도하기 위해, 기사 작성에 용이한 보도자료를 송부한다.

2) 보도문(보도자료)의 구성

① 제목 : 기자에게 전달하려는 핵심 내용을 압축적으로 전달하는 표제를 말한다.

② 리드 : 헤드라인이라고 할 수 있는 기사의 전문을 의미한다.

③ 본문 : 육하원칙에 의거해 리드의 내용을 구체적으로 서술한다.

④ 안내 : 문의처 안내 및 용어, 부가 정보 등을 작성한다.

01 홍보에 대한 설명으로 적절하지 않은 것을 고르시오.

① 해당 기업 혹은 기관에 대해 긍정적 측면을 부각시켜야 한다.

② 4~8쪽 이상의 인쇄물인 리플릿은 팸플릿의 일종이다.

③ 캠페인이나 행사 안내 참여 등으로 소비자의 지지 및 반응을 얻어 낸다.

④ 유능한 인재의 확보가 목적이다.

⑤ 기업이나 기관의 대내외적 선호도를 상승시키기 위해 홍보가 기획된다.

✓ 정답 ②

리플릿은 2~4쪽 분량의 얇은 책자이고 팸플릿과는 다르며 팸플릿의 일종인 4~8쪽 분량의 인쇄물은 브로슈어라고 한다.

02 다음 홍보 과정에 대한 내용을 바른 순서대로 나열하시오.

ⓐ 전략과 계획을 수립한다.

ⓑ 홍보 환경을 파악한다.

ⓒ 신문이나 잡지와 같은 매체에 자료를 전달한다.

ⓓ 보도자료를 작성한 뒤 기자회견과 인터뷰를 가진다.

ⓔ 결과를 확인한다.

ⓕ 평가 및 보고한다.

✓ 정답

ⓑ – ⓐ – ⓓ – ⓒ – ⓔ – ⓕ

홍보 환경을 파악하고 전략과 계획을 수립한 뒤 보도자료 작성 뒤 기자회견과 인터뷰를 가진다. 그다음 신문이나 잡지와 같은 매체에 자료를 전달하고 결과를 확인한 뒤 평가 및 보고한다.

03 다음 중 홍보 매체에 대한 분류로 잘못 짝지어진 것은?

① 포스터 : 간단한 그림이나 혹은 표어와 카피를 사용하여 제작한 인쇄물이다.
② 카탈로그 : 백화점, 기업, 병원 등의 기관 홍보물로 대상에 대해 설명을 붙여 선전하기 위해 만든 상품 목록이나 요람이다.
③ 전단 : 홍보 및 선전을 위해 제작한 1장의 인쇄물이다.
④ 리플릿 : 2~4쪽 분량의 얇은 책자로 팸플릿보다 부피가 작다.
⑤ 팸플릿 : 4~8쪽 분량의 고급 인쇄물을 뜻한다.

✅ **정답** ⑤
4~8쪽 분량의 고급 인쇄물은 브로슈어이다.

04 다음 중 광고문에 대한 설명으로 옳지 않은 것은?

① 시장의 요구를 적극 수용하여 작성할 수 있도록 한다.
② 제품의 강점과 약점, 기회와 위협 등을 분석해서 타 기업과의 경쟁에서 이길 수 있게 전략(SWOT)을 세워서 작성해야 한다.
③ 듣거나 보는 이의 생각이나 행동에 변화가 있도록 설득해야 하므로 흥미와 주의를 끌 수 있어야 한다.
④ 보다 인상적으로 다가갈 수 있는 이미지와 언어 표현을 선정한다.
⑤ 소비자의 이목과 관심을 끌기 위한 자극적이고 과장된 표현도 필요하다.

✅ **정답** ⑤
광고문이 소비자로 하여금 구매 의욕을 불러일으키게 하는 것은 맞으나 지나치게 자극적이고 과장된 문구는 오히려 소비자의 신뢰를 잃을 수가 있으며 심하면 법적 제재와 처벌의 대상이 될 수도 있다.

05 다음 중 기사문이 가져야 할 내용상의 특징으로 옳지 않은 것은?

① 대중들에게 그 정보를 전달하는 데 목적이 있다.
② 되도록 빠르게 전달해야 한다.
③ 있는 사실을 그대로 전하되 어느 정도는 쓰는 이의 주관적 느낌이 들어갈 수도 있다.
④ 독자의 이해를 돕기 위해 간결하고 쉽게 표현하는 것이 중요하다.
⑤ 불특정 다수의 독자들을 대상으로 한다.

✅ **정답** ③
사회에 영향을 끼치는 기사문의 특성상 기자의 주관이 개입되어서는 안 된다.

06 기사문 작성 시 유의할 점에 대한 내용으로 옳지 않은 것을 고르시오.

① 정확한 단어와 문장을 사용해 작성하는 것이 중요하다.
② 글을 작성한 기자나 독자 모두에게 유익한 것이어야 한다.
③ 사건 및 사고와 관련된 기사문을 작성할 때는 현장 취재가 반드시 필요하다.
④ 개인적인 주관이 반영된 정보가 들어가는 경우도 있다.
⑤ 자극적이거나 민감한 표현은 피하는 것이 좋다.

✅ **정답** ④
기사문은 사회적으로 수용 가능한 내용으로 작성하는 것이 원칙이기에 개인적인 주관이 들어가서는 안 된다.

07 기사문의 종류 중 잘못 짝지어진 것을 고르시오.

① 해설 기사 : 어떤 문제나 사물에 대해 더 자세하고 정확하게 설명한 기사
② 사건 기사 : 사실의 진실성을 파악하고 나서, 그 사실을 평가하며 여기에 대한 의견을 서술한 기사
③ 인터뷰 기사 : 정확한 정보를 제공하기 위해 취재원과의 인터뷰를 통해 작성한 기사
④ 탐방 기사 : 특정 현장이 보도의 대상이 될 때 그 현장을 방문하여 어떤 사실을 알아내려고 할 때 쓰는 기사
⑤ 대담 기사 : 대담이 이루어지는 곳에서 대담을 기록해 작성하는 기사

✅ **정답** ②
사실의 진실성을 파악하고 평가하며 여기에 대한 의견을 서술한 기사는 논설 기사이다.

08 다음 중 보도자료 작성 원칙으로 옳지 않은 것을 고르시오.

① 최대한 객관적이고 정직하게 써야 한다.
② 기자, 독자가 쉽게 이해하고 핵심 내용을 빨리 알 수 있게 쓰는 것이 중요하다.
③ 본문 앞부분에서는 중요한 내용을 설명하고 뒷부분에는 상대적으로 덜 중요한 내용을 배열한다.
④ 취재하는 기자의 의문과 관심을 충족시킬 수 있어야 한다.
⑤ 상세한 자료나 전문용어를 사용해 구체적으로 작성해야 한다.

✅ **정답** ⑤
지나치게 복잡하고 상세한 자료와 전문용어의 사용은 오히려 뉴스의 관점을 흐리게 할 수 있다.

09 다음 기사글을 읽고 Ⓐ에 알맞은 기사문의 표제를 작성하시오.

| 조건 | 1. '~높이겠습니다.'로 문장을 마무리할 것.
2. 총 25자 이내로 작성할 것.

(Ⓐ)

국토교통부는 「민자고속도로 도로교통 안전간담회」의 후속조치로 안전한 민자고속도로 환경을 구축하기 위한 시설, 제도 및 교통문화 개선 등을 차질 없이 추진하고 있다고 밝혔다.

지난 6월 23일 장관 주재로 개최된 안전간담회에는 경찰청, 한국도로공사, 한국교통안전공단, 한국교통연구원, 18개 민자법인 대표이사 등이 참석하여 교통사고 및 사망자 수 감소를 위한 방안을 중점 논의하였다.

이후 국토부는 간담회에서 논의된 사항에 대해 관계기관과 함께 신속하게 후속조치를 진행하고 있다.

Ⓐ ....

✓ 정답
현장 중심 관리로 민자고속도로의 안전을 높이겠습니다.
※ 상기 내용에 준하는 어휘나 문장을 사용하면 정답 인정

출제요소 탐구

1 다음의 약관 내용을 최대한 쉬운 한 문장으로 고쳐 쓰시오.

약관 1

공급자는 거래 물품에 대해서 발주서에 명기된 사양과 비교하여 제품에 하자가 없음을 보증하고 하자 부존재에 대한 증명 책임을 갖는다. 제품보증 기간 안에 하자가 발생한 경우 하자 유형에 따라 무상 수리, 교환, 환급 조치를 이행해야 하며 제품 하자로 발생한 구매자의 손해에 대해서도 배상의 책임을 진다.

1) _____

약관 2

구매자와 공급자는 서면을 통하여 상호 합의한 경우를 제외하고 본 거래와 관련한 권리와 의무를 제삼자에게 양도, 담보제공, 대여 및 기타 처분행위를 할 수 없다. 단 상호 합의한 경우라도 양 당사자는 제삼자와 연대 책임을 부담하여 거래 관련한 책임이나 의무로부터 면제되는 것은 아니다.

2) _____

2 부동산 거래 시 매입자 입장에서 부동산 계약서상에서 필수적으로 점검해야 할 사항 5개의 항목을 쓰시오.

1) _____
2) _____
3) _____
4) _____
5) _____

3 A군은 상사로부터 B사와 제품 생산에 필요한 기술 상호교류 계약을 체결하기 전에 업무 상호 협조를 위한 방안으로 어떤 문서를 체결하라고 지시받았다. A군이 작성해야 하는 문서와 그 특징에 대하여 간단히 서술하시오.

....

....

....

....

탐구 답안

1 1) 제품 판매자는 구입자에게 제품 보증 기간 동안 제품에 대한 모든 책임을 져야 한다.

2) 판매자와 구매자는 거래 내용을 다른 사람에게 넘길 수 없으며 설령 양도하기로 합의하더라도 거래 내용에 대한 책임은 여전히 판매자와 구매자 모두 계속 지켜야 한다.

※ 상기 내용에 준하는 어휘나 문장을 사용하면 정답 인정

2 1) 양도자 신분 확인

2) 부동산의 표시

3) 매매 대금(중도금, 잔금 등)

4) 거래 일자

5) 특약 사항 및 부동산 권리 확인

3 A군은 양해각서를 준비해야 한다. 양해각서는 계약을 시행하기 전 원활한 업무 진행을 위해 당사자 간의 계약에 대한 약속을 주고받는 것으로 정식 계약을 할 때 상황에 따라 본문 내용이 달라질 수 있다. 따라서 양해각서는 상호 구속적으로 작성하지 않으며 부담이 되지 않는 범위 내에서 작성하는 것을 원칙으로 한다.

※ 상기 내용에 준하는 어휘나 문장을 사용하면 정답 인정

1 거래 문서

1) 거래 문서의 종류

구분	내용	비고
거래신청서	신규 거래처와의 거래를 신청하기 위한 목적으로 작성된 문서	물품 구매 등
약정서	물품의 계속적인 공급, 인수 등을 위한 쌍방 간 허락에 의해 거래 조건을 작성한 문서	물품의 거래
약관	계약 당사자가 상대방과 계약을 체결하기 위해 미리 마련한 계약을 기록한 문서	보험 약관, 운송 약관 등
거래사실확인서	상대 거래처와 쌍방 간에 계약을 맺고 거래한 사실이 있음을 확인하는 문서	분쟁 발생 시 활용
거래명세서	공급한 자와 공급받은 자의 인적 사항과 거래 내용, 공급가액, 세액 등이 기재된 명세서	세금 계산서 등
협약서	계약 당사자들이 계약의 내용에 대해 자율적으로 협의하고, 이에 대해 서로 준수할 것을 기재한 문서	업무, 투자, 기술, 컨소시엄
양해각서(MOU)	계약 시행 전 양측이 업무를 원활하게 하기 위해 맺는 예비 계약	정식 계약과 내용 차이 가능
합의서	쌍방 간의 문제가 생겨서 합의점을 찾고 합의 내용에 대해서 합의를 보았음을 증명하는 서식	유상, 무상, 이득분배

2) 거래 문서 예시

① 거래사실확인서

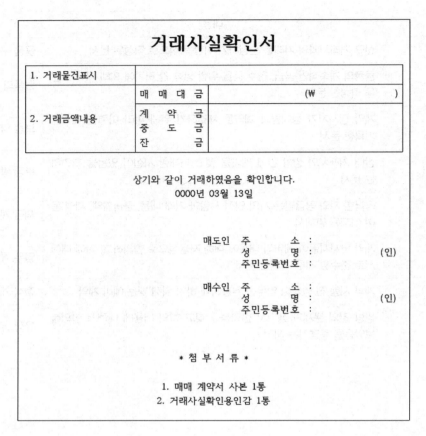

거래사실확인서

1. 거래물건표시		
2. 거래금액내용	매 매 대 금	(₩)
	계 약 금 중 도 금 잔 금	

상기와 같이 거래하였음을 확인합니다.
0000년 03월 13일

매도인 주   소 :
　　　 성   명 :   (인)
　　　 주민등록번호 :

매수인 주   소 :
　　　 성   명 :   (인)
　　　 주민등록번호 :

＊ 첨 부 서 류 ＊

1. 매매 계약서 사본 1통
2. 거래사실확인용인감 1통

② 양해각서

예

양해각서

㈜영진과 ㈜닷컴은 당사자 간의 우호 협력관계를 확인하고 상호신뢰를 바탕으로 제휴에 따라 각자의 책임을 다할 것을 약속하여 다음과 같이 협의한다.

제1조 [목적]

본 계약은 ㈜영진과 업무에 어울리는 인재를 육성하는 ㈜닷컴이 협력하여 회사가 원하는 인재상에 맞게 교육을 함으로써 상호 협력관계를 통하여 양사가 이득을 취하는 것에 목적이 있다.

제2조 [협력내용]

1. ㈜영진은 커리큘럼 시스템을 공유한다.
2. ㈜닷컴은 커리큘럼을 바탕으로 인재육성을 통하여 우수한 성적자 및 업무 적합자를 육성, 발굴하여 ㈜영진에 추천한다.
3. ㈜영진에 대한 정보가 누설, 유출되어서는 아니 되며 만약 그럴 시 법적으로 책임을 묻는다.

제3조 [효력]

본 협약서는 양 회사의 대표의 서명일로부터 효력이 발생하며, 상호 협의하에 협약을 마무리하기 전까지 유효하다.

위 내용을 증명하기 위하여 본 계약서를 2통 작성하여 서명 또는 날인 후 당사자가 각각 1통씩 보관한다.

0000년 00월 00일

㈜영진   ㈜닷컴

대표이사   대표이사

_____   _____

2 계약서

1) 개념

계약서란 계약의 당사자 간의 의사표시에 따른 계약내용을 문서화한 것으로 법적 강제력이 있다. 당사자 사이의 권리와 의무 등 의사표시 내용을 항목별로 구분한 후, 구체적으로 명시하여 어떠한 법률행위를 어떻게 하려고 하는지 등의 내용을 특정한 문서로 볼 수 있다. 계약서의 작성은 미래에 계약에 관한 분쟁 발생 시 중요한 증빙자료가 된다.

2) 계약서 작성요령

① A4에 준하는 용지에 당사자 간 의사 표시가 확실히 드러나야 한다.

② 판독과 보관이 용이한 용지이어야 한다.

③ 되도록 표준 양식을 사용한다.

④ 다중의 의미로 해석될 수 있는 문장이나 용어를 피한다.

⑤ 금액이나 숫자는 한자와 병기한다.

3) 작성 시 유의사항

① 계약 당사자 간 계약 능력이 있는 신분인지 여부를 확인한다.

② 계약의 체결 시 자신의 목적을 실현할 수 있는지 여부를 확인한다.

③ 계약 위반 시 그 배상방법을 명시해야 한다.

④ 계약 관계 이외의 예외 사항들은 법률의 규정이나 관행에 따른다.

01 다음 중 거래 관련 문서에 대한 설명으로 옳지 않은 것은?

① 양해각서 : 계약을 진행하기 전 당사자 간의 계약에 대한 약속을 주고받는 것으로 정식 계약 시에도 본문 내용은 달라지면 안 된다.

② 거래 명세서 : 거래 사실을 나타내기 위해 공급자와 공급받는 자의 인적 사항이나 거래 일자, 내용 등을 작성한다.

③ 거래 신청서 : 따로 정해진 양식은 없고 해당 거래를 원한다는 의사를 육하원칙에 따라 작성한다.

④ 거래 사실 확인서 : 거래한 내역과 거래처를 확인하는 데 필요한 것으로 거래 물품, 기간, 금액 등을 작성한다.

⑤ 협약서 : 계약의 내용에 대하여 계약의 당사자들이 자율적으로 협의하고 서로 준수할 것을 기재한 문서이다.

✓ 정답 ①

양해각서는 계약 진행 전에 당사자들 간의 약속을 주고받는 것은 맞지만 정식 계약 시 상황에 따라서 본문의 내용이 달라질 가능성도 있다.

02 다음 중 거래 약정서에 관한 설명으로 옳지 않은 것은?

① 변상권 행사나 법적 구상권의 근거가 된다.

② 책임 사항이나 하자 등 손해에 대한 소재를 구체적으로 작성해야 한다.

③ 계약서에 비해 법적 구속력이 강하다.

④ 약정서의 규정 범위 내에서 약속 불이행의 책임 소재를 확실히 해야 한다.

⑤ 종류로는 어음 거래 작성서, 물품 거래 약정서, 대출 약정서, 당좌 거래 약정서 등이 있다.

✓ 정답 ③

계약서보다 법적 구속력이 약한 문서가 거래 약정서이다.

03 다음 중 계약의 유효 조건으로 옳지 않은 것은?

① 계약의 당사자가 계약 체결 능력을 가지고 있어야 한다.
② 계약서의 기명날인은 법적 근거자료 확보를 위하여 계약 당사자가 직접 하도록 한다.
③ 특정 사항에 대하여 당사자 간에 약정한 바가 없을 경우 법률의 규정이나 관행을 따르게 된다.
④ 계약의 계속 연장이 유리하지 않으면 계약 기간 항목에다가 '별도의 의사 표시가 없으면 계약은 만료된다.'라는 문구를 삽입하여 두는 것이 좋다.
⑤ 계약 당사자의 확인이나 법인 등기부, 신분증, 위임장 확인과 물적 담보에 대한 확인은 선택사항이다.

✅정답 ⑤

확인이나 법인 등기부, 신분증, 위임장 등의 확인과 물적 담보에 대한 확인은 계약을 유효하게 성립시키기 위한 행위이기 때문에 선택이 아닌 필수이다.

04 계약서 작성 시 유의사항에 관한 내용으로 옳지 않은 것은?

① 계약서의 제1조에는 통상 계약의 '목적'을 기재해야 한다.
② 계약 위반의 경우에는 각각 그 배상 방법을 계약서에 명기해 두어야 한다.
③ 계약금이나 중도금 같은 금전적 거래 내용은 그 시기와 방법 등을 명확히 밝혀 작성해야 한다.
④ 계약서는 보안 문서이기 때문에 계약 당사자를 너무 분명하게 드러낼 필요는 없다.
⑤ 계약서를 작성할 때의 문구나 용어는 정확하고 명료하게 작성해야 한다.

✅정답 ④

계약이라는 것은 법적인 강제력이 있는 두 당사자 간의 약속이기에 자신과 상대방의 의사를 정확히 확인하고 분명히 드러낼 필요가 있다.

05 부동산 계약서에 관한 설명으로 옳지 않은 것을 고르시오.

① 부동산 표시란은 너무 간략하게 표시하면 등기신청이 불가능하므로 최대한 상세히 기록해야 한다.

② 계약서 금액은 알아보기 쉽도록 아라비아 숫자로 적는다.

③ 중도금이 없거나 일시불로 할 경우에는 해당 없다는 표시를 하여야 한다.

④ 부동산 표시란이 협소할 경우에는 [별지참조]나 [뒷면참조] 등으로 기재하고 뒷면 혹은 별지 목록에 기재하도록 한다.

⑤ 표준 계약서의 내용에 있지 않은 것은 특약 사항에 넣도록 한다.

✅ **정답** ②

부동산 계약서의 금액은 한문으로 적는 것이 원칙이다.

06 다음 중 약관에 관한 설명으로 옳지 않은 것을 고르시오.

① 약정서의 일종으로 볼 수 있다.

② 보조적인 기재 사항도 꼼꼼히 기록하고 담보 제공 등의 사항이 있다면 담보물권 기록부를 만든다.

③ 운송 약관, 중재 약관, 보험 약관, 실권 약관 등의 여러 약관들이 포함된다.

④ 은행이나 보험사 등에서 법적 책임과 한계를 규약으로 설정한 것이 약관으로 거래를 할 때 보다 신속하고 편리하게 할 수 있다.

⑤ 소비자의 권리를 보호할 목적으로 작성한 계약 문서이다. 따라서 권리 행사 방법 등을 정확하게 따져야 한다.

✅ **정답** ②

담보물권 기록부를 만들어야 하는 것은 거래 약정서이다.

07 거래 사실 확인서 작성 시 유의사항에 대하여 맞는 것에 O, 틀린 것에 X표를 하시오.

1) 거래 사실에 관해 요청하는 사람은 작성자의 정보를 정확히 기재해야 한다. (   )
2) 반드시 서면으로 작성해 놓을 필요는 없다. (   )
3) 일목요연한 정리가 필요하다. (   )
4) 거래 사실을 증명하기 위하여 마지막 부분에 '이와 같은 내용의 확인을 바람'이라는 문구를 넣어 두어야 한다. (   )

✅ 정답

1) O : 거래 사실 확인서는 거래처와 거래한 내역을 확인하는 데 있어 필요한 서식이며 요청하는 사람은 작성자의 정보를 정확히 기재할 필요가 있다.
2) X : 분쟁이 발생했을 시에 책임 소재를 분명하게 하기 위해 반드시 서면으로 작성해 두어야 한다.
3) O : 일목요연하게 정리해야 한다.
4) O : '이와 같은 내용의 확인을 바람'이라는 문구를 거래 사실을 증명하기 위해 마지막 부분에 넣어 두어야 한다.

08 다음 계약서의 사항을 아래의 수정 사항에 맞게 다시 고쳐 쓰시오.

| 조건 | 반드시 계약서 수정 사항의 조항 번호를 앞에 붙여서 쓸 것.

공사 계약서

공사발주자 영진산업(이하 갑)과 공사 수급자 닷컴건설(이하 을)은 계약 당사자 간 아래와 같은 공장 신축공사에 관하여 다음과 같이 공사계약을 체결한다.

제1조(건축할 건물)

제3조(공사기간)
위 건물의 신축공사를 2025년 10월 01일부터 착수하고, 2025년 12월 31일까지 완료하여 갑에게 인수한다.
(생략)

제9조(하자보수)
① 갑의 지휘감독 아래 을이 시공하여 완성된 도급공사에 대하여 향후 1년간 하자가 발생할 즉시 갑의 지시에 의해 보수하여야 한다.
② 을은 잔금 수령 시 공사금액의 10%에 대한 하자 이행 보증보험 증권을 갑에게 제출하여야 한다.

수정사항

1) 제3조의 공사 착수 시점을 기존의 일자보다 한 달 늦게 시작해서 다음해 1월에 완료하는 것으로 고치시오.

2) 제9조의 ①은 기간을 6개월로 하고 쌍방의 합의에 의한 보수로 바꾸시오.

3) 제9조의 ②는 을이 보증보험 범위 내에서만 하자 이행 의무가 있음을 명시해야 한다.

✓ 정답

제3조(공사기간) : 위 건물의 신축공사를 2025년 11월 1일부터 착수하고 2026년 1월 31일까지 완료하여 갑에게 인수한다.

제9조(하자보수) : …향후 6개월간 하자가 발생하면 갑과 을의 쌍방 합의에 의해 보수하여야 한다.

② …제출하여야 하며, 또한 갑은 을이 보증보험 범위 안에서만 하자의 의무가 있음을 인정해야 한다.

※ 상기 내용에 준하는 어휘나 문장을 사용하면 정답 인정

사고력

사고력 출제 분석

1 평균 출제 문항 수

구분	객관식	서술형	계
사고력	7문제	2문제	9문제
전체 문항 수	30문제	9문제	39문제
출제 비중	24%	22%	23%

2 학습 전략

❶ 경영과 직무 관련 화법을 이해한다.
❷ 도표와 그래프를 파악하는 연습을 한다.
❸ 문제 유형을 익히고 응용하는 연습을 한다.
❹ 다양한 글의 지문을 추론하고 이해하는 경험을 쌓는다.

차례

직무 이해

출제요소 | **탐구**

1 다음 〈보기〉의 조직을 두 개의 종류로 나누고, 나눈 이유를 설명하시오.

보기

삼성전자, 국토교통부, 서울대학교 병원, 경제정의실천시민연합회, 현대모비스

---

2 다음 (가)의 항목을 (나) 내용과 알맞게 짝지은 뒤, 그 이유를 간단히 설명하시오.

(가)

ㄱ. 원가우위 전략

ㄴ. 차별화 전략

ㄷ. 집중화 전략

(나)

A. 규모의 경제와 기술 혁신

B. 특정 세분 시장 공략

C. 혁신적 디자인 개발

---

3 다음 가와 나의 갈등 양상의 차이점을 간단히 기술하시오.

> 가. A군은 기획실의 지시사항이 불만이지만 항변을 하지 못하고 있다.
> 나. A군과 B군은 모 부서 과장 자리를 놓고 서로 신경전을 벌이고 있었다.

....

....

....

탐구 답안

1 상기 조직은 삼성전자, 현대모비스를 첫 번째로 구분하고 다음에 국토교통부, 서울대학교 병원, 경제정의실천시민연합회로 분류하는데, 이는 영리조직과 비영리조직의 기준으로 나눈 것이다.

2 원가우위 전략은 가격 경쟁력을 갖는 것이므로 A의 내용에 해당하고, 차별화 전략은 가격 경쟁력보다는 제품 수준을 올리는 것이어서 C와 어울린다. 집중화 전략은 시장의 일부분만 공략하는 것이므로 B에 해당된다.

3 '가'의 경우는 수직적 갈등의 예이고, '나'는 수평적 갈등에 해당되며 자원부족의 갈등에도 해당된다.

1 조직문화의 개념

1) 개념

기업이 의사 결정이나 사업을 수행하는 과정에서 겪게 되는 여러 가지 상황을 조직 내의 공유된 비공식적 지침으로 해석하고 해결하는 기업 가치 체계를 의미한다.

2) 조직문화의 특성

① 조직문화는 구성원들을 공유되는 가치관과 상징물로 인지적, 사회적으로 단결력을 유도하는 힘을 가지고 있다.

② 구성원의 결집도에 따라 약한 문화와 강한 문화로 나눌 수 있다.

③ 조직 문화는 전체 조직 차원에서 공통점을 가지고 있지만 부서별, 하부 조직 간에 상이성을 가질 수 있다.

3) 조직문화의 유형

① 합의문화 : 인간관계모형이라고도 한다. 조직원들의 자발적 참여, 충성, 신뢰를 통한 팀워크를 중시한다. 이러한 유형은 직장 내 가족적인 인간관계를 최대 목적으로 한다.

② 발전문화 : 개방체계모형이라고 한다. 무엇보다 외부환경에 능동적인 적응능력을 핵심 역량으로 꼽고 있으며 조직의 유연한 변화를 강조하고 있다. 특히 조직원의 도전과 창의적인 업무를 촉진시킨다.

③ 위계문화 : 내부과정모형이라고 한다. 공식적 명령과 규칙, 통제와 안정지향성을 강조하는 관료제의 규범을 우선시한다.

④ 합리문화 : 합리적 목적모형이라고 한다. 조직의 과업수행을 위해 생산성을 강조하는 유형으로서 목표달성, 계획, 능률성, 성과보상 등 성과주의를 강조한다.

2 경영 전략

1) 개념

기업은 경영환경과 목표 달성을 위해 상황에 맞는 전략을 세워야 한다. 경영전략은 기업이 정한 목표를 달성하기 위해 제품의 시장환경의 제한요소들을 극복하고 시장에서 경쟁우위를 창출해야 하므로, 기업의 목표달성을 위해 행동의 방향을 정하고 기업이 보유하고 있는 자원을 적절히 배분하는 경영활동이라고 정의내릴 수 있다.

2) 경영전략 유형

① 방어형 전략 : 제품의 원가에 대한 효율성을 높이고, 기술력을 개선하여 품질을 향상시키는 전략으로서 제품 서비스의 관리와 통제가 중요한 활동이다. 따라서 조직 내에 생산관리자의 역할이 크다.

② 선도형 전략 : 변화하는 시장에서 최초의 제품을 개발하여 새로운 기회를 얻고 새로운 시장을 개척하는 것을 경영 목표로 하는 전략으로서 신시장을 공격적으로 개척하기 위해 연구개발비와 마케팅 비용이 지속적으로 들어간다.

③ 분석형 전략 : 방어형과 선도형의 혼합된 형태의 전략으로서 선도형 전략이 개발해 놓은 제품 시장에 신속하게 진입하는 전략으로서, 수익을 최대화하면서 위험을 최소화하는 전략이다.

3 갈등관리능력

1) 갈등의 개념

갈등은 적의적 대립, 충돌을 의미한다. 조직 관리적인 측면에서는 자원의 희소, 작업 활동을 분배할 경우 서로 다른 가치, 인지 등이 존재할 때 조직 내의 둘 또는 그 이상의 개인이나 집단 간에 일어나는 상호작용이다.

2) 갈등의 원인

① 추구하는 목표의 차이 : 조직 내의 각 부서 간에는 추구하는 목표나 사업의 우선순위를 놓고 의견의 차이가 있을 수 있고, 특히 의사결정 과정에서 사람마다 추구하는 목표가 같지 않을 때 대안 선택에서 서로 대립하는 갈등이 발생할 수 있다.

② 인지의 차이 : 인지의 차이는 사람마다 가치관·신념·경험 등이 서로 다르기 때문에 생겨난다. 여러 사람들이 모인 집단에서는 사람마다 인지의 차이가 있기 때문에 이로 인한 갈등은 언제나 있을 수 있는 일이다.

③ 의사소통의 장애 : 같은 조직 내에서 의사소통이 원활하지 못하여 의사전달이 잘못되거나 왜곡된 정보가 전달될 경우 갈등이 발생할 수 있다.

④ 자원의 한정성 : 자원의 희소성으로 조직 내에서 서로가 많은 자원을 확보하려고 경쟁하는 과정에서 발생하는 갈등을 말한다. 주로 예산이나 한정된 직위 자리도 이에 해당한다.

3) 갈등관리의 유형

① 회피 : 갈등이 생길 경우 갈등으로부터 물러나거나 책임을 전가시키는 등 무관심해지려는 상태를 말한다.

② 강압 : 갈등이 생길 경우 자신의 만족을 위해 상대를 압도해 버리는 상태를 말한다.

③ 적응 : 자기 소속집단의 갈등은 잠시 접어 두고 다른 집단의 갈등을 충족시키려는 상태를 말한다.

④ 협동 : 집단 간 갈등은 해결방안에 도달하기 위해 서로 정보를 교환하여 모두 만족시키려는 상태를 말한다.

⑤ 타협 : 갈등이 발생할 경우 서로의 희생을 통하여 부분적 만족을 취하려는 상태를 말한다.

4 협상능력

1) 협상의 개념

혼자서 목표를 이룰 수 없을 때, 상대방과 의사소통을 통해 내리는 의사결정과정으로서 둘 또는 그 이상의 주체들이 희소자원을 어떻게 분배할 것인가 의논하고 업무의 중요 결정 사항을 조정하는 과정이라고 할 수 있다.

2) 협상의 절차

단계	내용	주요 내용	주요 전략
1단계	준비 단계	• 갈등 문제 파악 • 협상 참여자 구성 • 협상 목표 설정	객관적인 입장에서 갈등 파악
2단계	문제 해결 단계	• 의제 확인하기 • 상대방 입장 파악 • 최선의 대안 선택	동기파악의 중요성, 객관적 기준 적용
3단계	합의 단계	합의 도달 또는 파행	합의 수행의 접근 방법

3) 협상의 전략

① 문제해결 : 문제해결전략에서는 갈등상태에 있는 두 당사자가 그들의 공동성과를 최대로 얻기 위해 적극적으로 방안을 모색한다.

② 순응 : 순응전략은 상대방이 승리하고 원하는 것을 얻도록 당사자 자신이 자기의 목표나 기대를 낮추는 행위를 하는 것이다.

③ 타협 : 타협전략은 양측이 적절한 만족을 유도한다는 점에서 문제해결 전략과 비슷하며, 단순히 조금씩 양보한다는 측면에서 순응 전략과 닮았다.

④ 공격 : 공격은 상대방의 이해와 상관없이 자신의 갈등만을 해결하려 노력하는 것을 의미한다. 이 전략을 사용하는 당사자는 상대방에게 순응과 양보를 하도록 설득한다.

⑤ 무행위 : 이 전략은 당사자나 상대방의 협상의 결과에 대해서 관심을 보이지 않는다. 무행위는 쟁점 해결을 위한 노력을 종결하려는 의도이지만 다시 쟁점을 대처하기 위한 노력의 가능성이 남아 있는 상태이다.

5 의사소통능력

1) 개념

상대와 나의 생각을 교환하고 수용하면서 교감하는 일련의 과정을 말한다.

2) 경영 기능의 의사소통

① 통제 : 조직 구성원의 활동을 조정, 관리한다.

② 지침 : 조직 구성원이 자신의 직무와 새롭게 부여받은 업무가 무엇인지 파악한다.

③ 동기부여 : 동기부여를 통해 목표달성을 한다.

④ 문제해결 : 어려운 문제의 해결을 도모한다.

⑤ 피드백과 평가 : 중요 사항의 평가를 통해 발전한다.

⑥ 정보교환

3) 의사소통 능력의 구성요소

① 청취 : 적극적으로 청취한다.

② 발언 : 필요한 내용을 단순화한다.

③ 피드백 : 말하는 사람의 의도가 잘 전달되었는지 확인한다.

6 자원관리능력

1) 개념

업무에 필요한 자원인 시간, 예산, 물적, 인적자원 등을 실제 업무에 적재적소 배치하고 그 활용 시기를 적절하게 계획, 집행하는 능력을 말한다.

2) 자원관리 하위능력

① 시간관리능력 : 업무에 활용해야 할 시간 자원을 예측해서 계획하고 실행하는 능력

② 예산관리능력 : 업무에 필요한 자본자원을 확인해서 실제 업무에 활용하는 능력

③ 물적자원관리능력 : 재료, 시설자원을 최대한 수집하여 실제 업무에 활용하는 능력

④ 인적자원관리능력 : 업무에 필요한 인적자원의 규모 파악, 적재적소 배치, 운영하는 능력

⑤ 인적자원관리의 분류

구분	주요특성	채용	교육	퇴직
연공주의	• 연공 기반 • 가족적 문화	정기/신입사원 중심	기능 중심	평생고용
능력주의	• 효율적 인력관리 • 경쟁적 요인 도입	연고/공개채용 중심	다기능을 위한 직무교육	평생고용개념 약화
성과주의	• 성과주의 보상제도 • 시장경쟁원리 기반	수시/경력사원채용	광범위한 교육훈련	• 조기퇴직 • 전직지원
절충형	다양한 특성의 절충	내부인력 육성과 외부인 채용 혼합	광범위한 교육훈련	• 조기퇴직 • 전직지원

01 다음은 A사의 회사 운영방침을 바꾼다는 공고문이다. 이에 대한 예측으로 적절하지 않은 것은?

운영방침

1. 성과주의 인사제도 강화

2. 매년 새로운 제품 생산 및 가치 창출

3. 기획실, 총괄 본부의 업무 조정 회의체 폐지

---

① 직원들의 도전정신을 강조하는 기업문화로 바뀔 것이다.

② 업무의 효율성에 대한 직원 연수가 자주 있을 것이다.

③ 관계 지향적인 문화와 조직의 통합 능력이 더욱 강조될 것이다.

④ 시장 환경에 대한 분석 보고서를 많이 작성해야 할 것이다.

⑤ 회사 내부의 규율을 다시 수정해야 할 것이다.

✓ 정답 ③

A사는 조직 문화를 발전문화와 선도형 경영전략으로 회사 운영을 전환하려고 하고 있다. 그러나 ③은 관계 지향적인 합의문화에 대한 내용이다.

02 다음은 A사 직원 채용을 위한 면접 질문들이다. 질문에 대한 평가로 틀린 것은?

질문 1 동아리 활동이나 인턴 시 자금 운영을 경험해 본 적이 있는가?

질문 2 우리 회사의 조직도를 보고 어떤 의견을 갖고 있는가?

질문 3 상대방이 자기 주장만 고집할 경우 대개 어떻게 대처하는가?

---

① 질문 1은 자원관리에 대한 경험을 물어보고 있다.

② 질문 2와 질문 3은 조직문화와 관련된 질문이라고 할 수도 있다.

③ 질문 2에 답하려면 조직체제에 대한 안목이 있어야 한다.

④ 질문 3은 직업윤리에 해당되는 질문이다.

⑤ 질문 1에 대한 대답으로 학생회 회장 경험은 부적절하다.

✅정답 ④

직업윤리는 조직의 규범과 절차의 적법성, 근로 윤리의 자세 등에 해당하는 것으로서 질문 3은 협상에 대한 자세를 묻는 질문이다.

① 질문 1은 자원관리능력 중 예산관리를 묻는 질문이므로 맞는 평가이다.

② 질문 2는 조직이해, 질문 3은 협상관리능력에 해당되는데 모두 기업문화와 관련이 있다.

③ 조직도는 조직체제와 밀접하다.

⑤ 학생회 회장은 인적자원관리와 밀접하며, 예산관리와는 직접적인 연관이 없다.

03 다음은 지원자와 면접관의 대화이다. 지원자에게 가장 적절한 조언은 무엇인가?

> 면접관 : 한정된 시간에 여러 가지 일을 동시에 한 경험이 있습니까?
>
> 지원자 : 일을 동시에 하게 되면 오류가 나올 가능성이 있어서 되도록 급하게 일처리를 하지 않습니다.
>
> 면접관 : 올해 우리 회사가 중점적으로 추진하고 있는 일이 무엇인지 아십니까?
>
> 지원자 : 알고 있습니다. ** 사업 부문 전국 지점망을 구성하는 것입니다.
>
> 면접관 : 전화통화로도 상대방의 기분을 잘 파악하나요?
>
> 지원자 : 어려운 일이긴 하지만 되도록 파악하기 위해 노력합니다.

① 시간관리능력의 우수한 점을 보여 주도록 노력해야 한다.

② 회사의 경영방침과 연결해서 중점 사항을 이야기해야 한다.

③ 전화예절에 대해서 다시 살펴볼 필요가 있다.

④ 회사의 일을 너무 자세히 알고 있을 필요는 없다.

⑤ 의사소통 시 상대방의 의도를 잘 파악해야 한다.

✅정답 ⑤

면접관의 첫 번째 질문은 시간관리능력 여부를 파악하기 위해 질문한 것인데 엉뚱하게 일의 정확성에 대해서 언급하고 있다. 따라서 상대방의 질문 의도를 잘 파악하는 것은 의사소통과 관련된 문제이다.

04 다음 〈보기 1〉은 협상 전략의 하나를 설명한 것이고 〈보기 2〉는 A의 실제 협상 내용이다. 〈보기 1〉을 참조하여 A의 협상 상황을 [조건]에 맞게 쓰시오.

| **조건** | 1. 'A는 ~ 한다고 주장하였기에 ~ 공격협상 전략을 사용하였다'의 형식으로 한 문장을 완성할 것.
         2. 보기 1, 2의 내용만으로 구성할 것.

> **보기 1**
>
> 공격은 상대방의 이해와 상관없이 자신의 갈등만을 해결하려 노력하는 것을 의미한다. 이 전략을 사용하는 당사자는 상대방에게 순응과 양보를 하도록 설득한다.

> **보기 2**
>
> A는 자신의 기획 의도에 맞게 제품을 유통시켜야 하므로 시기와 방법에 대해서 조금도 변경할 수 없다고 유통업체에게 강하게 발언하였다.

✅ **정답**

A는 자신의 의도대로 제품을 유통시켜야 한다고 주장하였기에 상대방의 이해를 고려하지 않는 공격협상 전략을 사용하였다.

05 다음을 읽고 A군의 협상 전략으로 적절한 것은?

> A군은 자사 제품 홍보 전시관을 디자인해서 공사업체에 시안을 넘겼는데 며칠 뒤 업체에서 연락이 왔다. A군의 디자인 내용이 실제로 공사하기가 어렵다는 것이다. 그래서 공사하기에 용이한 것으로 만들어달라고 연락이 왔다. A군은 공사업체에게 저번 것과 비슷한 디자인 시안을 몇 개 더 보낼 테니 가능한 것을 알려달라고 말했다.

① 순응
② 문제해결
③ 무행위
④ 공격
⑤ 타협

✓정답 ②
문제해결은 쌍방 간에 공동 성과를 최대한 얻으려고 하는 노력이다. 그러나 타협은 원래의 의도에서 쌍방이 조금씩 물러나는 것이다.

출제요소 | 탐구

1 다음 증가율을 계산하시오.

올해 A 지방청에서 주관한 채용 박람회에 참가한 기업 수가 66개이다. 작년에 신청한 기업 수가 24개였다. 전년 대비 참가 기업은 몇 퍼센트 증가하였는가?

2 다음 내용을 도표(막대 그래프)로 간단히 나타내시오.

무역진흥공사가 파악한 우리나라의 대 동유럽 2005년 수출 보고서에서 전체 수출물량에 의류가 전년대비 7%P 감소한 24%, 전자제품이 10%P 증가한 40%, 자동차가 전년대비 3%P 감소한 32%를 차지하였다.

3 다음 결과 보고서는 2005년 연령별 취업 증가율을 기록한 것이다. 괄호 안은 전년 증가율이다. 다음 보고 내용을 통계자료로 간단히 정리해 보자.

〈2005년 연령별 취업 증가율〉

2005년 취업 증가율은 20대가 7%(4%), 30대가 12%(7%), 40대가 3%(6%), 50대가 5%(3%)로 집계되었다.

탐구 답안

1 175%

올해 참가 수–작년 참가 수/ 작년 참가 수×100

(66–24)/24 = 42/24 = (7/4)×100 = 175%

2

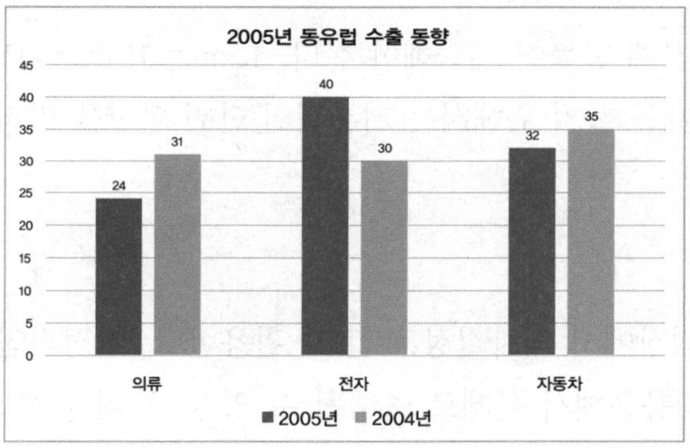

3 〈2005년 연령별 취업 증가율〉

구분	2005년	2004년	전년대비 증감
20대	7%	4%	3%P
30대	12%	7%	5%P
40대	3%	6%	–3%P
50대	5%	3%	2%P

1 수리능력

실용글쓰기 검정시험은 기본적으로 직장에서 요구되는 언어 능력과 업무와 관련된 수리, 통계의 독해 능력을 아울러 측정하는 시험이다. 따라서 수리와 관련된 시험이 출제되는데, 대개 간단한 계산 문제이지만 개념 정리가 안 되어 있으면 문제 풀이에 시간이 불필요하게 소요될 수 있다.

1) 전년 대비 증가율 계산

증가율은 늘어난 양이 전년도의 양에서 차지하는 비율을 의미한다. 예를 들면 전년도 수입액이 300만 원인데, 올해 1,200만 원으로 늘어났을 때 증가율은 300%이다.

(올해 수입액 1,200−전년도 수입액 300)/전년도 수입액 300×100

900/300×100 = 300%

전년 대비 감소율도 같은 방식으로 계산하면 된다.

2) 사칙연산

업무 과정에서 기초적인 사칙연산을 수행해야 할 때가 있다. 이 점을 감안해서 실용글쓰기 시험에서도 객관식 문제에서 응용해서 출제되거나 지문 이해나 정답 확인을 위해 기초 계산을 해야 하는 경우도 생긴다.

다음을 계산해 보자.

> 1.04cm + 0.18mm = (   )mm

(   ) 안에 들어갈 값은 얼마인가? 먼저 단위가 다르므로 같게 만들어 계산해야 한다. 1cm는 10mm이므로 1.04cm = 10.4mm, 10.4 + 0.18 = 10.58mm이다. 이 문제를 풀기 위해서는 기본적인 단위 환산을 먼저 정리해서 알아 두어야 한다.

3) 기초통계

기초통계는 주어진 수치들의 평균, 합계, 빈도를 산출하여 직장에서 의사결정을 할 때 활용한다. 직접적인 계산 문제가 나오지는 않지만 경제나 조세 지문에서 얼마든지 응용해서 문제로 출제될 수 있다. 문제를 풀면서 기본적인 개념을 알아보자.

> 9, 4, 7, 8, 2

① 위 자료의 평균값은?
② 위 자료의 최솟값은?
③ 위 자료의 중앙값은?
④ 위 자료의 범위는 얼마인가?

평균값은 $\dfrac{9+4+7+8+2}{5}$ = 6이고, 최솟값은 자료 중 가장 작은 값을 나타내므로 2, 중앙값은 자료의 값을 순서대로 나열했을 때 가운데에 위치하는 값이므로 7이고, 범위는 '범위 = (가장 큰 자료값 − 가장 작은 자료값) + 1'이므로 8이다.

2 도표분석능력

도표분석능력은 도표(그림, 표, 그래프)의 내용을 파악하고, 정보를 해석하는 능력이다. 평소에 도표를 통해 내용을 분석하는 연습이 되어 있지 않으면 제한된 시험시간에 답을 신속하게 찾기가 어렵다.

1) 도표의 개념

도표는 업무의 목적과 용도에 맞춰 관리나 문제해결의 과정에서 다양하게 활용된다. 또한 활용되는 용도에 따라 도표의 종류를 달리하는데 특별히 도표의 종류를 암기할 필요는 없지만 활용하여야 하는 경우에 대해서는 숙지할 필요가 있다.

2) 도표의 종류

① 선(절선) 그래프

시간의 경과에 따라 수량에 의한 변화의 상황을 나타내어야 하는 경우에 적합하다.

다음 그래프는 4년간의 상품별 매출액 변화를 한눈에 볼 수 있다.

예

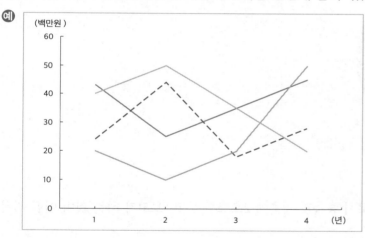

② 막대 그래프

수량을 비교하려고 할 때 길이로 표시하여 각 수량 간의 대소관계를 나타내거나 수량을 비교하는 데 용이하다.

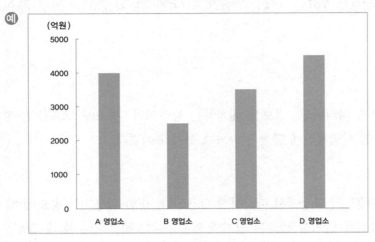

③ 원 그래프

전체 통계량에 대한 부분의 구성비를 분할하여 나타낸 그래프로서 각 부분의 비율을 파이 조각으로 나타내기 때문에 파이도표라고도 한다.

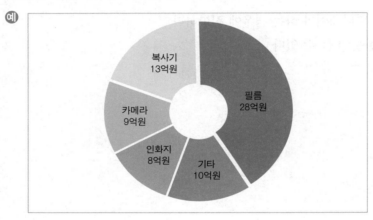

④ 점 그래프

통계 데이터들의 분포를 점으로 나타내는 도표로서 종축과 횡축에 2요소를 두고, 보고자 하는 것이 어떤 위치에 있는가를 알고자 하는 데 쓰인다.

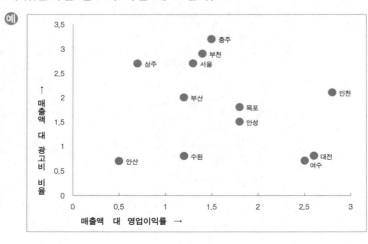

⑤ 층별 그래프

합계와 각 부분의 크기를 백분율로 나타내고 시간적 변화를 확인할 때 사용한다.

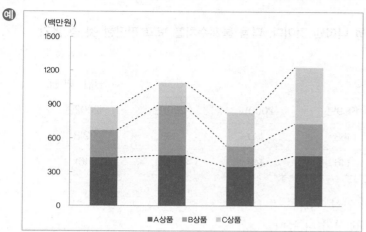

⑥ 방사형 그래프

방사형 그래프(레이더 차트)는 원 그래프의 일종으로 거미줄 그래프라고도 한다. 비교하는 수량을 직경, 또는 반경으로 나누어 원의 중심에서의 거리에 따라 각 수량의 관계를 나타내는 그래프이다. 방사형 그래프는 대표적으로 비교하거나 경과를 나타내는 용도로 활용된다.

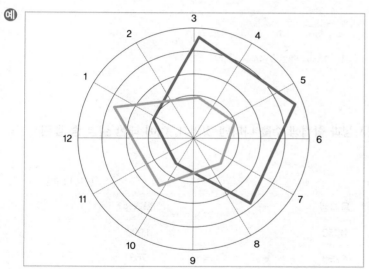

01 다음 자료는 5년간 직업별 연봉 인상률을 나타낸 것이다. 다음 통계수치를 보고 판단한 것 중 옳지 않은 것은?

(단위 : 만 원)

구분	1998년	1999년	2000년	2001년	2002년
전문직	160	168	180	198	218
기술직	140	146	149	153	161

① 전문직과 기술직 모두 매년 연봉이 인상되었다.
② 평균 연봉 인상률이 전문직보다 기술직이 더 높다.
③ 전문직 평균 연봉 인상률이 기술직보다 4% 정도 더 높다.
④ 기술직 평균 연봉 인상률이 꾸준히 인상되었다.
⑤ 전문직과 기술직 연봉 차이가 점점 커졌다.

✔정답 ②
전문직 인상률은
(168 − 160)/160 + (180 − 168)/168 + (198 − 180)/180 + (218 − 198)/198 = 0.32/4 = 8%
기술직 인상률은
(146 − 140)/140 + (149 − 146)/146 + (153 − 149)/149 + (161 − 153)/153 = 0.14/4 = 3.5%

02 다음은 어떤 시험에 응시한 남, 여의 응시생과 합격생 수를 나타낸 것이다. 이에 대한 설명 중 틀린 것은?

(단위 : 명)

구분	응시생	합격생
남자	11,153	1,929
여자	4,293	763

① 응시생 대비 합격률은 남자가 더 높다.
② 총 응시자 중 합격률은 17.43%이다.
③ 여자의 응시생 대비 합격률은 17.77%이다.
④ 총 응시생 중 여자는 27.79%이다.
⑤ 남자 응시생이 여자보다 2배 이상 많다.

✔정답 ①
남자의 응시 대비 합격률은 1,929/11,153 = 17.29%, 여자의 응시 대비 합격률은 763/4,293 = 17.77%이므로 여자가 더 높다.

03 다음 그래프를 보고 쓴 문장으로 적절한 것은?

직장인 지식포털에서 남녀 직장인 1,719명을 대상으로 설문조사를 한 결과, 28.4%가 현재 공무원이나 전문자격시험을 준비하고 있다고 답했다. 구체적으로 준비하는 시험을 묻는 질문에 10명 중 4명(41.4%)이 '9급 공무원'이라고 답했고, 그 외 변리사 및 공인중개사 등의 전문자격증(22.1%), 7급 공무원(15.3%) 등이 있었다.

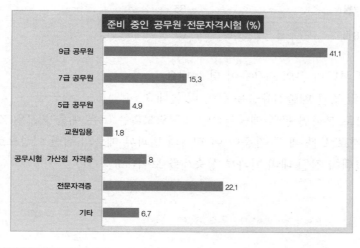

① 전문 자격증 준비하는 사람이 공무원 준비하는 사람보다 많다.
② 교원임용과 기타를 준비하는 사람이 7급 공무원을 준비하는 사람보다 많다.
③ 9급에서 5급 공무원까지 준비하는 사람이 전체 설문 조사 중 60%를 넘는다.
④ 변리사를 준비하는 사람이 22.1%이다.
⑤ 공인중개사 자격증은 기타로 분류하였다.

✔정답 ③
9급 41.1 + 7급 15.3 + 5급 4.9 = 61.3%이다.

04 다음에 제시된 도표는 A사의 3개월간의 빙과류 중 두 제품의 매출 현황을 나타낸 것이다. 이를 보고 A사의 직원들은 아래와 같이 답하였다. 도표를 틀리게 해석한 사람은 누구인가?

(단위: %)

구분	콘	아이스크림
6월	25	18
7월	35	40
8월	37	43

① 6, 7월만 본다면 콘의 점유율이 더 높네요.

② 3개월간의 평균 매출점유율은 콘이 더 높네요.

③ 전체적으로 본다면 콘의 매출이 아이스크림보다는 고른 매출을 보일 가능성이 높네요.

④ 도표의 자료로 볼 때 두 제품이 이 회사의 빙과류 매출의 절반 이상으로 주력 제품이네요.

⑤ 아이스크림이 전월 대비 가파른 상승세를 보이네요.

✓정답 ②

콘의 평균 매출 점유율은 32.3%이고, 아이스크림은 33.6%이다.

05 다음 그래프를 참조하여 〈보기〉의 조건에 맞추어 분석 기사를 작성하시오.

근로자 평균 월급? 201만 4천 원!

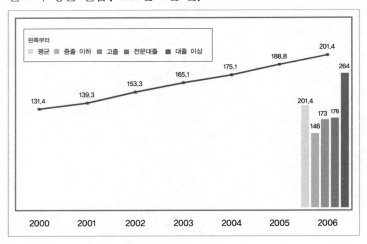

보기

1. 노동부 〈2006년 임금구조실태분석〉

2. 조사대상 : 상용근로자 5인 이상 사업체 6,495곳(소속근로자 49만 명)

3. 근로자의 평균 월급 2백만 원대 집계

4. 도표의 분석내용을 반드시 포함시킬 것

5. 전체 문장 구조를 '~ 진입했다, ~ 따르면, ~ 나타났다, 도표에 따르면 ~ 알 수 있다.'로 할 것

6. 2004년과 2005년을 언급할 것

7. 180자 내외로 쓸 것

✓ 정답

근로자의 평균 월급이 처음으로 2백만 원대로 진입했다. 노동부가 2006년 6월 기준으로 상용근로자 5인 이상 사업체 6,495곳(소속근로자 49만 명)을 대상으로 조사한 〈2006년 임금구조실태분석〉에 따르면, 전체 근로자의 월평균 급여액이 201만 4천 원 수준으로 나타났다. 도표에 따르면 평균 급여액이 2004년에서 2005년 사이에 가장 높게 상승한 것을 알 수 있다.

출제요소 | 탐구

1 다음 모 부서에서는 두 가지 문제 상황이 발생하였다. 각 문제 상황의 성격이 어떻게 다른지 간단히 기술하시오.

> 문제 상황 1 : 이번에 출시한 새 제품이 시장에서 판매가 부진하다.
>
> 문제 상황 2 : 이번에 출시한 새 제품이 예상대로 판매가 잘 되고 있지만 향후 경쟁력을 갖추려면 무엇인가 더 추가되어야 한다.

탐구 답안

1 문제 상황 1은 판매 실적이 목표치에 못 미치는 상황이므로 발생형 문제에 속하며 문제 상황 2는 목표 판매량에 도달하였지만 향후 경쟁 상황을 고려하고 있으므로 설정형 문제 유형이라고 할 수 있다.

1 문제 해결이란

특정 직무에서 발생하는 문제나 과제를 분석하고 해결하는 능력을 말한다. 이는 직무수행 과정에서 발생하는 다양한 문제들을 효과적으로 다루어 업무의 목표를 달성하는 데 필요한 능력이다.

2 문제 유형

1) 일반적인 유형

① 구조적 문제

해결 방법이 명확히 정해져 있고, 반복적으로 발생하는 문제로서, 정형화된 문제라고도 한다. 반복적인 고객 불만처리나 매뉴얼이 가능한 기술적 문제들이 해당된다.

② 비구조적 문제

해결 방법이 명확하지 않고, 창의적 사고와 판단력이 요구되는 문제이다. 비정형적 문제라고도 한다. 새로운 제품 개발, 시장 변화 대응 등의 상황에서 발생한다.

③ 장기적 문제

해결에 시간이 많이 걸리는 문제로, 신중한 계획과 지속적인 노력이 필요한 문제이다. 조직 문화 개선, 장기적인 전략 수립 등이 해당된다.

④ 인적 문제

사람들간의 갈등, 의사소통 문제, 팀워크 부족 등 인적 요소에 의해 발생하는 문제이다. 조직내의 갈등 관리, 동기부여 부족 등의 문제를 포함하고 있다.

2) 기업 활동 측면에서의 유형

① 발생형 문제

문제가 외부적이거나 내부적 원인으로 인해 발생하는 문제로서 업무 목표에 대한 진행 상황이 만족하지 못한 상태여서 해결을 위한 분석적 사고가 필요하다.

예 경기 불황에 따른 매출 감소, 기술적 문제로 인한 시스템 다운

② 탐색형 문제

문제를 명확하게 파악하기 위해 탐구하는 과정에서 발생하는 문제이다. 문제의 본질이나 원인을 알기 위해 자료를 수집하고 분석하는 과정에서 발생하며, 장기적인 안목으로 해결 방법을 강구해야 한다.

예 시장 조사를 통해 고객의 니즈를 더 깊이 이해하고 제품 개발 전략을 수립

③ 설정형 문제

명확한 문제를 정의하고, 그 문제에 대한 목표를 설정하는 과정에서 발생하는 문제로서 일반적으로 새로운 사업 계획 수립이나 전략 목표 설정 시 발생할 수 있으며, 명확한 비전과 목표를 세우는 것이 중요하다.

예 조직 발전 방향을 설정하는 과정에서의 문제

3 **문제 해결을 위한 사고 전략**

1) 일반적인 유형

① 분석적 사고

문제를 작은 부분으로 나누어 각각의 요소를 분석하는 방식이다. 문제의 원인을 찾고, 각 요소들이 어떻게 상호 작용하는지를 파악하여 해결책을 도출한다.

② 논리적 사고

논리적인 흐름을 따르는 사고 방식으로, 문제 해결 과정을 단계적으로 추적한다. 가설을 세우고, 그 가설을 검증하는 과정을 통해 최적의 해법을 찾는다.

③ 창의적 사고

새로운 방식으로 문제를 바라보거나 해결하는 방법을 찾는 사고 전략이다. 기존의 틀을 벗어나 혁신적인 아이디어를 도출하는 것이 목표이다.

④ 시스템적 사고

문제를 단편적으로 보지 않고, 전체 시스템의 맥락 속에서 문제를 파악하는 방식이다. 각 부분이 전체에 미치는 영향을 고려하여 문제의 근본적인 원인을 찾는다.

⑤ 의사결정 전략

문제 해결 과정에서 발생하는 다양한 선택지 중에서 가장 적절한 것을 선택하는 전략이다. 비용—편익 분석, 위험 평가, 장단점 비교 등을 통해 최선의 결정을 내린다.

⑥ 추상적 사고

문제를 구체적인 사례나 상황에서 추상화하여, 보다 일반적인 원리나 개념을 찾아내는 방식이다. 이를 통해 보다 광범위한 문제들에 적용할 수 있는 해결책을 모색한다.

2) 경영 전략으로서 유형

① SWOT 분석

강점(Strengths), 약점(Weaknesses), 기회(Opportunities), 위협(Threats)을 분석하여 문제의 근본 원인과 해결책을 모색한다. 내부적인 강점과 약점을 파악하고 외부 환경의 기회와 위협을 분석하여 전략적 결정을 내린다.

② 6 시그마

제조와 서비스 프로세스의 품질을 개선하기 위한 경영 전략이다. 데이터를 기반으로 문제를 분석하고 변동성을 줄이는 방식으로, 문제의 원인을 규명하고 이를 체계적으로 해결한다.

③ 균형 성과표

재무, 고객, 내부 프로세스, 학습과 성장의 네 가지 관점에서 조직의 성과를 평가하고 전략적 목표를 달성하기 위한 방법이다. 이를 통해 각 부문에서 발생하는 문제를 균형 있게 해결할 수 있다.

④ 혁신 경영

기술적 혁신이나 새로운 비즈니스 모델을 통해 문제를 해결하는 전략이다. 빠르게 변화하는 시장 환경에 적응하고, 차별화된 경쟁 우위를 확보하는 데 중점을 둔다.

4 문제 해결 과정

문제 해결 과정은 문제를 명확히 정의하고, 그 원인을 분석한 후 적절한 해결책을 도출하는 체계적인 절차를 따른다. 이 과정은 대부분의 문제 해결 상황에서 공통적으로 사용되며, 다음과 같은 단계로 구성된다.

1) 문제 정의

문제를 명확히 식별하고 구체적으로 정의하는 단계로서 문제가 무엇인지 정확히 파악하지 않으면 적절한 해결책을 찾기 어렵다.

2) 문제 분석

문제의 원인과 그에 영향을 미치는 요인을 분석한다. 데이터를 수집하고, 문제의 근본 원인을 규명하는 것이 목표이다. 원인-결과 분석이나 5 whys 기법 등이 있다.

3) 해결 방안 개발

문제를 해결할 수 있는 다양한 해결책을 탐색하고, 창의적이고 실현 가능한 대안을 모색한다. 브레인스토밍, 벤치마킹, 과거 사례 연구 등을 통해 아이디어를 도출할 수 있다.

4) 해결 방안 평가

제안된 해결책 중에서 가장 적절하고 효과적인 방법을 선택하기 위해 각 대안을 평가한다. 이때 비용, 효과, 실행 가능성 등을 고려한다. 비용-편익 분석, 의사 결정 매트릭스 같은 방식이 있다.

5) 해결책 실행

선택된 해결책을 실행에 옮기는 단계이다. 해결책을 구체적으로 구현하고, 필요한 자원과 인력을 배치한다. 이 과정에서 발생할 수 있는 문제를 미리 예측하고, 대응 방안을 마련해야 한다.

6) 결과 모니터링 및 피드백

해결책을 실행한 후 그 결과를 평가하고, 목표를 달성했는지 확인한다. 문제가 완전히 해결되었는지 확인하고, 예상하지 못한 부작용이나 추가 문제가 발생하지 않았는지 모니터링 한다.

7) 문제 해결 후 지속적 개선

문제 해결 이후에도 비슷한 문제가 재발하지 않도록 지속적으로 개선해 나가는 것이 중요하다. 이를 통해 문제 해결의 경험이 조직이나 개인의 역량으로 축적된다.

[01~02] 다음 문제 상황을 읽고 물음에 답하시오.

구분	문제 상황
(가)	영업부장은 이번 달 판매 목표를 달성하지 못할 것 같아 고민이다.
(나)	A사의 생산 기계가 B사의 제품보다 시간당 생산성이 떨어짐을 알았다.
(다)	기획부장은 A제품의 후속 모델에 대한 시장 조사를 실시하였다.
(라)	재무부장은 지난 달 회계 처리가 몇 군데 잘못되었음을 발견했다.
(마)	기획부장은 경쟁사의 제품이 자사 제품의 단점을 보완한 것으로 파악했다.
(바)	재무부장은 자사의 회계 프로그램의 효율성을 더 높이는 방안을 생각했다.

01 다음 문제 상황들이 같은 문제 유형으로 바르게 짝지어진 것은?

① (가) – (바)
② (가) – (나)
③ (가) – (라)
④ (마) – (바)
⑤ (나) – (다)

✓ 정답 ③

(가)는 발생형. (나)는 탐색형. (다)는 설정형. (라)는 발생형. (마)는 탐색형. (바)는 설정형 문제이다.

02 위 문제 상황에 대한 설명으로 바르지 않은 것은?

① (가)는 어떤 기준을 일탈함으로써 생기는 문제이다.
② (나)는 미래지향적이고 목표지향적인 유형이다.
③ (다)는 지금까지 해 오던 것과 전혀 다른 과제를 설정하는 문제이다.
④ (라)는 현실적으로 바로 직면하는 문제이다.
⑤ (마)는 눈에 보이지 않는 문제로 결국 해결해야 할 문제이다.

✓ 정답 ②

(나)는 탐색형 문제인데 미래지향적인 유형은 설정형 문제에 해당된다.

03 다음 문제 해결의 내용이 그 과정과 적절하게 묶인 것은?

> 회사의 매출이 최근 3개월 동안 지속적으로 감소하고 있다. 이 문제를 해결하기 위해 아래와 같은 문제 해결 과정을 시행하였다.
>
> | 문제 해결 과정 | 내용 |
> |---|---|
> | ㉠ | 고객의 구매 패턴 변화 조사 |
> | ㉡ | 회사의 매출 감소가 3개월 간 지속 |
> | ㉢ | 신제품 출시 고려 |

	㉠	㉡	㉢
①	해결 방안	문제 분석	문제 정의
②	문제 분석	결과 모니터링	해결 방안 실행
③	문제 분석	문제 정의	해결 방안
④	해결 방안 평가	결과 모니터링	문제 분석
⑤	문제 정의	해결 방안 평가	해결 방안

✅ **정답** ③

㉠은 매출 부진의 원인을 분석하기 위한 대상을 선택한 것이다.
㉡은 문제를 정의한 내용이다.
㉢은 신제품 출시로 매출 부진을 극복하려는 계획 단계로서 아직 실행한 것은 아니다.

04 다음 글을 읽고 [조건]에 맞게 쓰시오.

> 2024년, 극한 기상 현상이 빈번하고 심각해짐에 따라 기후 변화는 계속해서 전 세계적인 이슈가 되고 있다. 과학자들은 인간 활동, 주로 석탄, 석유, 가스와 같은 화석 연료의 연소와 직접적으로 관련된 지구 온도의 급격한 상승에 대한 경각심을 불러일으키고 있다. 화석 연료의 사용은 대기 중 온실가스의 농도가 증가하여 열을 가두는 현상이 전례 없는 속도로 온난화를 가속하고 있다.
> 기후 변화의 가장 우려스러운 영향 중 하나는 해수면 상승에 기여하는 극지방 만년설의 빠른 해빙이다. 전세계 해안 도시는 홍수 위험에 직면해 있으며, 저지대 지역은 이미 바닷물 침입으로 인한 농경지 손실을 입고 있다. 이러한 위협이 고조됨에 따라 많은 국가들이 지구 온난화를 1.5℃ 이하로 제한하기 위해 파리 협정과 같은 국제 협약에 따라 탄소 배출량을 줄이기로 협의하였다. 그러나 태양열과 풍력과 같은 재생에너지원으로의 전환은 더디게 진행되고 있다.

| **조건** | 1. 위 글에서 기후 변화의 근본적인 문제점을 6어절로 쓰시오.
2. 위 글에서 기후 변화의 문제 해결로 제시한 것을 6어절로 쓰시오.

✅ **정답**

조건 1. 화석 연료 사용으로 인한 지구 온난화
조건 2. 탄소 배출량 감소를 위한 국제 협약

출제요소 | 탐구

1 다음 글을 읽고 '출구 전략'에 대한 이해로 잘못된 것은?

> 경기 부양을 위해 각국 정부는 저금리나 양적 완화 정책으로 기업이나 은행을 지원한다. 또한 기업에 대한 세금 감면 혜택을 늘려 경기 부양을 유도한다. 이런 조치들을 '입구 전략'이라고 한다. 그러나 경제가 안정되면 이러한 조치는 인플레이션을 초래하거나 정부의 재정 적자를 크게 하기 때문에 팽창적인 금융 및 재정 정책은 축소하는 방식을 취해야 한다. 이와 같이 경제 위기시 비상 대책 조치들을 정상적인 궤도로 돌려놓는 것을 '출구 전략'이라고 한다.
>
> 출구 전략의 대표적 정책은 이자율을 인상하는 것이다. 금융 및 재정 정책으로 인해 이에 시중에 돈이 많이 풀린 상태에서는 인플레이션이 발생하기 쉽기 때문에 은행의 기준 금리를 올려서 상품 가격의 상승을 억제하고 자산 가격의 거품을 제거할 수 있다. 이러한 출구 전략을 효과적으로 수립하려면 목표를 명확히 하고, 리스크와 잠재적 이익을 분석하여 최적의 시점과 방법을 결정하는 것이 중요하다.

① 대표적인 정책은 이자율 인상 정책이다.
② 입구 전략을 다시 정상화하는 것이다.
③ 인플레이션이 발생했다면 정책 시기가 빨랐던 것이다.
④ 정부의 재정 적자가 건전하게 전환될 수 있다.
⑤ 시기나 강도 조절에 실패하면 자산 거품이 커질 수 있다.

2 다음 글을 읽고 DNA 지문을 잘못 이해한 것은?

> DNA 지문은 개인의 DNA를 분석하여 고유한 유전자 패턴을 파악하는 기술로, 주로 범죄 수사, 친자 확인, 유전자 질병 연구 등에 사용된다.
>
> DNA 분자는 우리 세포의 핵 속에 들어 있는 이중 나선 구조의 물질인데 뉴클레오티드의 염기, 아데닌(A), 구아닌(G), 사이토신(C), 티민(T)으로 결합되어 있다. 세포 하나에는 뉴클레오티드의 염기쌍 수가 30억 개나 되기 때문에 네 종류의 염기가 결합하는 배열 순서가 무한히 많다. 그래서 개인에 따라 DNA 분자의 염기 서열 순서가 다르게 나타난다.
>
> 유전자 검사에 사용되는 DNA 지문 분석법은 바로 이러한 염기 서열을 활용하는 것이다. 사람의 DNA 중 유전자들 사이에 염기 서열이 여러 번 반복되는 부위가 있는데, 이 반복 서열의 크기는 사람마다 다르다. 이 점을 활용하여 신원 확인이나 친자 확인 등의 강력한 증거로 사용한다.

① 뉴클레오티드의 염기 배열을 활용한다.
② DNA 지문은 이중 나선 구조로 되어 있다.
③ 친자 확인의 증거가 된다.
④ DNA 지문은 염기의 반복 서열의 크기로 알 수 있다.
⑤ DNA 지문 분석은 유전자 검사를 위한 방법이다.

3 다음 글을 읽고 김 대리의 보고서 작성 행위 중 디지털 요소와 관계없는 것은?

김 대리는 보고서 작성을 위하여 인터넷에서 자료를 찾았다. 그는 검색 엔진에 필요한 키워드를 입력하여 여러 웹사이트에서 정보를 찾았다. 김 대리는 신뢰할 만한 정보를 선별하기 위해 특정 웹사이트에 있는 글의 작성자, 출처, 업데이트 날짜 등을 꼼꼼히 살펴보았다.

또한 보고서 작성 시 다른 사람의 의견이나 내용을 참고했을 때 출처를 명확히 밝히고 표절이 되지 않도록 주의하였다. 보고서를 작성한 이후에는 개인 정보를 보호하기 위해 사용하지 않는 웹사이트 계정에서 로그아웃하고, 보안이 필요한 자료는 개인 클라우드에 저장하였다.

① 보고서의 기밀 사항은 클라우드에 보관하였다.
② 보고서 작성 시 출처를 명확히 밝혔다.
③ 특정 웹사이트의 업데이트 날짜를 확인하였다.
④ 개인 정보를 위해 미사용 웹사이트는 로그아웃하였다.
⑤ 컴퓨터 검색 엔진으로 키워드를 입력하였다.

탐구 답안

1 ③

인플레이션이 발생했다는 것은 시중에 돈이 많이 풀린 것이므로 정책을 빨리 시행해야 출구 전략이 성공할 수 있다. 그런데 인플레이션이 생겼다면 출구 전략이 늦은 것이다.

2 ②

이중 나선 구조는 DNA 분자 형태에 대한 설명이지 DNA 지문 모양을 말하는 것이 아니다.

3 ②

출처를 밝히는 행위는 글쓰기 윤리 전반적인 사항에 해당되므로 굳이 디지털 요소라고 볼 수 없다.

1 사회 · 문화 · 경제 문해력

법 · 경제, 시사 등의 지문을 읽고 용어를 이해해서 문제 중심의 분석과 활용 능력을 주로 평가한다.

출제 TIP

1) 주로 객관식에 출제되며 직무 글쓰기의 문서 형식으로, 또는 단독 지문으로 출제된다.

2) 용어의 이해 여부를 확인하는 문제가 출제된다.

3) 용어나 원리를 활용하는 문제가 출제된다.

2 과학 · 기술 문해력

직무 능력에 도움이 될 수 있는 과학 및 기술적인 용어들의 활용 능력과 지문 이해를 평가한다.

출제 TIP

1) 과학적 원리를 설명하고 그 적용과 관련된 문항이 출제된다.

2) 용어나 개념을 정확히 이해했는지 확인하는 문제가 출제된다.

3) 그래프와 도표를 주로 활용한다.

3 디지털 문해력

컴퓨터나 스마트 폰에서 접하는 정보를 올바르게 해석하여, 다양한 디지털 환경에서 적절한 직무 능력을 수행할 수 있는지를 평가한다.

출제 TIP

1) 온라인에서 사용되는 최신의 용어나 신조어의 개념을 이해하고, 활용할 수 있는지 평가한다.

2) 디지털 커뮤니케이션과 관련된 의사 소통의 문제 등이 출제된다.

3) 디지털 보안 및 윤리 의식 관련된 문제가 출제된다.

글쓰기 윤리

1 평균 출제 문항 수

구분	객관식	서술형	계
글쓰기 윤리	1문제	0문제	1문제
전체 문항 수	30문제	9문제	39문제
출제 비중	3%	0%	2%

2 학습 전략

❶ 직업 윤리의 원칙과 기본 자세를 숙지한다.
❷ 글쓰기 윤리와 관련된 개념인 표절과 주석, 인용 등의 의미를 숙지한다.

차례

직업 윤리, 글쓰기 윤리

출제요소 | 탐구

1 다음은 NCS의 직업 윤리 중 공동체 윤리에 관한 항목이다. 항목을 참조하여 아래 문장의 빈칸 (가)~(라)를 완성하시오.

공동체 윤리	1. 봉사의 의미 2. 책임의 의미 3. 준법의 의미 4. 직장에서의 예절 5. 성예절의 의미

↓

공동체 윤리는 인간 존중을 바탕으로 (가)하며, (나) 있고, (다)을 준수하며 (라) 태도로 업무에 임하는 자세입니다.

탐구 답안

1 (가) : 봉사

(나) : 책임

(다) : 규칙

(라) : 예의 바른

1 직업 윤리의 분류

1) 근로 윤리

① 근면성 ② 정직성 ③ 성실성

2) 공동체 윤리

① 봉사정신 ② 책임 의식 ③ 준법성 ④ 직장 예절

2 직업 윤리의 원칙

1) 객관성의 원칙

업무의 공공성을 바탕으로 공사 구분을 명확히 하고 모든 것을 투명하게 처리하는 원칙

2) 고객 중심의 원칙

고객에 대한 봉사를 최우선으로 생각하고 현장 중심, 실천 중심으로 일하는 원칙

3) 전문성의 원칙

자기 업무에 전문가로서 능력과 의식을 가지고 책임감 있게 일하는 원칙

4) 정직과 신용의 원칙

업무와 관련된 모든 것을 정직하게 수행하고 본분과 약속을 지켜 신뢰를 유지하는 것

5) 공정 경쟁의 원칙

법규를 준수하고 경쟁 원리에 따라 공정하게 행동하는 것

3 글쓰기 윤리 위배

1) 표절

다른 사람이 창작한 저작물의 일부 또는 전부를 도용하여 자신의 창작물인 것처럼 발표하는 행위를 말한다. 표절은 다른 사람의 창작물로부터 영감을 얻어 나름대로 재창조한 모방과는 구별된다.

2) 변조

연구 재료 등을 인위적으로 조작하거나 자료를 임의로 변형 · 삭제함으로써 연구 내용 또는 결과를 왜곡하는 행위를 말한다.

3) 위조

존재하지 않는 데이터 또는 연구 결과 등을 허위로 만들어 내는 행위를 말한다.

4) 중복 게재

독자에게 이미 출간된 본인 논문을 다른 학술지에 다시 제출하여 출간하는 것을 말한다.

01 글쓰기 윤리에 대한 설명으로 틀린 것은?

① 주석은 남의 말이나 글을 빌려 쓰는 것을 말한다.
② 참고 문헌은 자료의 정확한 출처를 밝혀 저서 마지막에 작성한다.
③ 표절은 출처를 밝히지 않고 그대로 인용할 경우에 해당된다.
④ 타인의 연구제안서를 도용하는 것도 아이디어 표절에 해당된다.
⑤ 이미 발표한 논문을 새로운 논문인 것처럼 주장하는 것은 중복 게재에 해당한다.

✅ **정답** ①

주석은 글을 쓸 때 본문의 내용을 보충하기 위해 썼거나 타인의 글을 인용했을 때 그 출처를 밝히는 것을 말한다. 따라서 위의 내용은 인용에 해당된다.

02 윤리에 대한 설명으로 옳지 않은 것은?

① 윤리는 공동행동의 규칙을 기반으로 형성된다.
② 윤리는 사회의 공동목표 달성에 도움이 되는 행위를 의미한다.
③ 윤리는 사회 내에서 협력의 필요성에 의해 발생하였다.
④ 윤리는 사회 상황과 무관한 불변의 원칙이다.
⑤ 윤리는 인간존중을 바탕으로 한다.

✅ **정답** ④

윤리는 시대 흐름에 따라 변화한다.

서술형 단계별 연습

차례

단어 쓰기

1 다음 〈자료〉의 이중 피동문의 규정을 활용하여 [조건]에 맞춰 이중 피동문에 대한 내용을 쓰시오.
(30점)

자료

우리말에는 피동문을 만들 수 있는 두 가지 방식이 있다. 하나는 파생적 피동문에서의 '토끼가 호랑이에게 잡히었다.'에서 '잡았다'에 접시 '히'를 붙여 '잡히었다'로 만든 방식으로 이를 파생적 피동문이라고 한다. 또 다른 방법인 통사적 피동문은 '–어지다', '–게 되다'를 사용해서 만들 수 있는데 이중 피동문은 파생적 방법과 통사적 방법을 모두 사용한 예로 명백한 오류 문장이다. 예를 들면 '나는 컵을 탁자에 놓다.' → '컵이 탁자에 놓이어지다.'와 같은 경우로서 '나는 컵을 탁자에 놓다.'의 파생적 피동문 '컵이 탁자에 놓이다.'에 다시 통사적 피동 어구 '–어지다'를 덧붙여 오류 문장이 생겼다.

보기

우리의 민속놀이는 사실상 명절 때 형식적으로 우리 전통을 소개하는 차원에서만 행하고 있다. 따라서 실제로는 우리의 관습은 점점 잊혀지고 있다. 지금이라도 우리의 전통놀이 도구를 쓰여지도록 노력한다면 우리의 고유 민속놀이는 활성화될 것이다.

| **조건** | 〈보기〉에서 이중 피동 오류가 일어난 어구 두 개를 찾아 **예**를 참고하여 작성하시오.
　　　　　 예 놓이어지다 → 놓이다

어구 1 ....

어구 2 ....

2 다음 글의 ㉠~㉣에 들어갈 단어를 〈보기〉에서 찾아 기호와 함께 쓰시오. (30점)

〈의사 소통의 원칙〉

의사 소통의 원칙은 효과적인 소통을 위해 지켜야 하는 기본적인 규칙을 말한다. 주요 의사 소통 원칙에는 다음과 같은 것들이 있다.

1. (㉠)의 원칙 : 메시지가 분명하고 이해하기 쉬워야 한다. 모호하거나 복잡한 표현은 피해야 하며, 상대방이 쉽게 이해할 수 있어야 한다.

2. (㉡)의 원칙 : 메시지가 앞뒤가 일치하고 논리적이어야 한다. 말하는 내용이 뒤죽박죽이면 혼란을 초래할 수 있다.

3. (㉢)의 원칙 : 상황과 대상에 맞는 적절한 표현을 사용해야 한다. 청중의 수준, 문화, 맥락에 맞는 의사 소통 방식이 필요하다.

4. (㉣)의 원칙 : 의사소통은 쌍방향이어야 하며, 상대방의 반응을 고려하여 소통해야 한다. 대화 중 피드백을 받고 적절히 대응하는 것이 중요하다.

> 보기
>
> 정직성, 적시성, 명료성, 적합성, 상호 작용성, 일관성

㉠

㉡

㉢

㉣

💡 **탐구 답안**

1 잊혀지고 있다 → 잊히고 있다 / 잊어지고 있다

쓰여지도록 → 쓰이도록 / 써지도록

2 ㉠ – 명료성, ㉡ – 일관성, ㉢ – 적합성, ㉣ – 상호 작용성

🅑 **출제 TIP**

1) 단어 쓰기는 주로 30점 서술형으로 출제된다.

2) 어휘 · 어법 규정의 자료를 참고하여 알맞게 적용한다.

3) 제시문에 사용된 어휘를 찾아서 맥락에 맞게 쓰면 된다.

출제요소 · 탐구

1 다음 문장을 지시하는 어절 수로 다시 쓰시오.

① 나는한국인이다. (2어절) ➡ _____

② 나는사과를좋아한다. (3어절) ➡ _____

③ 소잃고외양간고친다. (4어절) ➡ _____

④ 나는민수와금방친해졌다. (4어절) ➡ _____

2 다음 주어진 문장들을 지시하는 어절 수만큼 요약해서 다시 쓰시오.

① 개인의 소비 습관은 경제 성장을 결정짓는 중요한 요소 중 하나이다.

② 자유무역 협정은 국가 간 무역 장벽을 낮춰 경제 성장을 촉진한다.

③ 중앙은행의 금리 인상은 경기 과열을 방지하기 위한 통화 정책의 일환이다.

① (6어절) _____

② (7어절) _____

③ (6어절) _____

3 다음은 정책 홍보문이다. ㉠~㉢에 들어갈 내용을 [조건]에 맞게 쓰시오. (50점)

행복한 가정을 위한 지원, 함께 키우는 대한민국!

정부는 저출산 문제를 해결하고 더 나은 육아 환경을 조성하기 위해 출산 장려 정책을 강화했습니다. 출산부터 육아까지 가족의 행복을 지원하는 다양한 혜택을 제공합니다.

• (㉠) 첫째 아이 출산 시 300만 원, 둘째 아이 이상 출산 시 500만 원의 지원금을 제공합니다.
• (㉡) 부모 모두에게 육아 휴직 시 최대 1년간 월 200만 원의 지원금을 지급합니다.
• (㉢) 만 5세 이하 자녀를 둔 가정에 보육비 전액 지원 혜택을 드립니다.

아이와 함께하는 행복한 미래

| **조건** | ㉠은 2어절, ㉡은 3어절, ㉢은 2어절로 쓸 것

㉠

㉡

㉢

4 다음 〈보기〉를 참고하여 기안문에 들어갈 내용을 [조건]에 따라 기호와 함께 쓰시오. (100점)

보기

- 2024년 상반기 동안 직원들의 업무 능력 향상을 위한 내부 교육 프로그램이 부족하다는 의견이 접수되어, 하반기에는 전문 강사 초빙과 온라인 교육 시스템 구축을 통해 직원들의 역량을 강화하는 교육 프로그램 도입을 제안 드립니다.
- 사내 교육 프로그램 도입을 통해 직원들의 직무 역량을 향상시키고, 업무 효율성을 높이며 장기적으로 회사의 성장을 도모하고자 합니다.

기안서

문서번호 : 2024—10—001
작성일자 : 2024년 10월 16일
작성부서 : 기획팀
작 성 자 : 홍길동

제목 : ㉠
1. ㉡
2. ㉢
붙임 ㉣
　　　㉤

| 조건 |　㉠은 7어절로 쓸 것
　　　　㉡과 ㉢은 기안 목적을 명사로 종결할 것
　　　　㉣과 ㉤은 각각 ~제안서로 마무리할 것

㉠ _____

㉡ _____

㉢ _____

㉣ _____

㉤ _____

1 ① 나는 한국인이다.

② 나는 사과를 좋아한다.

③ 소 잃고 외양간 고친다.

④ 나는 민수와 금방 친해졌다.

2 ① 개인의 소비 습관은 경제 성장에 중요하다.

② 자유무역 협정은 국가 간 경제 성장을 촉진한다.

③ 중앙은행의 금리 인상은 경기 과열을 방지한다.

3 ㉠ 출산 지원금

㉡ 육아 휴직 지원

㉢ 보육비 지원

4 ㉠ 2024년 하반기 사내 교육 프로그램 도입 제안

㉡ 사내 교육 프로그램 도입으로 직원들의 직무 역량 향상

㉢ 업무 효율성을 높여 장기적인 회사 성장 도모

㉣ 외부 강사 교육 내용 제안서

㉤ 온라인 교육 시스템 구축 제안서

1 어절이란

1) 개념

어절이란 문장 성분을 의미하는데 우리말은 단어들이 문장 속에서 문장 성분이 되려면 조사나 어미를 필요로 한다. 단어가 문장 성분, 즉 어절이 되는 과정을 살펴보자.

---

① 영수, 친구, 학교, 만나다 → 단어(문장 성분 아님)

② 영수는 친구를 **학교에서** **만났다** ➡ 문장 성분(4어절이 됨)
　　조사　목적어　부사어　서술어

---

①에서 나열되었던 단어들이 조사와 어미가 붙어 문장 성분이 되고 4어절을 이루는 문장이 되었다. 어절은 띄어 쓰기의 단위가 되곤 한다. 또한 단어와 서술어는 별도 조사 없이도 단독으로 어절이 될 수 있다.

🄑 출제 TIP

1) 어절 쓰기는 30점, 50점, 100점에 골고루 출제된다.

2) 주어진 자료나 제시문의 핵심을 요약해야 한다.

3) 문서 형식에 맞는 문장을 작성해야 한다.

문단 쓰기

출제요소 | 탐구

1 다음 주제문에 대한 적절한 뒷받침 문장을 원고지 형식에 작성하시오.

주제문 1

학교에서 환경 교육을 강화해야 한다.

| 조건 | '미래 세대에게 ~'로 시작해서 '~ 중요하다'의 형식으로 쓸 것.

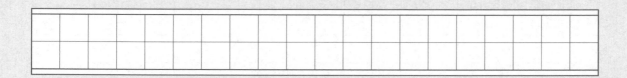

2 다음 글을 원고지 형식에 맞춰 3문장으로 요약하시오.

보기

매년 10월 9일은 한글의 창제와 반포를 기념하는 한글날이다. 한글은 세종대왕과 집현전 학자들이 백성들에게 쉽게 익힐 수 있는 문자를 제공하고자 창제한 문자로, 세계적으로도 그 창제 원리가 명확하고 과학적인 문자로 인정받고 있다. 한글날은 그날의 의미를 되새기고, 우리말과 글을 보호하고 발전시키는 데에 중요한 역할을 하는 날이다. 하지만 우리는 과연 한글날의 본래 의미를 충분히 이해하고 있는가? 단순히 휴일로만 인식하는 경향은 없는지 생각해 볼 필요가 있다.

| 조건 | 문단형식으로 첫 문장은 들여쓰기할 것.

3~4 **다음 글쓰기 계획에 따라 '인공 지능 향후 전망'에 대한 칼럼을 쓰시오. (300점)**

자료 1

> 최근 몇 년간 인공지능(AI)의 발전은 비약적인 속도로 진행되었으며 경제, 산업, 사회 전반에 큰 변화를 일으키고 있다. 특히 생성형 AI 기술은 자연어 처리, 이미지 생성, 데이터 분석 등 다양한 분야에서 혁신적인 응용 사례를 보여주고 있다. 이러한 발전은 긍정적인 측면과 함께 여러 윤리적 경제적 도전을 수반하고 있다.

조건	문단	내용 및 조건	분량
	1문단	첫 문장은 '인공지능은 ~하고, 다양한 분야에서 ~ 일으키고 있다'의 형식으로 쓰고, 다음 문장은 '더불어 사람들은 ~ 생각하고 있다'의 형식으로 쓰시오.	90자 ~ 120자

자료 2

2018년부터 2024년까지의 AI 기술 시장 성장 추이

연도	AI 시장 규모 (억 달러)
2018	210
2019	274
2020	334
2021	416
2022	484
2023	560
2024	630

| 조건 |

문단	내용 및 조건	분량
2문단	첫 문장은 'AI 시장이 ~ 있다'의 형식으로 작성. 다음 문장은 '2020년 COVID-19 팬데믹 이후 ~ 되었고, AI 시장은 ~ 예상된다'의 형식으로 작성.	90 ~ 120자

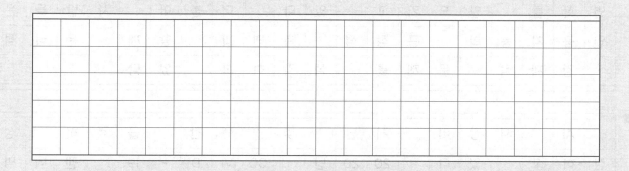

1

미래 세대에게 올바른 환경 의식을 심어 주는 것이 중요하다.

2

매년 10월 9일은 한글날이다. 이 날은 세종대왕과 집현전 학자들이 창제한 과학적 문자인 한글을 더욱 발전시키기 위한 기념일이다. 하지만 단순히 휴일로만 인식하는 경향이 있다.

3

인공지능은 비약적 속도로 발전하고 다양한 분야에서 혁신적인 응용 사례로 변화를 일으키고 있다. 더불어 사람들은 인공지능의 긍정적 측면과 함께 윤리적·경제적 문제를 생각하고 있다.

4

AI 시장이 지난 몇 년간 급격히 성장하고 있다. 2020년 COVID-19 팬데믹 이후 비대면 서비스 수요가 증가하면서 AI 기술의 채택이 가속화되었고, AI 시장은 지속적으로 성장할 것으로 예상된다.

1 문단의 개념

1) 문단이란

문단이란 글을 구성할 때 내용을 하나의 주제나 생각에 맞게 묶어 나누는 단위이다. 문단은 여러 문장으로 이루어지며, 하나의 문단은 보통 하나의 중심 생각을 나타내고 있다. 문단의 첫 번째 문장은 주로 그 문단의 핵심 내용을 제시하는 주제문이 될 수 있으며, 이후에는 이를 뒷받침하는 설명이나 예시 등이 이어진다. 문단은 시각적으로도 구분하기 위해 보통 들여쓰기를 하거나 한 줄을 띄워서 시작한다.

> **출제 TIP**
>
> 1) 문단 쓰기, 즉 한 편의 글쓰기는 300점 문제로 출제된다.
> 2) 주어진 자료의 문장과 어휘로 무조건 조건에 맞게 써야 한다.

원고지 작성 실습

1 제목과 본문 작성

제목 : 언어는 의사소통 수단이다.
본문 : 의사소통에는 어떠한 의미가 있기 때문에 자신의 생각을 전달하고 표현할 수 있습니다.

			언	어	는		의	사	소	통		수	단	이	다	.	
	의	사	소	통	에	는		어	떠	한		의	미	가		있	기		때
문	에		자	신	의		생	각	을		전	달	하	고		표	현	할	
수		있	습	니	다	.											

➕ 작성 TIP

❶ 한 칸에 한 자씩 쓴다.

❷ 제목은 한 줄을 비우고 둘째 줄 중앙에 쓴다.

❸ 본문은 제목 아랫줄을 비우고 첫 칸을 띄우고 쓴다.

❹ 문단이 바뀔 때는 첫 칸을 항상 비운다.

2 영문과 항목별 나열

Ⅰ. KOREA WAR history
(1) 1950년 6월 25일 발발

Ⅰ	.	K	O	R	E	A		W	A	R		hi	st	or	y		
(	1	)	19	50	년		6	월		25	일		발	발			

➕ 작성 TIP

❶ 로마 숫자, 알파벳 대문자는 한 칸씩 쓴다.
❷ 두 자 이상의 아라비아 숫자나 알파벳 소문자는 한 칸에 두 자씩 쓴다.
❸ 항목별로 나열할 때는 한 칸씩 비우고 둘째 칸부터 쓴다.

3 인용문 작성

"보편 문명은 고전적 주제이지만 우리의 현재적 삶과 연관이 있다"라며 그는 말했다.

	"	보	편		문	명	은		고	전	적		주	제	이	지	만		우
리	의		현	재	적		삶	과		연	관	이		있	다	"			
라	며		그	는		말	했	다	.										

➕ 작성 TIP

본문에 인용문을 사용할 때는 줄을 단독으로 잡아 둘째 칸부터 쓴다.

정부의 역할은 무엇인가? 어처구니가 없구나! 자, 우리 다시 생각합시다.

	정	부	의		역	할	은		무	엇	인	가	?		어	처	구	니	가
없	구	나	!		자	,	우	리		다	시		생	각	합	시	다	.	

➕ 작성 TIP

❶ 물음표와 느낌표의 문장부호 다음은 한 칸을 비우고 쓴다.

❷ 문장부호 쉼표(,), 마침표(.)를 쓴 다음엔 칸을 띄지 않고 이어서 쓴다.

❸ 줄의 끝 칸에 문장부호를 쓸 칸이 모자라면 오른쪽 여백에 쓴다.

PART

06

특별부록

글의 어휘

1 단어의 고쳐쓰기 출제유형

1) 유사한 의미의 용법상의 혼동

① 번개가 발생하는 **이유**가 무엇이냐?

> ○ 번개가 발생하는 **원인**이 무엇이냐?
>
> ➡ '이유'는 주장이나 행동의 근거를 의미한다.

② 선생님은 학생들과 생각이 **틀리다**.

> ○ 선생님은 학생들과 생각이 **다르다**.
>
> ➡ '틀리다'는 셈이나 사실 따위가 그를 때, '다르다'는 비교 대상과 같지 않음을 의미한다.

2) 의미 중복 단어의 부자연스러운 표현

① <u>우리 인류</u>는 힘들고 <u>어려운 고난</u>의 시기를 잘 극복해 왔다.

> ○ <u>인류</u>는 <u>고난</u>의 시기를 잘 극복해 왔다.
>
> ➡ '우리'와 '인류', '힘들고 어려운'과 '고난'의 의미가 중복된다.

② 그 광경을 보고 우리는 **박수**를 **치며** 환호했다.

> ○ 그 광경을 보고 우리는 **박수**로 환호했다.
>
> ➡ 한자어 '박(拍)'은 '치다'의 뜻을 가지고 있으므로 의미가 중복된다.

3) 의미상 모순

① 이 공장에서는 **정화시킨 폐수**를 내보낸다.

> ○ 이 공장에서는 **폐수를 정화시켜** 내보낸다.
> ➡ '정화시킨 폐수'는 모순되었다.

② 선생님께서 **자율 학습**을 **감독**하러 오셨다.

> ○ 선생님께서 **자율 학습**을 **지도**하러 오셨다.
> ➡ '자율 학습'과 '감독'은 모순되었다.

2 유의어

1) 대표 혼동 유의어

틈/겨를, 잡다/쥐다, 개울/시내, 위조/변조, 개략/개괄, 개론/개요, 퇴보/퇴조, 낙후/쇠락, 해이하다/느슨하다, 교체/교환, 양육/보육, 밥/진지, 벌이다/벌리다, 들추다/들치다, 곤욕/곤혹, 창공/궁창, 맑다/깨끗하다, 습득/취득

2) 유의어의 유형

① 방언의 차이에 따른 유의어

> 예 부추/정구지, 단단히/단디, 멋쟁이/깔롱쟁이 등

② 고유어와 외래어에 따른 유의어

> 예 우유/밀크, 숟가락/스푼, 연필/펜슬 등

③ 전문성에 따른 유의어

> 예 염화나트륨/소금, 수크로스/설탕 등

④ 의미 크기에 따른 유의어

> 예 즐겁다/기쁘다, 똑똑하다/박학다식하다, 웃다/폭소하다 등

⑤ 완곡어법에 따른 유의어

> 예 죽다/돌아가다, 변소/화장실 등

3 반의어

1) 대표 혼동 반의어

수렴/발산, 고답적/현실적, 우연/필연, 급등/급락, 호평/악평, 비보/낭보, 퇴영/진취, (뚜껑을)열다/덮다, (체면이)서다/깎이다, 끼우다/꽂다, 대담/소심

2) 반의어의 유형

① 정도에 의한 반의어

　예 길다/짧다, 덥다/춥다 등

② 모순에 의한 반의어

　예 알다/모르다, 참/거짓 등

③ 방향에 의한 반의어

　예 주다/받다, 왼쪽/오른쪽 등

4 띄어쓰기

1) 틀리기 쉬운 띄어쓰기 예

- 도착시 ➡ 도착 시
- 내것이다 ➡ 내 것이다
- 나 대로, 생각한대로 ➡ 나대로, 생각한 대로
- 너 만큼, 노력한만큼 ➡ 너만큼, 노력한 만큼
- 차한대 ➡ 차 한 대
- 감독겸 사장 ➡ 감독 겸 사장
- 우리집 ➡ 우리 집

2) 띄어쓰기 규정

① 조사는 앞말에 붙여 쓴다.

　📖 그가 밥을 집에서처럼 먹었다.

② 의존 명사는 앞말과 띄어 쓴다.

　📖 아픈 데 바르는 것이 전부일 뿐이다.

③ 단위를 나타내는 명사는 앞말과 띄어 쓰지만 숫자의 경우는 붙여 쓴다.

　📖 소 한 마리와 닭 1마리를 키우고 있다.

④ 두 말을 이어 주거나 열거할 적에 쓰이는 말들은 띄어 쓴다.

　📖 책상 등을 새로 살 겸 친구와 가구점에 갔다.

⑤ 단음절로 된 단어가 연이어 나타날 때에는 붙여 쓸 수 있다.

　📖 한잎 두잎

⑥ 보조 용언은 띄어 쓰는 것이 원칙이지만, 경우에 따라 붙여 쓸 수 있다.

　📖 어렵게 피워낸 모닥불에 물을 뿌려주니 불이 꺼져간다.

⑦ 성과 이름, 성과 호는 붙여 쓰고, 호칭어, 관직명은 띄어 쓴다.

　📖 이순신, 이충무공, 이 장군, 이순신 장군

⑧ 고유 명사는 단어별로 띄어 쓰는 것이 원칙이지만, 단위별로 띄어 쓸 수 있다.

　📖 인천 중학교/인천중학교, 영진닷컴 출판사/영진닷컴출판사

5 한글 맞춤법

1) 틀리기 쉬운 맞춤법

O	X	O	X	O	X
요컨대	요컨데	오십시오	오십시요	꾸준히	꾸준이
곰곰이	곰곰히	숟가락	숫가락	나뭇가지	나무가지
역할	역활	찰나	찰라	핑계	핑게

2) 맞춤법 규정 주요 사항

① 종결형에서 사용되는 어미 '-오'는 '요'로 소리나는 경우가 있더라도 그 원형을 밝혀 '오'로 적는다.

　📖 이것은 책이오, 이리로 오시오, 다음에 타십시오

② '-하다'가 붙는 어근에 '-히'나 '-이'가 붙는 경우

　📖 급히, 꾸준히, 도저히, 딱히, 어렴풋이, 깨끗이

③ 부사에 '-이'가 붙어서 역시 부사가 되는 경우

　📖 곰곰이, 더욱이, 오뚝이, 일찍이

④ 사이시옷은 사잇소리 현상이 나타났을 때 받치어 적는다.

　📖 귓밥, 나룻배, 나뭇가지, 냇가, 빗물, 훗날, 제삿날, 횟수, 잇몸

6 외래어 표기법

1) 틀리기 쉬운 외래어

O	X	O	X	O	X
카페	까페	도넛	도너츠	디지털	디지탈
로봇	로보트	로켓	로케트	마사지	맛사지
마니아	매니아	배터리	밧데리	뷔페	부페

2) 외래어 표기 기본 원칙

① 외래어의 1음운은 원칙적으로 1기호로 적는다.

　　예 영어 F는 'ㅍ'으로, Family/패밀리

② 받침에는 'ㄱ, ㄴ, ㄹ, ㅁ, ㅂ, ㅅ, ㅇ'만을 쓴다.

　　예 Racket/라켓, Cup/컵, Book/북

③ 된소리를 쓰지 않는 것을 원칙으로 한다.

　　예 Paris/파리, Double/더블, Siren/사이렌

7 문장

문장은 우리의 생각을 완전하게 표현한 최소의 언어 형식으로서 주어와 서술어를 갖추어야 한다.

– 동사 : 주어가 어찌하다.

　　예 나는 잔다.

– 형용사 : 주어가 어떠하다.

　　예 나는 크다.

– 체언+서술격조사 : 주어가 무엇이다.

　　예 나는 학생이다.

8 문장 성분

단어들이 하나의 문장 속에 모여서 그 문장이 하나의 의미를 형성하도록 문법적 역할을 담당할 때, 우리는 그 단어들을 문장의 성분이라고 한다.

예를 들어 영수, 친구, 만나다, 학교라는 네 개의 단어가 하나의 문장 속에서 모이면

> 영수는 친구를 학교에서 만났다.

이 문장에서
'영수'는 '주어'
'친구'는 '목적어'
'학교에서'는 '부사어'
'만나다'는 '서술어'의 문장 성분이 되었다.

1) 주어
동작 또는 성질의 주체가 되는 문장 성분이다.

2) 목적어
서술어 동작의 대상이 되는 문장 성분이다.

3) 보어
서술어 '되다', '아니다'를 필요로 하는 문장 성분이다.
예 영수가 배우가 되었다.

4) 관형어
체언을 꾸미는 말이다.
예 나는 새 옷을 입었다.

5) 부사어
동사, 형용사를 꾸며 주는 문장 성분이다.
예 나는 무척 자랑스러운 그녀가 보고 싶다.

9 단어, 구, 절

1) 음절

음절이란 발음할 수 있는 최소 소리 단위로서 다시 말해서 한 번에 발음할 수 있는 글자이다. 예를 들어 '학교'라는 단어는 '학', '교' 두 번 발음할 수 있으므로 두 개의 음절을 가지고 있다.

2) 어절

어절이란 문장 성분을 의미하는데 우리말은 단어들이 문장 속에서 문장 성분이 되려면 조사나 어미를 필요로 한다. 단어가 문장 성분, 즉 어절이 되는 과정을 살펴보자.

> ❶ 영수, 친구, 학교, 만나다 ➡ 단어(문장 성분 아님)
>
> ❷ 영수는 친구를 학교에서 만났다. ➡ 문장 성분(4어절이 됨)
>   주어   목적어   부사어   서술어

❶의 문장에서 나열되었던 단어에 조사와 어미가 붙어 문장 성분이 되고 문장을 이루었다. 따라서 어절은 띄어쓰기의 단위가 되곤 한다.

3) 구

구란 둘 이상의 어절이 모여서 의미를 이루는 것으로 주어, 서술어 관계를 이루지 못해 문장은 아니다.

예 '가끔 만났다.' ➡ 구
     부사어+서술어

4) 절

절이란 주어와 서술어 관계를 이루면서 문장의 한 구성 성분이 되는 단위를 절이라고 한다. 하나의 문장이 더 큰 문장의 일부가 될 경우에 절이 된다.

예 나는 영수가 친구를 학교에서 만났음을 알았다.

➡ '영수가 친구를 학교에서 만났음'이라는 문장이 더 큰 '나는 알았다.'의 일부가 되므로 이는 절에 해당한다.

10 오류

1) 문장 성분 간 호응

문장에서는 문장 성분 간 뜻이 잘 어울려야(호응이 잘 이루어져야) 올바른 문장이 된다.

① 주어와 서술어의 호응

　예 천둥이 분다

　➡ 천둥이 친다/바람이 분다

　주어 '천둥'과 서술어 '분다'는 어울리지 않는다.

② 목적어와 서술어의 호응

　예 나는 밥을 마셨다

　➡ 나는 밥을 먹었다/나는 물을 마셨다

　목적어 '밥을'과 서술어 '마셨다'는 어울리지 않는다.

③ 부사와 서술어의 호응

　예 그는 드디어 성공하지 못했다.

　➡ 그는 드디어 성공했다.

　부사 '드디어'는 부정 서술어 '못했다'와 어울리지 않고 긍정 어구 '성공했다'와 호응을 이룬다.

④ 수식어와 피수식어의 호응

　예 단단한 물

　➡ 찰랑거리는 물

　수식어 '단단한'과 피수식 체언 '물'은 통상적으로 호응이 일어나지 않는다.

2) 중의적 표현

하나의 문장이나 어휘가 다의적 의미로 해석될 때는 의미상의 혼선이 일어난다.

① 다의어의 중의성

　예 말

　➡ 우리가 별도의 문맥 없이 '말'이라는 어휘를 사용할 때 이 단어가 의미하는 것이 동물 '말'인지, 입을 통해 행하는 '말'인지 혹은 전혀 다른 무엇인지 전혀 알 수 없다.

② 문장 구조의 중의성

　예 나는 동생과 삼촌을 만났다.

　➡ 이 문장은 두 가지로 해석될 수 있는데, '나는 동생과 함께 삼촌을 만났다.' 혹은 '나는 동생과 삼촌 두 사람을 만났다.'로 의미가 나누어진다. 이는 문장 구조상 주어와 목적어의 구분이 애매하게 배치된 탓으로 의미의 혼선을 주고 있다.

1) 피동 표현

문장은 동작의 주체가 누가 하느냐에 따라 능동문과 피동문으로 구분되는데 주어가 스스로 행위하지 않고 남의 동작을 받는 것을 피동이라고 한다.

① 피동문 만드는 법

• 파생적 피동문 : 주어와 목적어의 위치를 바꾼 후 동사의 어간에 접미사 '이, 히, 리, 기'를 붙인다.

　예 호랑이가 토끼를 잡았다.

　➡ 토끼가 호랑이에게 잡히었다.

• 통사적 피동문 : 동사의 어미로 '-어지다', '-게 되다'를 사용해서 만들 수 있다.

　예 빵을 만들다.

　➡ 빵이 만들어지다.

② 이중 피동의 오류

우리말에는 피동문을 만들 수 있는 두 가지 방식이 있다. 하나는 파생적 피동문에서의 예처럼 '잡았다'에 접사 '히'를 붙여 '잡히었다'로 만든 방식으로 이를 파생적 피동문이라고 한다. 또 다른 방법 통사적 피동문은 통사적 피동문과 같이 '-어지다', '-게 되다'를 사용해서 만들 수 있는데 이중 피동은 파생적 방법과 통사적 방법을 모두 사용한 예로 명백한 오류 문장이다.

예 나는 컵을 탁자에 놓다.

➡ 컵이 탁자에 놓이어지다.

'나는 컵을 탁자에 놓다.'의 파생적 피동문 '컵이 탁자에 놓이다.'에 다시 통사적 피동 어구 '-어지다'를 덧붙여 오류 문장이 생긴다.

※ 자주 쓰이는 이중 피동

동사	파생적 피동	통사적 피동	이중 피동
잊다	잊히다	잊어지다	잊혀지다
쓰다	쓰이다	써지다	쓰여지다

2) 사동 표현

문장은 동작의 주체가 주어가 직접 하느냐, 또는 다른 사람에게 그 동작을 하도록 하느냐에 따라 주동문과 사동문으로 나뉜다. 주동문에서 사동문으로 바뀔 때는 주어가 추가된다.

① 사동문 만드는 법

• 파생적 사동문 : 용언(동사, 형용사)의 어근에 사동 접미사 '이, 히, 리, 기, 우, 구, 추'가 붙는다.

　예 아이가 밥을 먹다.

　➡ 어머니가 아이에게 밥을 먹이다.

• 통사적 사동문 : 용언의 어근에 '-게/도록 하다'가 붙는다.

　예 아이가 밥을 먹다.

　➡ 어머니가 아이가 밥을 먹게 하다.

② 파생적 사동과 통사적 사동의 차이

예 어머니가 아이에게 밥을 먹이다. / 어머니가 아이가 밥을 먹게 하다.

파생적 사동은 주어(어머니)가 직접 행위를 수행하는 것을 말하고, 통사적 사동은 주어가 피사동주(아이)의 행위를 일으키는 간접 행위를 수행함을 나타낸다.

12 시제

문장에서 시제는 과거, 현재, 미래로 구분되는데 우리말은 다음과 같이 시간을 표현한다.

1) 과거 시제

선어말어미* '았, 었, 였'으로 표현한다.

예 우리는 영화를 보다.

➡ 우리는 영화를 어제 보았다.

2) 현재 시제

선어말어미 '-는/은'으로 표현한다.

예 학생들이 식당에서 밥을 먹다.

➡ 학생들이 식당에서 밥을 먹는다.

3) 미래 시제

미래의 일이나 추측을 나타내는 어미 '겠'을 활용한다.

학생들이 식당에서 밥을 먹다.

➡ 학생들이 내일도 식당에서 밥을 먹겠다.

🅑 출제 TIP

1) 문장의 오류 유형을 찾는 문제가 자주 출제된다.

  출제 비중 문장 호응 > 중의적 표현 > 이중 피동 > 시제

2) 문장 성분의 개념을 파악하는 문제가 출제된다.

  문장 성분 주어, 목적어, 보어, 서술어, 관형어, 부사어

---

* 선어말어미 : 먼저 종결형 어미를 알아야 한다. 우리말의 종결형 어미로는 '-다, -요'가 있다. '밥 먹다', '밥 먹어요' 등으로 나타내는데, 높임이나 시제를 나타내는 어미 '았, 시'를 종결형 어미 앞에 붙인다고 해서 선어말어미라 부른다.

최종 모의고사

차례

최종 모의고사 01회

국가공인 한국실용글쓰기검정 문제지		
수험번호		제한시간 120분
객관식 영역(300점)/서술형 영역(700점)		감독관 확인

정답 & 해설 ▶ 247쪽

객관식 영역(300점)

01 김 대리는 '디지털 격차'에 대한 글을 쓰려고 한다. 〈보기〉의 글쓰기 절차와 맞지 않는 구상은?

> **보기**
>
> ㉠ 계획하기 : 글 전체의 개략적인 구도를 설정하는 단계
> ㉡ 내용 생성하기 : 주제에 대하여 창의적으로 사고하는 단계
> ㉢ 조직하기 : 생성한 내용을 글의 목적 및 조직 원리에 맞게 배치하는 단계
> ㉣ 표현하기 : 내용을 가장 효과적으로 표현하는 단계
> ㉤ 고쳐쓰기 : 글이 본래의 계획 및 목적에 적합한지 확인·수정 단계

① ㉠ – 디지털 격차의 해결방안을 중심으로 글을 구성해야겠어.
② ㉡ – 디지털 격차의 원인들을 분석한 자료들을 우선 찾아야겠어.
③ ㉢ – 디지털 격차의 영향인 사회적 소외를 너무 자세히 다룬 것 같아.
④ ㉣ – 독자를 고려해 지나친 전문용어는 쉽게 풀어서 나타내야겠어.
⑤ ㉤ – 해결 방안 중 정부의 제도적 지원 방안을 더 추가해야겠군.

[02~03] 다음 글을 읽고 물음에 답하시오.

경제 불평등은 어떻게 해결할 수 있을까? 로빈후드 각본이라고 불리는 방법은 막대한 부를 소유한 사람에게 세금을 통해 돈을 걷어 가난한 사람에게 나눠 주는 것을 말한다. 가령 수조 원대의 자산가에게 10억 원을 받아 형편이 어려운 100명에게 천만 원씩 나눠 준다고 가정해 보자. 그 자산가에게 10억 원이라는 돈은 크게 아쉽지 않지만, 형편이 어려운 사람들에게 천만 원이라는 돈은 무척 소중하다. 따라서 이런 재분배 방식을 통해 사회 전체의 공리는 상승하여 최대화되는 것이다.

이런 로빈후드 각본은 두 가지 방식으로 비판받을 수 있다. 첫 번째는 자산가들에게 많은 세금을 부과해 재분배하는 방식이 자산가의 일과 투자에 대한 의욕을 꺾어 생산성의 감소로 이어질 수 있다는 것이다. 이렇게 생산성이 감소한다면, 사회 전체의 경제 이익이 줄어 전체 공리도 감소할 것이다. 따라서 로빈후드 각본은 사회 전체의 공리를 최대화하는 데 적합하지 않다. 두 번째는 부자에게 세금을 부과해 가난한 사람들을 돕는 행위가 기본권을 침해할 수 있다는 것이다. 자산가가 동의하지 않은 상태에서 그의 돈을 가져가는 행위는 자산가의 자유를 침해하는 강압 행위이다. 자유는 조금도 침해될 수 없는 절대적 가치이며 다수를 위해 소수의 희생을 강요하는 것은 절대 불가하다. 따라서 로빈후드 각본에 의한 부의 재분배는 인간의 기본권을 훼손하는 것이다.

02 윗글을 잘못 이해한 것은?

① 사회 전체 공리가 감소한다는 것이 첫 번째 비판의 핵심이다.
② 로빈후드의 각본은 경제 불평등을 해결하려는 의도였다.
③ 자유의 침해는 사회 전체의 이익을 감소시키므로 절대 불가하다.
④ 로빈후드 각본은 생산성 감소를 고려하지 않은 이론이다.
⑤ 로빈후드 각본의 부의 재분배는 인간의 기본권을 침해하는 것이다.

03 윗글의 주장을 약화시킬 자료로 옳은 것은?

① 최근 세금 감면 정책으로 당해 연도 실업률이 줄어들었다.
② 출산 장려 정책은 여성 인권 보호 강화와 병행해야 한다.
③ 국가의 시장 개입 확대는 기업가 정신을 훼손한다.
④ 경제 불평등 지수가 개선될수록 성장률이 올라간다.
⑤ 법인세율 인상으로 기업가들의 항의가 이어졌다.

[04~05] 다음 글을 읽고 물음에 답하시오.

(가) 앞서 지난 4일 NYT, LA타임스에 따르면 호주 브리즈번 퀸즐랜드 공대의 대기과학 및 환경엔지니어링 전문가인 리디아 모로스카 교수는 "공기 중에 떠다니는 에어로졸 등 미립자를 통해 코로나에 감염될 수 있다며 WHO에 보낼 관련 공개 서한에 32국 239명의 과학자가 서명했다"고 밝혔다. 서한에는 코로나의 주감염 경로에 비말과 접촉 외에 에어로졸 전파를 첨가해야 한다는 내용이 담겼다.

(나) 뉴욕타임스에 따르면 베테타나 알레그란치 WHO 감염통제국장은 이날 브리핑에서 "공공장소, 특히 혼잡하고 폐쇄됐으며 환기가 되지 않은 특정 환경에선 에어로졸 전파 가능성을 배제할 수 없다"며 이같이 말했다. (A). 그는 아직 새로 나타난 증거가 확정된 사실은 아니라며 "증거를 수집하고 해석해야 한다"고 했다.

(다) 세계보건기구는 코로나 바이러스 감염증의 에어로졸 감염 가능성에 대해 "새로운 증거가 나타났다는 점을 인정한다"고 밝혔다. 앞서 전 세계 32국 과학자 239명은 "에어로졸을 통한 코로나 바이러스 감염 가능성이 높다"며 WHO에 코로나 예방 수칙을 수정할 것을 촉구했다. 그간 WHO는 코로나 바이러스가 주로 비말(침방울)과 접촉을 통해 감염된다는 입장이었다.

(라) 숨야 스와미나탄 WHO 수석과학자는 "일련의 증거가 계속 늘어나고 있으며 이를 진지하게 받아 들이고 있다"며 "코로나 관련 새로운 논문을 하루 평균 500편 검토하고 있다"고 했다. (B) 마리아 판케르크호보 WHO 신종질병팀장은 "우리는 비말뿐 아니라 에어로졸 전파 가능성에 대해서도 검토해 왔다. 몇 주 안에 관련 브리핑이 있을 것"이라고 말했다.

(마) 에어로졸 전파는 비말에 섞여 있던 바이러스가 수분이 빠진 뒤 공기 중에 떠다니는 방식으로 감염을 일으키는 것을 의미한다. 이들은 세계 각국에서 보고되는 '수퍼 확산'을 설명해줄 수 있는 건 공기를 통한 감염뿐이라며 여러 논문에서 에어로졸이 장기간 공기 중에 떠다닐 수 있고, 사람들이 1.8m 떨어져 있어도 감염될 위험성이 크다는 사실이 규명됐다고 주장했다.

04 윗글을 알맞은 순서로 배치한 것은?

① (다) - (나) - (라) - (가) - (마)
② (가) - (마) - (라) - (다) - (나)
③ (마) - (라) - (가) - (나) - (다)
④ (라) - (가) - (나) - (다) - (마)
⑤ (다) - (가) - (나) - (마) - (라)

05 (가)와 (나)에 들어갈 알맞은 단어는?

	(A)	(B)
①	그러므로	그러나
②	다만	또한
③	그래서	하물며
④	그러나	이를테면
⑤	오직	더불어

06 다음과 같은 문서를 작성 후 확인할 사항이 아닌 것은?

```
                    ㈜○○○○

우 : 111-222 서울시 △△구 □□동 00-0 / 전화 : 02)123-4567 / FAX : 02)123-8910

문 서 번 호 : ○○ 제00-00호      선 결         지 시
시 행 일 자 : 0000.00.00.    접 수  일자시간        결 재
수    신 : 국민연금관리공단           번  호
참    조 :               처 리 과       공 람
                        담 당 자

제목 : 표준월소득액변경신고 지연사유서

    1. 다음 아래와 같은 이유로 본 지연 사유서를 제출합니다.
    2. 지연사유

              ㈜○○○○ 대표이사 홍길동
```

① 발신자와 수신자의 정확성 여부
② 법령 위반 여부
③ 기한에 대한 정확성 여부
④ 권리의 범위에 대한 적정성 여부
⑤ 결재 구분과 회람 부서 등의 정확성 여부

07 다음 공문서의 추가 기재 사항으로 적절하지 않은 것은?

```
              ○○ 교육지원청

수신 수신자 참조
(경유)
제목 2019학년도 통일교육 선도학교 운영비 추가
     교부 계획 안내
------------------------------------------------
1. 관련 : 교육과–5126, –4131
2. 2019학년도 통일교육 선도학교 운영비를 아래와
   같이 추가 교부하오니, 내실 있는 운영에 협조하
   여 주시기 바랍니다.
  가. 추가교부 대상교 : ○○초등학교 외 4교
  나. 교부액 : 교당 ○○원
  다. 제출내용 : 기 교부액과 포함하여 정산서 및 통
      일교육 결과 보고서
  라. 제출기한 : 2019. 12. 13. (금)까지
붙임 1. 학교교부 계획서 1부
3. 2019 통일교육 선도학교 선정 결과표 1부. 끝.
                      ○○ 교육지원청장
```

① '관련' 항목에서 문서번호 옆에 괄호와 함께 작성 일자를 표시한다.
② 문서의 보존기간을 작성해야 한다.
③ 결문의 수신처란에 수신처를 기재해야 한다.
④ 문서 발송 기관장의 직위는 문서 중앙에 기재한다.
⑤ 내부 결재 문서이므로 발신처를 기재하지 않는다.

08 다음은 NCS 기반 직업기초능력 중 자기개발능력 항목이다. 이 항목에 어울리지 않는 자기소개 내용은?

자기개발능력

하위능력	정의	세부요소
자아인식 능력	자신의 흥미, 적성, 특성 등을 이해하고, 이를 바탕으로 자신에게 필요한 것을 이해하는 능력	• 자기이해 • 자신의 능력 표현 • 자신의 능력 발휘 방법 인식
자기관리 능력	업무에 필요한 자질을 지닐 수 있도록 스스로 관리하는 능력	• 개인의 목표 정립 • 자기통제 • 자기관리 규칙의 주도적인 실천
경력개발 능력	끊임없는 자기개발을 위해서 동기를 갖고 학습하는 능력	• 삶과 직업 세계에 대한 이해 • 경력개발 계획 수립 • 경력전략의 개발 및 수행

① 최근 자기개발을 위해 노력하고 활동한 사실의 기술

② 자신의 목표를 장기와 단기로 나누어 시간을 관리한 경험 기술

③ 자신에게 현재 부족한 역량과 그것을 극복하기 위한 방안 기술

④ 지원 분야와 관련하여 전문성 향상을 위한 노력 기술

⑤ 조직에 적응하기 위해 노력했던 경험 기술

09 다음 문서에 대한 설명으로 옳지 않은 것은?

기안서

보존기간	영구/반영구 0000.03.13.	결 재	담당	계장	과장	부장	사장
기안일자	0000년 3월 13일						
기안 책임자	홍길동						
수신 참조 경유	내부결재	발신 명의			발 송 인		
제목	기업부설연구소 설립에 따른 기술인력 채용의 건						

기술연구소 설립에 따른 필요인원(연구전담요원 자격자) 충원을 아래와 같이 하고자 하오니 검토 후 재가하여 주시기 바랍니다.

－ 아 래 －

1. 충원목적 : 기업부설연구소 설립에 필요한 연구전담요원 신규채용
2. 업무내용 : 연구개발 담당
3. 충원인력 : 2명
4. 필요요구사항
   (1) 자연계열 4년제 대학 졸업자

끝.

① 해당업무를 담당하는 사람은 직급에 상관없이 작성할 수 있다.

② 가급적 간단명료하게 작성해야 한다.

③ 일반적으로 상급자의 업무 지시를 처리하기 위해 작성한다.

④ 기존 업무에 대해 새로운 제안을 할 수 있는 문서이다.

⑤ 제안의 설득을 위해서 참신한 표현도 필요하다.

10 다음 작성한 품의서의 내용 파악으로 적절하지 않은 것은?

> 아래와 같이 품의하오니 검토 후 재가하여 주시기 바랍니다.
>
> — 아래 —
>
> * 목적 : 인사과 복사기 구입에 따른 공급업체 대금 지급
> * 결제 금액 : 구입액 2,000,000원
> * 지급 일자 : 품의 완료일로부터 즉시
> * 첨부 자료
> 1. 구입 복사기 구입 계약서 사본 1부
> 2. 복사기 안내서 사본 1부

① 품명과 규격, 수량 등을 분명히 명시할 필요가 있다.

② 타 제품과 비교할 수 있도록 비교 견적서가 있어야 한다.

③ 계약금과 총비용을 구분해서 작성할 필요가 있다.

④ 구입처와 구입 이유 등을 보완해서 작성해야 해야 한다.

⑤ 지출 내역은 원인 행위가 공문으로 남아야 하므로 사외 문서이다.

[11~12] 다음 문서를 보고 물음에 답하시오.

업무보고서

작성일자	20 년 월 일	담당	과장	부장	이사	사장
처리기안	20 년 월 일					
시행일자	20 년 월 일					
주관부서	관리부	업무협력부서		관리부/인사부		
기안 책임자	기획부 홍길동 대리					
제목	사내 인력관리 및 조직 구성에 관한 건					

▶ 20 년 월 일 현재 사내 생산 관련 인력 구성 및 업무별 조직체계를 다음과 같이 보고합니다.

▶ 생산라인 1 : 총 3명
 - 추가 인원 1명이 필요하며 주야간 교대근무를 기본으로 함.
 - 팀장 이몽룡 : 총괄로 엔지니어 업무도 겸임하며, 검수 관련 업무를 주관하면서 각종 불량 및 오류를 정리 보고

▶ 생산라인 2 : 총 5명
 - 일일 생산량 1,000개를 기본으로 하는 인원구성으로 요구 조건
 - 리더 이몽룡 불량 비율 및 생산량 자료 데이터 정리 보고

▶ 인사 서류 1차 조건 : 담당 - 대리 심학규
 1. 위생사 자격 소지자
 2. 조리 관련 자격 소지자

11 위의 보고서에 대한 육하원칙 해석이 잘못된 것은?

① 누가 : 사내 생산관련 업무 인력

② 언제 : 보고서의 시행일자가 이 항목에 해당되는군.

③ 어디서 : 보고서에서 지칭하는 사내 산업 현장이지.

④ 무엇을 : 사내 생산관련 인력 구성을 의미하는 것이지.

⑤ 왜 : 일일 생산량 1000개를 목표로 하기 때문이지.

12 위와 같은 문서를 작성할 때 유의할 점이 아닌 것은?

① 정보 수요자의 입장에서 작성해야 한다.

② 문서 자체의 완결성이 있어야 한다.

③ 정보 수요자가 필요로 하는 시점에 보고되어야 한다.

④ 자유로운 양식에 따라 객관적으로 작성해야 한다.

⑤ 작성자는 이해관계를 배제하고 객관적으로 작성해야 한다.

13 다음 〈보기 1〉은 기획서를 작성하기 위한 초안 내용이다. 위 내용을 〈보기 2〉 육하 원칙을 근거로 기획 개요를 정리하였다. 〈보기 2〉의 항목 중 적절하지 않은 것은?

보기 1

OO여대 앞에 위치한 휴대폰 대리점은 이번 신제품 '더 빠른'이 출시됨에 따라 판매 촉진 기획안을 만들기로 하였다. '더 빠른' 신제품은 경쟁사들의 동급제품보다 20만 원이나 저렴하고 신세대 감각을 살린 컴팩트한 스타일이다. 또한 고객이 5가지 색깔 중에서 선택할 수도 있다.

우선 대리점은 기획의 개요를 결정했는데 목표 고객은 당연히 여자 대학생들이고 대리점 앞에서 이벤트 개최를 구상하였다. 주요 내용은 휴대폰 문자 빨리 보내기, 좋아하는 색깔 맞추기 등 행사를 통해 선물을 제공할 계획이다. 예산은 500만 원으로 1월 말까지 준비완료하고 1개월간 이벤트를 실시할 예정이다.

보기 2

기획안
(A) 무엇을 : '더 빠른' 판매 촉진 이벤트 계획
(B) 왜 : 연간 매출 목표 달성을 위하여
(C) 누가 : 휴대폰 대리점이
(D) 어디에 : 대리점 앞에서
(E) 언제 : 3월 초(1개월간)
(F) 어떻게 : 여자 대학생을 대상으로

① (A), (B)
② (A), (F)
③ (C), (E)
④ (E), (F)
⑤ (B), (C)

14 기획서 작성 과정에 대한 설명이 틀린 것은?

① 구상 단계 : 특정한 문제를 해결하기 위해서 아이디와 정보를 얻는다.
② 정보의 수집, 정리 단계 : 각종 미디어 장비를 통해 자료를 보관한다.
③ 기획 단계 : 기획의 특징과 장점이 생성되는 단계이다.
④ 기획서 초안 단계 : 문서보다는 프레젠테이션 파일로 작성한다.
⑤ 기획서 구성안 : 분석-목적-전략-계획-비용-일정 순으로 정리한다.

15 다음 중 아래의 자료 설명으로 올바른 것은?

A, B, C사의 연도별 구성비

	2010년	2011년	2012년	2013년
A사	88	94	103	114
B사	63	52	33	11
C사	23	39	58	84
계	174	185	194	209

① 2013년에 B사와 C사의 구성비가 역전되었다.
② 각 사의 구성비는 매년 변화하였다.
③ 총 규모가 감소하고 있다.
④ B사는 지속적으로 구성비가 증가하고 있다.
⑤ 2013년에 C사가 A사를 추월하였다.

16 다음 프레젠테이션 자료의 장점으로 올바르지 않은 것은?

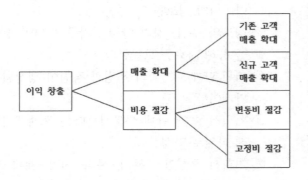

① 시간 또는 업무상의 순서나 흐름을 잘 보여 준다.
② 과제의 구조를 명확히 한다.
③ 전략과 실행 방침을 세분화할 수 있다.
④ 문제의 핵심을 명확히 알 수 있다.
⑤ 의사결정의 객관성 확보를 위한 전개를 할 수 있다.

[17~18] 다음 광고를 보고 물음에 답하시오.

> 돈을 버리는 것과 같습니다.

17 다음 광고 의도를 가장 잘 파악한 것은?

① 음식 쓰레기를 처리하는 데는 한 해 엄청난 비용이 소요된다.
② 돈을 낭비하는 행위는 미래를 어둡게 하는 일이다.
③ 음식을 남기는 행위로 자원을 낭비하지 말자.
④ 음식 쓰레기가 우리 경제에 악영향을 미친다.
⑤ 환경 오염을 막는 첫 번째 행동은 음식물을 남기지 않는 것이다.

18 위와 같은 광고문의 특성이 아닌 것은?

① 어떤 이념을 수용하도록 설득하는 글이다.
② 의도된 사상을 표출하는 선전 활동의 글이다.
③ 공공기관의 주요 시책을 알리는 광고이다.
④ 독자의 이해를 돕기 위해 정보를 제공하는 글이다.
⑤ 독자의 관심을 끌어 기업의 이미지를 올리는 글이다.

[19~20] 다음 글을 읽고 물음에 답하시오.

(가)

올 들어 영세자영업자나 임시, 일용직 등 한계 취업자의 중심으로 생계형 투잡이 부쩍 늘어나고 있다. 경기가 급속히 냉각되면서 줄어든 소득을 보전하기 위해 24시간, 365일 근로체제로 전환하고 있는 모습이다. 특히 이달부터 근로시간단축제가 본격화되면 저소득계층 외에 잔업이나 특근 등을 통해 부가적인 소득을 올렸던 정규직 일부 근로자들도 투잡대열에 동참할 가능성이 높아 보인다. 일과 삶의 균형을 지향하는 정책 목표와 노동현장과의 괴리는 더욱 심화될 것이라는 게 전문가들의 분석이다.

이데일리 (2018. 7. 2.)

19 위 기사문의 (가)에 들어갈 표제로 적당한 것은?

① 늘어나는 생계형 투잡, 위협받는 삶의 균형
② 365일 근로체제로의 전환
③ 늘어나는 잠재 실업자
④ 근로시간단축제의 본격 실시
⑤ 일용직을 통해 본 노동현장의 현실

20 위와 같은 글을 작성할 때 유의할 점이 아닌 것은?

① 독특하고 참신한 표현으로 독자들을 감동시켜야 한다.
② 지나치게 주관적인 정보를 실어서는 안 된다.
③ 현장 취재를 반드시 해야 한다.
④ 독자에게 유용한 정보여야 한다.
⑤ 자료 조사 방법으로는 문헌 조사, 현장 답사, 설문지법 등이 있다.

[21~22] 다음 거래 약관을 읽고 물음에 답하시오.

예금거래기본약관

이 예금거래기본약관(이하 "약관"이라 한다)은 ○○은행(이하 "은행"이라 한다)과 거래처(또는 예금주)가 서로 믿음을 바탕으로 예금거래를 빠르고 틀림없이 처리하는 한편, 서로의 이해관계를 합리적으로 조정하기 위하여 기본적이고 일반적인 사항을 정한 것이다. 은행은 이 약관을 영업점에 놓고, 거래처는 영업시간 중 언제든지 이 약관을 볼 수 있고 또한 그 교부를 청구할 수 있다.

제1조 (가)

이 약관은 입출금이 자유로운 예금, 거치식예금 및 적립식 예금 거래에 적용한다.

제2조 (나)

① 거래처는 실명으로 거래하여야 한다.

② 은행은 거리처의 실명확인을 위하여 주민등록증, 사업자등록증 등 실명확인증표 또는 그밖에 필요한 서류의 제시나 제출을 요구할 수 있고, 거래처는 이에 따라야 한다.

제3조 (다)

거래처는 예금계좌를 개설한 영업점(이하 "개설점"이라 한다)에서 모든 예금 거래를 한다. 다만, 은행이 정하는 바에 따라 다른 영업점이나 다른 금융기관, 또는 현금자동지급기, 현금자동입출금기, 컴퓨터, 전화기 등(이하 "전산통신기기")을 통하여 거래할 수 있다.

제4조 (라)

거래처는 은행에서 내준 통장(증서, 전자통장을 포함한다) 또는 수표, 어음용지로 거래하여야 한다. 그러나 입금할 때와 자동이체약정, 전산통신기기약정 등에 따라 거래할 때는 통장 없이도 할 수 있다.

제5조 (마)

① 거래처가 통장으로 예금, 이자를 찾거나 예금계약을 해지하고자 할 때에는 신고한 비밀번호 등 필요한 사항을 적고, 거래인감을 날인하거나 서명감과 일치되게 서명된 지급 또는 해지청구서를 제출하여야 한다. 다만, 거래처가 PIN-Pad기에 직접 비밀번호를 입력하는 경우에는 지급 또는 해지청구서에 비밀번호 기재를 생략할 수 있다.

② 거래처가 자동이체, 전산통신기기 등을 이용하여 찾을 때는 그 약정에서 정한 바에 따른다.

21 다음 약관의 (가) ~ (마)에 쓸 내용으로 적절하지 않은 것은?

① (가) 적용범위
② (나) 거래자
③ (다) 거래장소
④ (라) 거래방법
⑤ (마) 지급, 해지청구

22 다음과 같은 문서의 일반적 특징이 아닌 것은?

① 둘 또는 그 이상의 당사자가 교환 행위를 통하여 자기의 이익을 목적으로 작성한다.
② 구매자와 판매자 간 양자를 조절하는 기능을 수행한다.
③ 불특정 다수를 대상으로 반복적 거래를 하는 경우 기재하는 문서이다.
④ 문서의 사인이 발생한 날 즉시 처리하는 책임 처리의 원칙이 있다.
⑤ 권리 행사 방법 등을 정확히 따져야 한다.

[23~24] 다음은 K사의 분기 결산 회의록이다. 물음에 답하시오.

날짜	○○○○년 3월 31일
부서	영업팀, 기획팀, 디자인팀, 물류팀, 고객상담팀
참석자	A 과장, B 과장, C 차장, D 대리, E 대리
회의 안건	신제품 M의 분기 판매 저조에 대한 원인 분석과 대책
회의 내용	① 주요 원인 : 상품 불량에 대한 고객 불만 사례가 많아서 제품의 신뢰도 하락 ② 대책 – 고객상담팀 : 상품 배송 시 제품에 하자가 생기는 경우가 많은 것으로 파악됨 – 물류팀 : 택배업체 담당자와 협의해서 상품 파손 사례를 파악하고 배상 건을 협의 – 기획팀 : 포장 박스에 대한 강도를 재조사해서 배송 시 사고를 미연에 방지 – 디자인팀 : 배송에 대한 주의 문구를 넣은 스티커를 제작 – 영업팀 : 각 지점별로 상품 파손에 대한 주의사항을 전달하기로 함

23 다음 회의록의 내용을 보고 판단이 적절하지 않은 것은?

① 판매 부진의 직접적인 원인은 배송 시 상품의 파손 때문이었다.
② 고객상담팀은 고객 불만 사례별 통계치를 회의 때 제출해야 한다.
③ 디자인팀이 배송 스티커를 제작 시 물류팀과 상의하는 것이 바람직하다.
④ 영업팀에서 먼저 해야 할 일은 스티커 제작 업체를 섭외하는 것이다.
⑤ 포장 재질에 대한 판단은 물류팀에서 하는 것이 아니다.

24 위 회의록 결과, 부서별 추가로 해야 할 일들 중 올바르지 않은 것은?

① 고객상담팀 : 상품 하자로 항의한 고객들에게 사과 DM을 발송한다.
② 물류팀 : 분기별 파손 건수를 구체적으로 파악한다.
③ 디자인팀 : 박스 재질에 대한 조사를 다시 시작한다.
④ 영업팀 : 명확하고 간결한 주의 사항 안내문을 작성한다.
⑤ 기획팀 : 포장에 대한 원가와 제품 가격의 비를 다시 계산한다.

[25~26] 다음 직장인 설문조사 1, 2를 읽고 물음에 답하시오.

〈설문조사 1〉 회사 내에서 느끼는 심리적 부담감의 원인

응답 내용	응답 비율
체력이 부족하여 매일 피곤함을 느낄 때	5.3%
자신의 능력을 벗어난 과도한 업무량	12.1%
회사의 미래에 대한 불확실성	11.7%
회사 내에서 자신의 입지가 불안정하다 느낄 때	18.9%
회사의 복지가 부족하다 느낄 때	20.7%
주변 동료들과의 관계가 좋지 않을 때	23.3%
기타	8%

〈설문조사 2〉 대인관계가 업무 내용에 미치는 영향

응답내용	응답 비율
전혀 영향이 없다.	2.3%
영향이 없다.	5.8%
보통이다.	20.7%
영향이 있다.	45.8%
매우 영향이 있다.	25.4%

25 설문을 보고 판단한 내용 중 적절하지 않은 것은?

① 만약 신입 사원이 업무에 적응하지 못한다면 대인 관계가 원인일 수 있다.
② 복지에 대한 부담감이 과도한 업무량의 부담감보다 훨씬 크다.
③ 업무 내용에 영향을 가장 많이 주는 것은 원만하지 못한 대인관계 부담감이다.
④ 회사의 복지를 향상시키면 대인관계는 원만해질 것이다.
⑤ 생산성 증대와 구성원들과의 친밀도는 밀접한 연관 관계가 있다.

26 위와 같은 설문조사에서 나타나는 갈등 중 가장 큰 갈등 유형은?

① 상위부서가 하위부서를 지나치게 통제하는 상황
② 동일한 조직계층, 부서, 동료 간의 문제
③ 집단 간에 지향하는 가치가 상이함에 따르는 어려움
④ 서로 양립할 수 없는 다른 역할들이 한 직위에 주어질 때 생기는 어려움
⑤ 한정된 자원이나 가치를 놓고 지나치게 경쟁하면서 생기는 갈등

[27~28] 다음 표는 A, B, C, D 기업들이 서로 협력을 맺어 창출한 기업 간 이익을 나타낸 표이다. 물음에 답하시오.

(단위 : 억 원)

구분	A 기업	B 기업	C 기업	D 기업
A 기업	–	4	5	9
B 기업	3	–	5	0
C 기업	5	2	–	3
D 기업	8	4	1	–

27 타 기업에게 가장 유용한 기업은 어디인가?

① A 기업
② B 기업
③ C 기업
④ D 기업
⑤ A, D 기업

28 기업 간 교류를 통해 가장 이익이 적은 기업은 어디인가?

① A 기업
② B 기업
③ C 기업
④ D 기업
⑤ A, D 기업

29 다음 직업 윤리 원칙에 대한 발언 중 바르지 않은 것은?

① 객관성의 원칙 : 공과 사를 분명히 구분해야 해.
② 고객 중심의 원칙 : 고객이 무엇을 불편해 하는지를 최우선으로 해야지.
③ 전문성의 원칙 : 자기가 맡은 업무에 관한 한 이론적으로 완벽해야 한다.
④ 정직과 신용의 원칙 : 일에 관련된 것은 모두 정직하게 수행해야 한다.
⑤ 공정 경쟁의 원칙 : 법규를 우선 준수해야 해.

30 다음 글쓰기 윤리와 관련된 개념 설명 중 올바르지 않은 것은?

① 위조 : 존재하지 않는 데이터를 허위로 만들어 내는 행위
② 변조 : 데이터를 임의로 변형 삭제함으로써 결과를 왜곡하는 행위
③ 표절 : 자신이 발표한 논문을 다른 학술지에 다시 제출하여 출간하는 행위
④ 주석 : 글을 쓸 때 인용한 부분의 출처를 밝히는 행위
⑤ 인용 : 남의 말이나 글에서 필요한 부분을 빌려는 것을 지칭한다.

01 다음 밑줄 친 문장을 [조건]에 따라 바르게 고쳐 쓰시오. (30점)

| 조건 | 1. 두 문장의 오류를 찾아 수정하여 완결된 문장으로 쓰시오.
2. 불필요한 수정은 감점.

발명가는 여러 개의 양념통을 일일이 찾기 어려웠다는 생활의 불편을 개선하기 위해 **A** 통의 뚜껑과 본채를 여러 개로 나뉜다는 아이디어를 생각해 냈다고 언급 했다. 그러나 **B** 양념통이라는 설명대상에 대한 과학적 상식을 제시하여 학생들부터 흥미를 유발하지는않았다.

A ....

B ....

02 다음 글을 〈보기〉와 같이 요약하였다. [조건]에 맞게 (가) ~ (라)를 채워 문장을 완성하시오. (30점)

| 조건 | (가), (나), (다), (라) 기호를 쓰지 않으면 감점함.

고령화 사회에 관한 세미나에 참석한 적이 있다. 참석자들이 하도 심각하게 고령화 문제를 논의하기에 불쑥 이런 질문을 던져 보았다. "고령화를 정의할 때 나이를 대폭 올리면 고령화 인구는 그 순간 크게 줄어들 거고 그러면 문제는 바로 해결되는 것 아닙니까" 그 순간 참석자들이 폭소를 터뜨렸다. 웃자고 한 얘기이기도 했지만 한편으로는 사고의 전환을 해보자는 얘기였다. 과거 기준의 고령화 정의를 바꾸는 데부터 출발해 보자는 의미였다.

보기

고령화를 정의할 때 연령을 상향 조정하면 (가)이(가) 크게 감소할 수 있다는 발상은 (나)이(가) 문제를 새롭게 인식해서 (다)에 얽매이지 않고 새로운 (라)을(를) 찾을 수 있다는 점을 암시한다.

03 다음 글의 제목을 [조건]에 맞게 작성하시오. (30점)

| 조건 |　1. '세계화는 ~'으로 시작해서 '~ 핵심이다.'로 끝낼 것.

　　　　2. 제목의 비어 있는 부분을 6어절로 채울 것.

　　　　3. 본문의 어휘로만 작성할 것.

'세계 시장의 통합과 세계 각국에 대한 동일한 규칙과 기준의 적용'으로 요약되는 소위 '세계화'는 미국을 비롯한 경제 선진국들의 주도로 이루어지면서 오늘날 선후진국 간 갈등의 핵심이 되고 있다. 세계화를 주장하는 쪽에서는 21세기 인류의 공동 번영을 위해서 세계화가 필수적이라고 말하지만, 세계화의 반대론자들은 현재와 같은 강대국 중심의 세계화는 세계 각 지역의 다양성과 특수성을 무시한 채 전 지구적으로 획일화된 경제와 사회체제를 강요함으로써 국제적인 빈익빈 부익부를 심화시킬 뿐이라고 한다. 특히 비정부기구들은 전 세계를 대상으로 한 자유교역의 확대가 개발도상국의 부를 선진국으로 이전시키는 하나의 방편이며, 이로 인해 국가뿐만 아니라 개인 간의 빈부 격차도 더욱 심화되고, 환경 파괴와 자원 고갈이 초래될 것이라고 주장하고 있다.

---

04 〈보기〉는 면접을 진행한 후 면접관과 사장이 나눈 대화의 일부이다. A ~ C 중 〈보기〉의 밑줄 친 부분에 해당하는 지원자로 가장 적절한 인물을 골라서 [조건]에 맞게 구어체 문장으로 바꿔 쓰시오. (30점)

| 조건 |　1. 두 개의 구어체 문장으로 요약해서 쓸 것.

　　　　2. 제시된 내용 외에는 확대해서 쓰지 말 것.

　　　　3. 면접 대상자의 입장에서 '저는 ~'으로 시작할 것.

> **보기**
>
> 사장 : 면접 대상자 중에서 어떤 사람이 가장 높은 점수를 받았습니까?
>
> 면접관 : 예 김**씨가 가장 높은 점수를 받았습니다.
>
> 사장 : 김**씨가 높은 점수를 받게 된 이유는 무엇입니까?
>
> 면접관 : 예, 지원자가 우리 회사의 정체성과 자신이 추구하는 가치를 연결 지어 설명한 점이 인상적이었기 때문에 높은 점수를 받을 수 있었습니다.
>
> 사장 : 그렇군요. 그럼 합격자는 언제 발표하게 되나요?
>
> 면접관 : 금주 금요일 오후 1시에 회사 홈페이지를 통해 공지할 예정입니다.

A	• 경제학과 전공 • 사회의 모든 구성원이 행복을 누리는 사회를 원함 • 4년 동안 꾸준한 소외 계층 봉사활동
B	• 따뜻한 사회를 만드는 일에 관심 많아서 경제학 전공 • 인턴사원 모집 공고를 보고 지원 • 지원 동기는 취약 계층을 돕는 사회적 기업이기 때문
C	• 인턴사원 지원 동기는 돈을 벌기 위함 • 자신의 목표와 부합하는 일을 통한 인생 설계를 목표로 함 • 보수의 많고 적음에 연연하지 않음

05 다음 〈보기〉의 특허 명세서를 읽고 특허의 해결과제가 무엇인지 아래 빈칸에 알맞은 문장을 [조건]에 맞추어 쓰시오. (30점)

| 조건 | 1. 30음절 이내로 작성할 것.
2. 본문에 있는 어휘로만 사용할 것.

보기

본 발명의 재난 방송 서비스 제공 방법은 UTIS(Urban Traffic Information System) 서버(100)로부터 알림 데이터를 수신하는 단계, 수신된 알림 데이터를 알림 데이터에 포함된 위치데이터를 가지는 음향 신호기(400)로 전송하는 단계, 수신된 알림 데이터를 알림 데이터에 포함된 위치 데이터를 가지는 LED 보드(500)로 전송하는 단계, 및 수신된 알림 데이터를 알림 데이터에 포함된 위치 데이터를 가지는 UTIS 모듈(600)로 전송하는 단계를 포함한다. 본 발명에 따르면, 신호등마다 설치된 보행자 음향 신호기의 효용성을 높일 수 있으며, 단말을 보유하지 않거나 운전 중인 사용자라도 재난 상황을 즉각적으로 인지할 수 있다.

해결과제 : 본 발명은 재난 방송 서비스 제공 방법에 관한 것으로 (   ) 문제점을 해결하기 위한 것이다.

06 다음 보도자료의 본문을 읽고 [조건]에 맞추어 기사문의 제목 (가)를 작성하시오. (50점)

| 조건 | 1. "~ 제출 가능해져"로 문장을 마무리할 것.
　　　 2. 30음절 이내로 작성할 것.
　　　 3. 기호 (가)를 앞에 붙일 것.

마케팅 사례

특허청

문의 : 특허심사기획국 과장 ◆ ◆ ◆ 042-○○○○-○○○○
○○○○년 3월 30일(월) 조간부터 보도해 주시기 바랍니다.

_____(가)_____

– 연구개발 후 논문, 연구노트 등을 그대로 제출하여 특허출원일을 빠르게 확보 가능할 것으로 기대 –

* 국내 대기업 A사는 18년 초 표준기술에 대한 특허를 신속하게 출원하기 위하여 국제 표준화 회의에서 제출하는 기술서를 그대로 출원할 수 있는 방법이 있는지 특허청에 문의하였으나, 특허청에서는 정해진 출원 서식에 따라 제출하도록 규정하고 있어 이를 허용할 수 없었음. 이에 A사는 빠른 특허출원일 확보를 위해 미국의 가출원과 같이 형식의 제약이 없는 명세서를 제출할 수 있는 제도를 마련해달라고 요청함
* 특허청은 국내 기업이 특허를 빠르게 출원할 수 있도록, 기존의 명세서 서식에 따르지 않고 발명의 설명을 기재한 임시 명세서를 제출할 수 있는 제도를 마련하여 3월 30일부터 시행한다고 밝혔다.

---

07 다음은 부장과 사원의 대화이다. 다음 대화 내용을 바탕으로 기안서를 작성하려고 한다. 기안서에 들어갈 (가), (나), (다), (라)를 [조건]에 맞게 쓰시오. (100점)

| 조건 | 1. (가) ~ (라)는 반드시 한 문장으로만 쓸 것.
　　　 2. (가) ~ (라) 기호를 반드시 앞에 쓸 것.

사원 : 저희 지점 사무실을 옮기는 것이 좋을 것 같습니다.
부장 : 왜 옮겨야 하나요?
사원 : 현재 사무실 임차가 다음 분기에 만료가 됩니다.
부장 : 다시 재계약을 하면 되잖아요.
사원 : 재계약을 하면 간단하지만 먼저 임대료 인상을 15%로 임대인이 요구하고 있고, 무엇보다 사무실이 사업상 매우 불리한 위치에 있다는 것을 알게 되었습니다.
부장 : 어떤 점에서 불리하지요?
사원 : 우리 물류 센터가 이전을 하면서 사무실과 거리가 멀어져서 자재 공급에 시간이 많이 걸립니다. 그러다 보니 업무가 지연되는 사례가 자주 발생하고 있습니다.
부장 : 좋습니다. 그러면 사무실 이전에 대한 기안서를 먼저 작성하세요.

기안서

기안일자 : 20**년 3월 31일

문서번호 : 총무 13-1333

기 안 자 : 사원 ○○○

제 목 : (가)

두 문 : (나)

이전 사유

1) (다)

2) (라)

(가) _____

(나) _____

(다) _____

(라) _____

08 그림은 실업률과 고용률 변화를 가상으로 나타낸 것이다. 전년 대비 2024년의 변화에 대한 분석을 [조건]을 참조하며 두 문장으로 작성하시오. (100점)

| 조건 | 1. 두 문장으로 기술할 것.

　　　2. '실업률, 고용률, 경제활동인구, 비경제 활동 인구, 취업자 수, 실업자 수'의 용어를 사용할 것.

　　　　* 실업률 : 실업자 수를 경제 활동 인구로 나눈 비율

　　　　 고용률 : 취업자 수를 15세 이상 인구로 나눈 비율

　　　3. 첫 번째 문장은 '～ 증가했으므로 ～ 는 증가했고, ～ 는 감소했다.'의 구조로,

　　　　 두 번째 문장은 '～ 없으므로 ～ 같은 비율로 증가했다.'의 구조로 작성할 것.

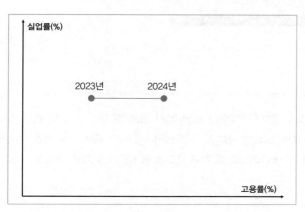

_____

_____

09 '우리나라 기부 문화의 활성화 방안'을 주제로, 다음 수집한 자료를 활용하여, 우리나라 기부 문화의 문제점과 해결 방안을 분석하여 기부 문화의 활성화 방안을 3문단으로 작성하시오. (300점)

| 조건 | 600자 내외로 작성할 것.

(가) 설문조사

1. 기부를 하지 않는 이유

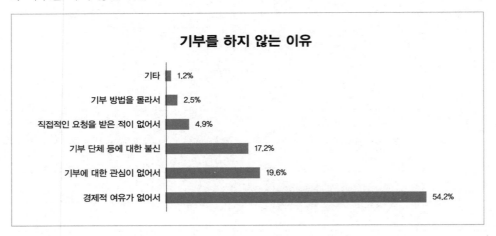

2. 기부 문화 확산을 위해 가장 필요한 것

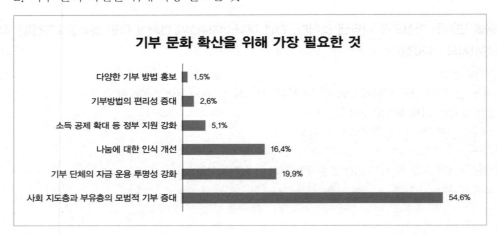

(나) 신문기사

우리나라의 한 해 기부금 규모는 지난 2012년 기준으로 12조 원이다. 액수만 보면 적지 않은 것 같지만, 국내 총생산의 0.9% 수준으로 미국의 절반에 불과하다. 또한 통계청이 발표한 '2013년 사회 조사'를 보면 우리나라 13세 이상 국민 중 1년 동안 기부를 해본 경험이 있는 사람은 35% 정도에 그쳤다. 현재 우리나라의 기부 규모를 볼 때, 아직 기부 금액과 기부자 수가 턱없이 부족한 실정이다.

(다) 전문가 의견

우리나라의 기부 문화는 아직 초보 단계에 머물러 있습니다. 세계 기부 지수에 따르면, 우리나라는 146개국 중 45위로 인도네시아(7위), 캄보디아(40위)보다도 낮은 실정입니다. 이는 무엇보다도 '나눔의 기쁨'이라는 기부 행위에 대한 인식이 자리 잡지 못하고 있기 때문입니다. 선진국들처럼 일상 속에서 지속적으로 기부 행위가 이루어지기 위해서는 시혜적 기부 개념이 나눔의 개념으로 바뀌는 근본적인 의식 차원의 변화가 필요하다고 볼 수 있습니다.

최종 모의고사 **02회**

국가공인 한국실용글쓰기검정 문제지		
수험번호		제한시간 120분
객관식 영역(300점)/서술형 영역(700점)	감독관 확인	

정답 & 해설 ▶ **250쪽**

객관식 영역 (300점)

01 다음 〈보기〉의 의사소통의 원리에서 그 예시가 적절하지 않은 것은?

> **보기**
>
> ㉠ 협력의 원리 : 대화 상대방과 서로의 의도를 이해하고 효율적으로 정보를 주고 받기 위해 지켜야 할, 일련의 규칙이 있는데 대표적으로 '양의 격률'이 있다. 이 격률은 대화에 필요한 만큼의 정보만을 제공하라는 원칙이다.
> ㉡ 요령의 격률 : 공손성의 원리 중에 하나로서 상대방에게 부담이 가는 표현을 최소화하고 상대방의 이익을 극대화하는 것이다.
> ㉢ 관용의 격률 : 요령의 격률을 화자의 관점에서 말한 것으로 화자 자신에게 혜택을 주는 표현을 최소화하고 화자 자신에게 부담을 주는 표현은 최대화하는 것이다.
> ㉣ 찬동의 격률 : 다른 사람에 대한 비방을 최소화하고 칭찬을 극대화하는 것이다.
> ㉤ 동의의 격률 : 자신의 의견과 다른 사람의 의견 사이의 차이점을 최소화하고 자신의 의견과 다른 사람의 의견의 일치점을 극대화하는 것이다.

① ㉠ – A : 어제 회의에서 어떤 결정이 났나요?
    B : 어제 회의에서는 마케팅 예산을 다음 달에 20% 늘리자는 의견이 많았지만 10%로 최종 결론이 나와서 불만들이 많았습니다.

② ㉡ – A : 이 보고서에서 실수한 부분이 있는 것 같아. 다시 확인해 줄 수 있을까?
    B : 네, 다시 한번 더 검토해보겠습니다.

③ ㉢ – A : 이번 프로젝트 자료 준비가 많이 힘들 텐데 내가 도울 일이 없을까요?
    B : 괜찮습니다. 그런데 시간이 된다면 자료 검토를 같이 해주시면 감사하겠습니다.

④ ㉣ – A : 이번 발표 준비 정말 잘했어요. 설명이 알기 쉽게 다가왔습니다.
    B : 감사합니다. 그렇게 말씀하셔서 힘이 나네요.

⑤ ㉤ – A : 오늘 회의 정말 길었지? 너무 피곤해.
    B : 맞아, 나도 정말 지쳤어. 회의가 예상보다 오래 걸렸네.

[02~03] 다음 글을 읽고 물음에 답하시오.

(가) 국제 유가 상승세는 당분간 이어질 전망이다. 조 바이든 미국 행정부의 경기부양 안이 상·하원을 통과하며 경기 회복의 ㉠ 마중물이 될수 있어서다. 골드만삭스는 "유가 하락 요소인 이란 제재 역시 바이든 행정부가 당장 풀어줄 가능성이 크지 않다"라며 "7월에 국제 유가는 배럴당 65달러까지 오를 것"이라고 예상했다. 하지만 불안한 요소는 여전히 잠재한다. 영국 컨설팅업체는 "원유 수요에 불확실성이 많다"라고 말했다. 백신 접종 속도가 예상보다 늦은 데다 변이 바이러스 확산이 이어지고 있는 만큼 경기 회복 등에 걸림돌로 작용할 수 있다는 것이다.

(나) 지난해 세계 원유 시장은 악몽과 같았다. 코로나19로 지난해 3월부터 국제 유가는 급락하였고 가격은 배럴당 20달러 선으로 떨어졌다. 지난해 4월에는 배럴당 사상 처음으로 마이너스 가격인 –37.63달러를 기록하여 원유를 팔고 돈을 받는 것이 아니라 1배럴당 4만 원을 얹어 주는 사상 초유의 사태가 일어나기도 하였다. 코로나의 ㉡ 공포속 원유 수요가 줄면서 각지의 원유 저장 시설이 포화상태였다.

(다) 국제 유가가 신종 코로나바이러스 감염증의 충격을 ㉢ 딛고 어느새 이전 가격을 회복하고 있는데 이는 팬데믹 발생 이전 수준이다. 국제 유가의 기지개는 지난 5일 서부텍사스유 인도분이 배럴당 1.1% 오른 56.85달러에 거래를 마치면서 코로나19 확산 이전인 지난해 1월 이후 최고치를 기록하였다. 이날 브렌트유(배럴당 59.34달러)와 중동 두바이유(배럴당 58.94달러)도 상승세를 보이며 코로나 이후 60달러에 가까이 접근하였다.

(라) 경기 회복에 대한 기대감도 유가 상승을 부채질하고 있다. 국제유가를 배럴당 40달러대로 올려놓은 것은 중국이다. 코로나19에서 빠르게 회복하며 원유 수요가 늘어난 영향이다. 지난해 하반기에 코로나19 통제에 나서며 경기 부양에 힘을 쏟은 인도도 석유 소비 행렬에 ㉣ 결합했다. 월스트리트저널(WSJ)은 "백신 보급으로 미국과 유럽의 경기 회복에 대한 기대감도 반영되고 있다"라고 보도했다. 산유국의 감산도 유가 상승의 또 다른 요인으로 꼽힌다. 석유수출국기구(OPEC) 소속 13개국과 러시아 등 10개 주요 산유국 연합체인 OPEC+는 이달 기준으로 2018년 10월 대비 일평균 712만 5000배럴을 감산하고 있다.

(마) 국제 유가가 제자리로 찾은 이유는 여러 가지이지만 무엇보다 새로운 수요의 등장 때문이다. 항공 운항 수요가 급감하면서 국제 유가가 하락하였지만 코로나19가 장기화하면서 ㉤ 비 대면 거래가 늘고 이는 배송 수요의 증가로 이어졌다. 배송에 필요한 선박과 화물 열차, 트럭 등에 쓰이는 석유 연료 수요가 늘어난 것이다. 또한 배송 물품을 포장에 쓰는 플라스틱 용기 수요도 늘면서 석유 화합물의 증가가 유가 상승에 한몫했다.

02 다음 글의 고쳐쓰기 방안으로 적절하지 않은 것은?

① ㉠ '될수 있어서'를 '될 수 있어서'로 띄어쓰기 한다.
② ㉡ '공포속'을 '공포 속'으로 띄어쓰기한다.
③ ㉢ '딛고'는 '딪고'로 맞춤법에 맞게 고쳐 쓴다.
④ ㉣ '결합'보다 '합류'라는 단어가 더 자연스럽다.
⑤ ㉤ '비 대면'은 '비대면'으로 붙여 쓴다.

03 윗글을 논리 전개에 따른 재배열로 옳은 것은?

① (마) – (가) – (나) – (다) – (라)
② (다) – (나) – (마) – (라) – (가)
③ (가) – (나) – (라) – (마) – (다)
④ (나) – (다) – (가) – (라) – (마)
⑤ (라) – (가) – (나) – (다) – (마)

04 다음 공고문을 고치기 위한 가장 적절한 의견은?

공고 제202002-003호

공고

1. 제목 : 사내 사원증 변경에 따른 교체 안내
2. 교체 기간 : 0000년 00월 00일 ~ 00월 00일
3. 사원증 교체 장소 : 4층 총무팀 회의실 임시 교부소

—내용—

1) 사내 자동화 도어 시설 설치로 새로운 출입 인식 코드 부착 필요
2) 사내 사원증의 디자인 향상으로 회사의 이미지 고취

0000년 00월 00일

① 공고 번호는 사내 문서이므로 작성할 필요가 없다.
② 사원증 교체 이유를 굳이 쓸 필요는 없다.
③ 날짜를 0000.00.00.로 바꿔야 한다.
④ 문의 담당자를 제시해 주어야 한다.
⑤ 결재란을 별도 표시해야 한다.

05 다음은 NCS 기반 자기소개서의 질문 내용이다. Ⓐ에 가장 적절한 질문은?

자원관리능력 : 업무를 수행하는 데 시간, 자본 등 경영 요소를 활용하는 능력
질문 : 팀 단위 업무 수행 중 한정된 자원으로 효율적인 운영 경험이 있었습니까?

문제해결능력 : 업무 중 문제 상황 발생 시 적절히 해결하는 능력
질문 : Ⓐ

① 상대방과 의견이 일치하지 않는 경우 어떻게 대처하십니까?
② 팀을 운영한다면 자신의 리더십 유형을 어떻게 판단하십니까?
③ 트집형 고객을 만났을 때 자신의 효과적인 대처법은 무엇입니까?
④ 자사의 상품이 판매 부진일 경우 제일 먼저 무엇을 하겠습니까?
⑤ 자신이 주로 사용했던 갈등 해결 방식은 무엇입니까?

기 안 용 지

우123-456 / 경기도 영진시 닷컴동		전화 (012)345- 6789	팩스 (012)345- 6789
홍보부	부장 홍길동	사무관 이몽룡	담당자 김소월

문서번호 　77-7777
시행일자 　0000.00.00.
수 신 　　마케팅팀
참 조 　　기획팀
경 유
제 목 　　"영진 만화 페스티벌" 이기적 홍보부스 참
　　　　　가자

보존기간	0000.00.00.	비고
공개여부		
기 안 자	기획3팀 심학규 과장	
심 사 자		
협 조		

06 위와 같은 문서에 대한 설명으로 적절하지 않은 것은?

① 육하원칙에 따라 작성하고 과장된 표현은 피한다.

② 일반적으로 상급자가 지시한 업무를 처리하기 위해 작성한다.

③ 대내문서와 대외문서로 분류할 수 있다.

④ 해당 업무를 담당하는 사람이면 직급에 상관없이 작성할 수 있다.

⑤ 결정권자가 무엇을 어떻게 결정해 주기를 바라는지 명확히 서술한다.

07 위와 같은 문서의 최종 검토 사항으로 적절하지 않은 것은?

① 중요한 정보는 앞부분에서 설명하고 덜 중요한 내용은 뒤쪽에 배열한다.

② 주요 내용을 간결하게 작성했는지 검토한다.

③ 주요 사항이 누락된 것이 없는지 살펴본다.

④ 결론을 앞서 제시한 뒤에 그에 관한 설명을 기술하여 핵심 사항을 부각시킨다.

⑤ 상급자의 지시사항과 내용이 일치하는지 확인한다.

영진가구 온라인 마케팅 전략 기획서

기획 배경	온라인 마케팅 홍보가 활성화된 시대에 가구 제품 특성상 오프라인 홍보에만 의존하는 방식을 탈피하고, 보다 적극적인 온라인 홍보로 더 많은 고객층을 확보한다.
현황 분석	영진가구는 상설 매장과 전단지, 신문 매체에만 의존함으로써 홍보 비용 대비 광고 효과가 미미하고, 소셜미디어의 발달로 충분히 가구의 특성을 살릴 수 있는 사진과 동영상을 게재할 수 있음에도 이를 활용하지 못하고 있다.
기획 핵심	온라인 및 SNS 계정을 단계적으로 활용하는 방안을 마련해서 다양한 영상 홍보물을 제작하여 해당 SNS의 조회수를 늘리는 방식으로 온라인 마케팅을 활성화한다.
실행 전략	1. 인지도 있는 온라인 계정 목록 파악 2. 효과적 온라인 마케팅 사례 조사 및 벤치마킹 3. 온라인 마케팅에 활용 가능한 자사의 핵심 역량 재정립 4. 온라인 마케팅을 위한 온라인 계정 생성과 콘텐츠 구성
기대 효과	1. 온라인을 통한 홍보 지역의 다각화 2. 세계 시장 공략의 용이 3. 홍보 활성화로 매출 상승

08 위와 같은 문서에 대한 설명으로 적절하지 않은 것은?

① 문제의 원인 파악과 해결을 위한 구체적 계획을 담은 문서이다.

② 중요 요지를 자주 반복해야 한다.

③ 수집한 아이디어와 정보를 설명한다.

④ 반드시 문서 형태를 갖추지 않아도 된다.

⑤ 구체적인 방안을 체계적으로 정리하여 문서화해야 한다.

09 다음 중 기획서의 추가 사항으로 옳지 않은 것은?

① 이 기획을 입안하게 된 연유를 구체적으로 밝혀야 한다.

② 언제부터 이 기획을 추진할 것인지 구체적 일정을 밝혀야 한다.

③ 어떤 SNS 계정을 이용할 것인지 구체적인 내용을 밝혀야 한다.

④ 기획 예산을 설정해서 어떻게 활용한 것인지 기술해야 한다.

⑤ 온라인 홍보에 아이디어를 더 구체적으로 기술해야 한다.

10 다음 중 기획서를 프레젠테이션 화면으로 구성할 때 옳지 않은 의견은?

사원1 : 현황 분석을 설명할 때는 자료를 막대 그래프로 구성해서 기존의 홍보 수단 항목을 한눈에 볼 수 있도록 하면 좋겠군.

사원2 : 선 그래프를 활용하면 실행 전략이 일목요연하게 보일 거야.

사원3 : 기획 배경은 각각 3문장으로 나누어서 번호를 붙일 수 있겠군.

사원4 : 실행 전략란에는 섭외를 위한 인기 SNS 계정 순위 목록을 첨가하면 좋겠어.

사원5 : 일정은 표로 만들어 날짜별 진행량을 이해하기 쉽도록 해야지.

① 사원1   ② 사원2
③ 사원3   ④ 사원4
⑤ 사원5

[11~12] 다음 홍보문을 읽고 물음에 답하시오.

청소년 동아리 어울림 마당

영진구 시민과 함께 하는 청소년 동아리 어울림 마당을 개최해서 청소년 동아리 회원을 모집합니다.

1. 행사명 : 영진구 청소년 동아리 어울림 마당

2. 행사일 : 0000년 00월 00일 (일)

3. 참가방법 : 동아리 소개, 공연, 전시회, 놀이마당 등

4. 참가 신청 : 이메일 (youngjin@youngjin.com)

5. 신청기간 : 00월 00일까지

6. 행사 설명회 : 00월 00일 오후 5시 영진구 구민회관 대강당

0000. 00. 00.
영진구청

---

11 위 홍보문의 수정 사항으로 옳은 것은?

① 제목을 좀 더 감각적인 문구로 바꾼다.

② 구체적인 행사 장소를 기입해야 한다.

③ 구민회관 대강당의 연혁을 기입한다.

④ 행사 설명회 장소에 대한 정보를 자세히 알려 주어야 한다.

⑤ 어울림 마당의 시초를 밝혀야 한다.

12 위와 같은 글을 작성할 때 고려할 점으로 적절하지 않은 것은?

① 계획 단계 : 반드시 포함할 내용의 범위와 일시 등을 결정한다.

② 계획 단계 : 예상 독자를 고려하여 적절한 표현을 구성한다.

③ 조직 단계 : 호감이 가는 비유적 표현을 사용한다.

④ 표현 단계 : 예절에 맞도록 정중하게 작성한다.

⑤ 표현 단계 : 독자가 한눈에 볼 수 있도록 제목을 붙인다.

(Ⓐ)

주식회사 영진(이하 "갑")과 투자자 닷컴(이하 "을")은 다음과 같이 투자계약을 체결한다.

제1조 [투자계약의 목적]

① 본 투자계약은 갑이 제2조①항의 이기적 프로젝트를 진행함에 있어 갑과 을에 대한 권리관계 및 이익/손실 배분 등에 관한 사항을 명확하게 확정하기 위해 작성한다.

제2조 [이기적 프로젝트]

① 본 투자계약의 갑이 영진시 이기적동 일대에서 진행하는 부동산개발 프로젝트(이하 "프로젝트")를 말한다.

② 위 프로젝트 개발 대상은 영진시 이기적동에 위치한 1234번지의 부동산을 말한다.

③ 본조 ②항의 개발대상 부동산은 0000년 00월에 개발을 시작하여 0000년 하반기까지 운영 후 청산 예정이다.

제3조 [을의 투자의무]

① 을은 갑에게 일금 오십억 원(₩5,000,000,000)을 투자한다.

② 0000년 00월 00일까지 일금 오십억 원(₩5,000,000,000)을 갑이 지정하는 아래의 이기적 프로젝트 계좌에 입금한다.

지정은행 : 영진은행

계좌번호 : 123-456-789101

예금주 : ㈜이기적

제4조 [갑의 의무]

① 갑은 을이 제3조①항과 제3조②항의 투자 의무를 완료 시, 갑의 이기적 프로젝트에서 매입한 부동산의 권리설정 및 대여금 설정을 진행한다.

② 본조①항의 권리설정은 후순위 담보 설정으로 투자원금의 보장을 선순위로 하나, 갑의 부동산 소유에 필요한 대출을 진행하는 과정에서 부득이하게 신탁으로 진행될 경우, 시행사인 ㈜이기적이 소유하고 있는 갑에 대한 지분 전부를 담보로 하여 을의 투자원금을 보장한다.

③ 본조①항의 대여금 설정은 을이 투자한 투자금 전액을 갑에 대한 대여금 설정을 말한다. 설정한 대여금에 대해서는 무이자를 원칙으로 하며, 이기적 프로젝트 운영 시 발생하는 운영 수익을 갑과 을이 상호 협의하에 분배할 수 있다.

④ 이기적 프로젝트 종료 시 갑이 소유한 부동산 처분에 따른 분배가능이익 발생 시 을에게 투자원금과 분배가능이익을 상환하기로 한다.

제5조 [Ⓑ]

① 갑은 을의 요구의 따라 언제든지 서면으로 정리된 이기적 프로젝트에 관한 사항과 운영 및 거래에 대한 회계자료 열람청구권을 행사할 수 있다. 회계자료는 상업장부, 대차대조표, 손익계산서 및 현금흐름표 등을 포함한다.

② 을은 이 과정에서 취득한 영업비밀을 정당한 이유 없이 제3자에게 공개하거나, 갑의 이익에 반하여 사용하지 않는다.

13 위 계약서의 내용을 잘못 이해한 것은?

① 제4조②항으로 보면 을의 투자금은 갑의 대출 여부에 따라서 회수가 위험할 수도 있겠군.

② 제1조①항은 거래의 목적을 명시한 것으로 계약서의 골자가 되는 내용이다.

③ 위와 같은 계약서는 기본 계약서가 아닌 개별 계약서라고 할 수 있다.

④ 이익 분배에 관한 분쟁 시 제4조③항과 ④항이 근거 역할을 하겠군.

⑤ 제5조①항은 비밀준수 업무에 해당하는 사안이겠군.

14 위 계약서의 Ⓐ에 들어갈 말로 적절한 것은?

① 부동산 매매 계약서

② 업무 협약서

③ 투자 계약서

④ 양해 각서

⑤ 부동산 개발 계약서

15 위 계약서상 ⓑ에 들어갈 항목으로 적절한 것은?

① 계약의 효력

② 영업비밀의 유지 의무

③ 기타사항

④ 준용규칙

⑤ 회계자료의 열람 청구권

[16~18] 다음 보도자료를 읽고 물음에 답하시오.

기획재정부 보도자료

1. 보도일시 : 0000. 12. 01. (화) 19:00

2. 배포일시 : 0000. 12. 01. (화) 18:30

3. 담당 국장 : 홍길동

4. 제목 : ⓐ

 1) 20년 한국 성장률 전망 회원국 1위, 주요 20개국(G20) 2위

   OECD는 12.1일(화) 프랑스 시간 11:00(한국시간 19:00)에 「OECD 경제전망(OECD Economic Outlook)」*을 발표

   * OECD 경제전망 : 매년 2회(5~6월, 11~12월), 세계경제+회원국+G20 국가 대상

   OECD 중간 경제전망 : 매년 2회(3월, 9월), 세계경제+G20 국가만 대상

 2) 22년 한국경제는 위기 전 수준을 가장 크게 회복할 전망

   OECD는 '20년 크게 위축된 세계경제가 백신ㆍ치료제 개발 가시화* 등에 힘입어 점진적으로 회복**할 것으로 전망

   * OECD는 '21년 말에는 백신ㆍ치료제가 광범위하게 보급될 것'을 전제

   ** 세계경제 성장률 전망(%) : ('20)△4.2 ('21)4.2 ('22)3.7

 3) 백신 가시화로 세계경제 여건 희망적이나 높은 불확실성 지속

5. 포함 문장

 1) '20년 세계경제는 코로나19 확산과 그에 따른 방역조치 등 영향으로 △4.2% 역성장할 것으로 전망

 2) 세계경제는 각국 정부의 적극적 정책대응으로 빠르게 회복해 왔으나, 대면서비스업 등은 여전히 취약한 것으로 평가

---

 3) 한편, 최근 코로나19 재확산으로 인한 유럽 등 회복세 약화*

   * 유럽 주요국은 봉쇄조치 강화 등으로 '20.4/4분기 성장률이 다시 (−)기록 예상

 4) 향후 국지적 재확산 가능성 등을 감안하여 21년 세계경제 성장률 전망을 비교적 큰 폭 하향 조정(9월 5.0% → 금번 4.2%)

---

16 위와 같은 글의 작성원칙으로 적절하지 않은 것은?

① 중요한 정보를 본문 앞부분에 설명해야 한다.

② 취재 기자가 뉴스 가치를 느낄 수 있어야 한다.

③ 독자가 이해하기 쉽게 작성하고 전문용어를 피해야 한다.

④ 수식어를 사용하면 내용이 왜곡될 수도 있다.

⑤ 기자의 개인적 관점이 반영되어서는 안 된다.

17 ⓐ에 들어갈 제목으로 가장 적절한 것은?

① 경제협력개발기구(OECD) 「경제전망」 발표

② 세계경제 성장률 전망

③ 코로나19 재확산

④ 한국의 경제 침체

⑤ 유럽 경제의 회복 전망

18 위 보도자료를 잘못 이해한 것은?

① 2021년 방역조치로 역성장을 하겠다는 보도 내용이다.

② OECD 측은 백신과 치료제 개발로 인한 경제 성장의 회복세를 예측하고 있다.

③ OECD는 경제 전망을 4차례에 걸쳐 발표하고 있다.

④ 2021년 성장률이 2022년보다 높게 나왔다.

⑤ 코로나 재확산으로 경제 성장 전망치는 대폭 낮아졌다.

19 코로나19의 예방을 위한 공익 광고를 만들고자 한다. 다음 〈보기〉의 요구에 가장 부합하는 광고 문구는?

보기

– 참신한 표현으로 독자의 시선을 끌어당겨야 한다.
– 유용한 정보가 들어가 있어야 한다.

① 마스크 착용은 선택이 아닙니다. 우리 모두의 의무입니다.
② 마스크는 당신을 지켜 줍니다. 또 다른 마스크는 비누입니다.
③ 거리두기 생활화로 자신의 건강을 지킵시다.
④ 공공장소에서는 되도록 큰소리로 말하지 맙시다.
⑤ 마스크는 이미 백신입니다.

20 A 제과사는 제품의 과대포장 문제를 해결하려고 한다. 〈보기〉의 내용을 참고하여 도출한 전략으로 알맞지 않은 것은?

보기

적정 수준을 넘어선 과대포장은 포장 폐기물로 인한 환경오염 심화, 과다한 포장 비용으로 인한 제품 가격상승 및 자원낭비, 품질이 아닌 과장되고 화려한 포장으로 제품 선택을 유도함으로써 합리적인 소비자 선택 방해 등 환경적, 경제적, 소비자보호 측면에서 여러 가지 문제점을 내포하고 있다.

① 낱개 포장 후 재포장 상품 대상 기준을 개선한다.
② 포장 공간 비율을 합리적인 규격으로 통일한다.
③ 공기 충전 포장 상품의 수효를 줄인다.
④ 품목별 포장 횟수가 법적 규제 여부에 부합하는지 점검한다.
⑤ 낱개 포장을 재포장할 경우 적치 조밀도를 조사한다.

21 다음 중 기업문화를 '가족 친화적인 조직문화' 풍토로 탈바꿈하기 위한 제안으로 바람직하지 않은 것은?

① 양성의 육아 휴직 및 배우자 출산 휴가 사용 의무화 시행
② 매주 수요일 가족 사랑의 날 지정
③ 사내 어린이집 운영
④ 사내 체육대회 상설 운영으로 직원 간 단합 유도
⑤ 자녀돌봄휴가 실시

22 다음 고객의 문의사항에 대한 대응으로 가장 적절한 것은?

행사 제품인 커플 운동화를 구매했는데 주문한 지 한 달이 지나도록 배송이 안 되고 있습니다. 주문이 잘못되었나요?

① 관리실이나 우편함 등을 확인해 보셨나요?
② 배송 후 상품의 분실은 책임지지 않습니다.
③ 주문번호와 주문자 성함을 알려 주시면 확인 후 신속히 처리하겠습니다.
④ 본 상품은 주문량이 밀려서 제작 기간이 길어지고 있으니 기다리세요.
⑤ 언제 구매하셨는데요? 한 달 되었으면 상품이 도착했을 텐데요.

23 다음 〈보기〉의 발언 내용은 협상을 위한 전략 중 어느 것에 해당하는지 선택하시오.

보기

영업부장 A 씨는 신제품에 대해서 K 도매상이 관심을 보이지 않자, K 도매상에게 공급하던 주력 제품이 생산 차질을 빚을 수도 있다고 은근히 말을 흘렸다.

① 양보전략
② 경쟁전략
③ 문제해결전략
④ 무행동전략
⑤ 상대방 이해전략

24 다음 중 자원 관리에 대한 설명으로 틀린 것은?

① 업무 수행에 필요한 자원을 적절히 사용하는 것은 물적자원관리능력이다.

② 자본 자원을 확인하고 실무에 적절히 사용하는 것은 예산관리능력이다.

③ 생산에 직접 관련되지 않는 비용을 간접비용이라고 한다.

④ 인력배치의 원칙 중에서 팀원의 흥미는 고려 대상이 아니다.

⑤ 인건비, 시설비 등은 직접 비용에 해당한다.

25 다음은 A사 지원자들의 평가 항목 점수표이다. (가)~(마) 중 문제해결능력과 조직적합성에서 2순위를 기록한 지원자는 누구인가?

구분	문제해결능력	대인관계능력	자원관리능력	조직적합성
(가)	8	9	9	8
(나)	7	7	9	9
(다)	9	7	8	10
(라)	6	8	8	7
(마)	8	7	8	9

① (가)
② (나)
③ (다)
④ (라)
⑤ (마)

[26~27] 다음 자료를 보고 물음에 답하시오.

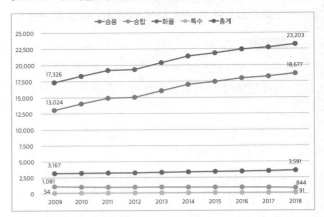

자동차등록대수 연평균 증가율					
구분	승용	승합	화물	특수	총계
연평균 증가율	4.1%	- 2.7%*	1.4%	5.9%	3.3%
용도별 비중	80.5%	3.6%	15.5%	1.4%	100.0%

주* : 자가용 승합차 감소가 주원인

26 위 자료에 대한 해석으로 옳지 않은 것은?

① 연평균 증가율은 모든 차종이 6%를 넘지 않는다.

② 승합차와 화물차는 지속적으로 감소하여 연평균 증가율 −2.7%를 나타낸다.

③ 연평균 증가율은 특수차에 이어 승용차가 두 번째로 높다.

④ 10년간 승용차는 4.1% 늘어났다.

⑤ 위 자료로는 수입차의 증가율을 알 수 없다.

27 위 자료를 바탕으로 다음 빈칸을 완성하시오.

> 최근 10년간 자동차등록대수는 꾸준히 증가하여 2018년 12월 기준 연평균 증가율 (   )을 기록하였다. 특히 승용차는 2018년 기준 전체 비중 (   )을 나타내었다.

① 3.3%, 80.5%
② −2.7%, 82.6%
③ 4.1%, 3.6%
④ 5.9%, 3.3%
⑤ 3.3%, 84.7%

[28~29] 다음 글을 읽고 물음에 답하시오.

보호무역주의는 국가가 자국의 산업이 다른 국가들에 의한 불공정 경쟁으로 피해를 입고 있다고 생각하는 경우에 사용된다. 보호무역주의는 방어적 조치이며, 대개 정치적인 동기를 가지고 있다. 그것은 단기적으로는 종종 효과를 볼 수 있으나 장기적으로는 대개 의도하는 바와 정반대의 효과를 낳는다. 그 국가와 그 국가가 보호하고자 하는 산업이 국제 시장에서 경쟁력이 떨어지도록 만들 수 있다는 점에서 그러하다. 국가는 자국의 무역을 보호하기 위한 다양한 방법들을 사용한다. 그중 한 가지 방법은 관세를 법으로 정하여, 수입품에 세금을 부과하는 것이다. 이로 인해 수입된 제품은 가격이 즉시 오르게 되어 국내에서 생산된 제품과 비교할 때 경쟁력이 떨어지게 된다. 이것은 많은 제품을 수입하는 미국과 같은 국가에서 특히 좋은 효과를 거둔다. 가장 잘 알려진 사례는 1930년에 만들어진 스무트-할리 관세법이다. 처음에 그것은 제1차 세계대전의 파괴 후에 농업을 강화하고 있던 유럽산 수입 농산품으로부터 농민들을 보호하려는 목적이었다. 그러나 법안이 의회를 통과했을 때는 이미 더 많은 수입품에 관세가 부과되었다. 관세를 부과하는 경우 흔히 일어나듯이, 다른 국가들이 보복을 했다. 이러한 관세 전쟁은 세계 무역을 제한하였으며, 대공황이 가혹하게 오래 지속된 이유 가운데 하나로 작용하였다.

28 윗글을 잘못 이해한 것은?

① 관세 전쟁은 단기적으로는 자국에 나쁜 효과가 있지만 장기적으로는 국내에 산업 경쟁력을 강화시킬 것이다.
② 스무트-할리 관세법은 보호무역을 상징하는 법안이다.
③ 대공황의 지속은 결국 보호무역주의가 큰 원인이 되었다.
④ 관세로 인해 국내 산업은 경쟁력이 떨어질 수 있다.
⑤ 다른 국가와 불공정 경쟁의 피해 우려가 있을 때 관세법은 단기적으로 유효하다.

29 윗글에 나타난 문제점을 극복하기 위한 방안으로 가장 올바른 것은?

① 자국의 경쟁력을 높이기 위해서는 일체 관세를 부과하면 안 된다.
② 취약한 산업분야에는 장기적으로 관세를 계속 부과해야 한다.
③ 수입 자체를 제한하는 정책을 다각도로 세워야 한다.
④ 무역 수지 흑자를 유지하기 위해서는 자유무역을 권장해야 한다.
⑤ 취약한 산업분야에는 기술 지원 등을 병행하면서 관세를 조절해야 한다.

30 다음 중 직업 윤리의 원칙과 예시가 바르게 짝지어진 것이 아닌 것은?

① 공정경쟁의 원칙 : 가격 담합 없이 품질로 경쟁하는 기업
② 정직과 신용의 원칙 : 분식회계가 아닌 재무제표에 의거해 세무조정을 하는 기업
③ 전문성의 원칙 : 고객 불만을 면밀히 조사해서 개선점을 찾는 기업
④ 객관성의 원칙 : 회식 자리에서 업무적 혜택을 결정하지 않는 상사
⑤ 고객중심의 원칙 : 상품과 고객의 욕구가 일치하는지 검토하는 설문조사

01 다음은 사내 메신저 대화창의 일부이다. 대화의 밑줄 친 부분 중 잘못된 것을 골라 바르게 고쳐 쓰시오. (30점)

| 조건 | 1. 잘못된 것만 골라서 고쳐 쓸 것.
2. '틀린 표현 → 맞는 표현'의 형식으로 고쳐 쓸 것.

김 과장 : 이 대리가 이번 회의 진행을 맡았으니 공식 석상에 걸맞는 옷차림을 하고 와야 해요.

이 대리 : 알겠습니다. 그런데 걱정되는 것은 우리 부서의 제안을 임원진이 어떻게 <u>생각할런지</u> 걱정입니다.

김 과장 : 나도 <u>솔직이</u> 걱정은 되지만 우리가 성공한 <u>회수</u>가 많기 때문에 이번에도 잘 될 것이라고 생각해.

이 대리 : 제가 이번에 <u>각별이</u> 잘 진행하겠습니다.

---

02 다음 문장들의 빈칸에 들어갈 적절한 단어를 넣어서 문장을 완성하시오. (30점)

| 조건 | 모두 두 글자 단어로만 쓸 것.

(가) 원활한 의사소통을 위해서는 올바른 (　　　　　)을 사용하는 것이 중요하다.

(나) 리더의 올바른 (　　　　　)이 대단히 중요하다.

(다) 이 회사는 분식회계로 세금을 (　　　　　)한 혐의를 받고 있다.

(라) 우리는 매너리즘을 다른 말로 (　　　　　)에 젖었다고 말한다.

---

03 다음 기사글을 요약한 문장의 ⓐ와 ⓑ에 들어갈 말을 [조건]에 맞추어 쓰시오. (30점)

| 조건 | ⓐ는 6음절, ⓑ는 5음절로 작성할 것.

세계 곳곳에서 팬데믹(세계적 대유행) 종식의 희망인 백신 관련 소식이 이어지고 있다. 11일(현지 시간) 하루 신종 코로나 바이러스 감염증(코로나19) 백신 승인 소식이 멕시코와 미국에서 연이어 들렸고 홍콩에서는 다음 달 접종 일정이 발표됐다. 보관 용이성이 높은 새 백신 개발 소식도 국제 사회의 기대를 더했다.

멕시코와 미국, 홍콩에서 ＿＿＿ⓐ＿＿＿ 연이어 들려서 국제 사회는 팬데믹 종식을 ＿＿＿ⓑ＿＿＿

---

04 다음 〈보기〉의 문장을 참조하여 밑줄에 알맞은 문장을 작성하시오. (30점)

PART
07

최종 모의고사

> **보기**
>
> 세계 기후 협약 결과 선진국의 탄소배출권은 턱없이 부족한 상태이다.
> 선진국들은 탄소배출권의 양을 다시 재조정하자고 항의하였다.
> 미국은 선진국이다.
> 따라서 _____

05 다음은 디자인 보호법에 대한 내용이다. 문장의 빈칸을 〈보기〉에서 찾아 알맞게 쓰시오. (30점)

> 디자인의 보호와 이용을 (Ⓐ)함으로써 디자인의 창작을 (Ⓑ)하여 산업발전에 이바지함을 목적으로 1961년 12월 31일
> (Ⓒ) 제951호로 제정되었다. 디자인등록 출원, 등록, (Ⓓ) 및 디자인권의 (Ⓔ) 등을 내용으로 하고 있으며, 2004년 12월
> 31일 의장법에서 (Ⓕ)으로 법명이 개정되었다.

> **보기**
>
> 디자인 보호법, 보호, 심사요건, 도모, 장려, 법률

06 다음 기사문을 읽고 〈보기〉의 요약문을 완성해서 쓰시오. (50점)

| 조건 | 밑줄을 채워서 요약문 전체를 다시 작성하시오.

빛을 이용해 암세포를 파괴하는 광(光)의학 항암치료제가 국내 연구진에 의해 개발됐다. 한국과학기술연구원은 공동연구를 통해 암 표적성 광치료제 개발에 성공했다고 밝혔다. 개발된 치료제는 광민감제를 한 번만 주사하고 광치료를 장기간 반복적으로 시행할 수 있는 게 특징이다.

광치료 기술은 레이저에 반응하는 광민감제를 주사로 체내에 주입해 암 조직에 축적시킨 뒤, 빛을 쏘아 암세포를 파괴하는 기술이다. 그런데 기존의 광민감제는 1회 사용만 가능해 시술할 때마다 재투여를 해야 했다. 또 광치료를 마친 뒤에도 환자 체내에 일정 시간 동안 광민감제가 축적돼 있어 환자가 햇빛이나 실내조명 등의 빛에 노출될 경우 부작용을 일으켰다. 이로 인해 환자는 광치료를 받을 때마다 주사를 맞고 일정 시간 어둠에 격리되는 고통을 겪어야 했다.

연구팀은 이와 같은 문제를 해결하기 위해 암 조직 내에서만 광치료 효능이 활성화되는 펩타이드 기반의 광민감제를 개발했다. 개발된 광민감제를 실험용 생쥐에 주입한 결과, 단 한 번 주사로 종양 주변에서 2~4주간 지속적으로 방출됐다. 또 광치료를 반복하자 정상세포는 파괴되지 않고 암세포만 제거된다는 사실도 확인했다.

중앙일보

보기

한국과학기술원은 ＿＿＿＿＿＿＿가 ＿＿＿＿＿＿＿ 문제를 해결하고 ＿＿＿＿＿＿＿ 사실도 확인했다.

....

....

| 조건 | 1. 90자 내외로 작성할 것.
　　　　 2. '영진병원은~'으로 시작해서 '~기안합니다.'로 마무리할 것.

> **보기**
>
> 영진병원 국제팀 팀장은 러시아 환자 유치를 더욱 적극적으로 하기 위해서는 러시아 동부 쪽보다는 서부 쪽 모스크바 중심으로 홍보 유치가 필요하다는 것을 알았다. 대체로 모스크바 사람들은 유럽으로 의료 관광을 가기 때문에 한국 병원의 우수성을 알지 못 한다. 따라서 국제팀 팀장은 이번 9월 모스크바에서 열리는 의료관광 박람회에 참가해서 영진병원 홍보를 해야 한다고 인식했다.

영진병원

문서번호　2000-055
기 안 자　국제팀 팀장 홍길동
수　　신　내부 결재
제　　목　영진병원 9월 모스크바 의료 관광 박람회 참가의 건
두　　문　(가)

(가) ....

08 다음 자료를 [조건]에 맞게 분석하여 쓰시오. (100점)

| 조건 | 250자 내외로 쓸 것.

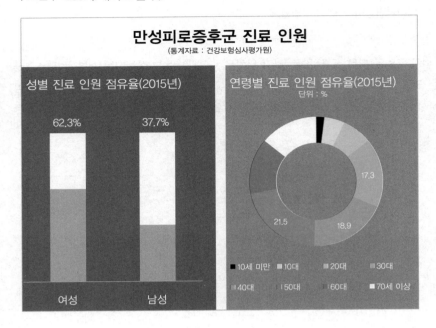

09 다음 1인 가구에 대한 현황 자료를 보고 자료별로 한 문단씩 분석글을 작성 후 이를 연결하여 '한국 1인 가구 현황'
이라는 한편의 글을 완성하시오. (300점)

| 조건 | 1. 자료 하나의 분석을 한 문단으로 배정할 것.
       2. 자료 4를 원인 분석으로 해서 글을 마무리할 것.
       3. 900자 내외로 작성할 것.

자료 1

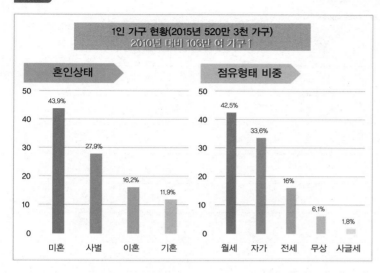

자료 2

1인 가구 증가 원인

▶ 경제적 원인

– 물가상승과 빈부격차의 심화

– 육아 및 교육비 부담의 증가

– 맞벌이 선택 후에도 수입의 빈곤

자료 3

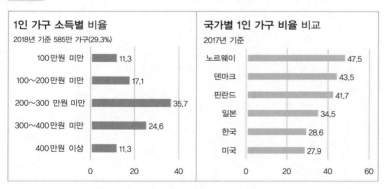

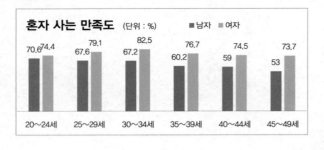

최종 모의고사 03회

국가공인 한국실용글쓰기검정 문제지			
수험번호		제한시간 120분	
객관식 영역(300점)/서술형 영역(700점)		감독관 확인	

정답 & 해설 ▶ 252쪽

객관식 영역(300점)

01 소비자 보호 기관 홈페이지에 올리기 위한 글의 초고이다. 고쳐 쓰려는 내용으로 적절하지 않은 것은?

물품명	휴대전화	모델명	JGN-2016
하자 및 불만 사항	구입한 지 1년도 안 된 전화기를 두 번이나 수리를 받았는데 또 같은 고장이 나고 말았습니다. 다시 서비스 센터에 찾아가서 제대로 고쳐지지 않았다고 ㉠ 항의했지만, 그제야 본사로 보내 부품을 교체하겠다더군요. 전화기를 맡긴 뒤, 약속한 날이 되어 찾으러 갔더니 아직 도착하지 않았다며 며칠 뒤에나 다시 오랍니다. ㉡ 전화기 고장 자체도 문제이지만, 이런 성의 없는 서비스 태도야말로 더 큰 문제라고 생각합니다. 소비자로서 이와 같은 처사에 ㉢ 어케열받지 않겠습니까?		
요구 사항	㉣ 어제는 제 친구도 같은 문제로 불편을 겪고 있다는 얘기를 들었습니다. 해당 업체가 신속히 제품을 ㉤ 수리하거나 교환받도록 조치해 주시기 바랍니다. 또 한 달여 동안 낭비한 시간과 엉뚱하게 들인 수리비도 보상받고 싶습니다.		

① ㉠은 앞뒤 문맥을 고려해 '항의했더니'로 고친다.
② ㉡은 전체를 개괄하는 진술이므로 글의 맨 앞으로 옮긴다.
③ ㉢은 비속어이므로 '어찌 화가 나지'로 바꿔 쓴다.
④ ㉣은 요구 사항이 아니므로 생략한다.
⑤ ㉤은 주어와의 호응을 고려해 '수리하거나 교환해 주도록'으로 고친다.

[02~04] 다음 글을 읽고 물음에 답하시오.

국토교통부는 제주도 등 전국 15개 지자체의 33개 구역을 「드론법」에 따른 드론 전용 규제특구인 '드론 특별자유화구역'으로 지정한다고 밝혔다.

(㉠) 국토부는 드론 산업의 발전을 위해 '드론 실증도시' 등 실증지원 사업을 통해 새로운 드론 서비스를 발굴하고 실증하는 데 집중해왔으나, 실제 실증에 이르기까지 거쳐야 하는 많은 규제로 인해 기업들에게 많은 불편이 있어 온 것이 사실이다.

'드론 특별자유화구역'에서는 드론 기체의 안전성을 사전에 검증하는 특별감항증명과 안전성 인증, 드론 비행 시 적용되는 사전 비행 승인 등 규제를 면제하거나 완화하여 5개월 이상의 실증기간이 단축될 것으로 기대된다. 지난해 7월 최초로 시행한 '드론 특별자유화구역'의 공모에는 총 33개 지자체에서 참여했으며, 국방부 · 군부대와의 공역협의와 현지실사, 민간전문가 평가, 드론산업실무협의체 심의 등 7개월간의 절차를 거쳐 최종 15개 지자체의 33개 구역이 선정되었다.

서비스모델 사례로는 강원도 원주시의 경우 치악산 등 등산객 부상 시 의료 장비 및 의료품 등 긴급구호 물품을 배송하고, 열감지기를 결합하여 가축 전염병 방역체계를 구축하는 데 사용할 계획이다.

(㉡) '드론 특별자유화구역'은 각 지역의 특성에 알맞은 최적화된 드론 모델을 실증할 것이다. (㉢) 국토부는 드론 특별자유화구역에서 비행 관련 규제가 면제 · 완화되더라도, 항공안전기술원의 관리 · 감독과 지자체의 철저한 현장 감독뿐만 아니라 군 · 소방 · 의료기관 등 유관기관과 사고 대응 협력체계도 구축하여 안전하게 관리할 방침이다.

국토교통부는 "드론 특별자유화구역 제도를 처음으로 운영하는 만큼, 추가적으로 개선할 규제는 없는지, 정부에서 지원해야 할 부분이 무엇인지 현장의 목소리를 적극적으로 듣겠다"라면서, "향후 거대 시장으로 성장이 예상되는 글로벌 드론 시장으로 우리 드론기업이 진출할 수 있도록 역할을 다하겠다"라고 밝혔다. 이 같은 기계적 재현기술은 처음부터 자연을 더 정확히 나타낼 수 있었기 때문이 아니라, 인간의 행위나 주관성을 상당 정도 제거할 수 있다는 점에서 당시의 학자에게 선호되었던 것이다.

이처럼 '기계적 객관성'이라는 덕목이 생겨나 자연과학분야에서 한 동안 우위를 점했지만, 20세기에 이르자 또 다른 덕목이 등장한다. 20세기 전반기에 과학자는 과학 활동에서 연구자의 주관을 완전히 배제한다는 것은 불가능하며, 설사 가능하더라도 과학적 자료를 제시하는 것만으로는 어떠한 목적도 달성하기 힘들다는 점을 깨닫기 시작하였다. 그래서 오늘날 과학자에게는 연구 목적에 맞게 자료를 다듬고 분류할 수 있는 '훈련된 판단력'이 요구된다. 이제 자연과학적 사실을 재현할 책임은 실험 장비가 아니라 판단을 내릴 수 있는 인간에게 다시 부과되기 시작하였다.

02 윗글의 제목으로 가장 적절한 것은?

① 규제 없는 자유 실증으로 드론 시대 앞당긴다.
② 드론 특별자유화 구역의 공모전을 개최한다.
③ 국토교통부의 드론 기술에 대한 적극적인 투자
④ 강원도 원주의 드론 최적화 모델을 소개하다.
⑤ 드론산업실무협의체의 여러 가지 계획과 우려

03 윗글의 ㉠ ~ ㉢에 들어갈 낱말로 가장 적절한 것은?

	㉠	㉡	㉢
①	그러므로	한편	실제로
②	결국	따라서	그러므로
③	오직	더구나	그런데
④	그간	이렇듯	또한
⑤	그래서	아직까지	설령

04 윗글에 대한 예상 독자의 반응으로 적절하지 않은 것은?

① 향후 세계 드론 시장의 매출 규모는 어느 정도가 될까?
② 15개 지자체가 어느 곳인지 궁금하군.
③ 새로운 드론법에 따르면 드론 승인이 총 몇 개월 걸리지?
④ 드론 산업을 활성화하는 데 기여할 것 같군.
⑤ 안전 문제와 규제 개선에 대한 논의는 계속되어야겠군.

19세기 이후 현대 회화의 특징은 이전의 예술이 추구했던 모방 및 재현의 전통에서 벗어나 예술의 자율성을 추구하는 것이라 할 수 있다. 현대 회화는 인상주의의 한계를 극복하고자 한 후기 인상주의를 기점으로 추상의 세계로 나아갔다. 후기 인상주의를 대표하는 세잔은 현대 회화를 추상으로 이끈 출발점이 되었다.

㉠ 인상파 화가들은 빛과 함께 시시각각으로 움직이는 색채의 미묘한 변화 속에서 자연을 묘사하고자 했다. 즉 그들의 주요 관심은 짧은 순간에 화가가 시각적으로 지각한 사물을 재현하는 것이다. 그러나 ㉡ 세잔은 빛의 조건에 따른 표면의 색이나 형태가 아니라 대상의 본질적이고 견고한 형태를 담아내고자 했다. 그는 삼각형과 사각형, 또는 원형 같은 가장 기본적인 형상들에서 모든 외양이 분열되어 나온다고 생각했다. 이 때문에 세잔은 자연을 구형, 원통형, 원추형의 기하학적 형태로 단순화하여 자연의 모습을 작가의 감각으로 재구성하려 했다. 기하학적 조형 원리를 통해 사물에 대한 이해와 인식을 투영하려는 이러한 시도는 눈에만 의존하던 기존의 미술과는 전혀 다른 것이었다. 즉 그는 자연을 눈에 보이는 그대로 그리는 대신 화가의 눈과 감성, 구성력을 통해 화면에 '재창조된 자연'을 담아내고자 했다. 또한 그는 전통적인 원근법을 버리고 여러 방향에서 바라본 사물들을 화폭에 그려 냈다. 예를 들어 정물화에서는 눈높이에서 바라본 바구니, 위에서 내려다본 항아리 등 '다시점(多視點)'에서 바라본 사물들의 모습을 한 화면에 담았다.

자연의 모습을 작가의 감각으로 재구성하려는 세잔의 회화적 경향은 피카소와 브라크로 대표되는 ㉢ 입체주의에 영향을 미쳤다. 이들은 물체를 완전한 형태로 표현해 내기를 원했는데, 그들에게 완전한 형태란 사방에서 본 것들을 하나로 종합하여 표현하는 것이었다. 이때 이들이 가장 주목한 것은 세잔의 기하학적 조형이었다. 그들은 형태를 면으로 단순화했으며 세잔의 조형에서 한 걸음 더 나아가 자연을 더욱 단순화, 추상화했고, 마침내 자연을 육면체의 입체로 바꾸어 표현했다. 마티스는 1908년 전시회에서 브라크의 그림을 보고 '입방체(Cube)로 만들어진 그림'이라고 했고, 이를 계기로 입체파, 즉 큐비즘(Cubism)이란 용어가 생겨나게 되었다. 또한 입체파는 시점을 고정시켜 한 방향에서만 봐서는 사물의 본질을 알 수 없다고 생각했다. 그래서 그들은 세잔과 마찬가지로 다양한 각도에서 바라본 모습을 한 화면에 담아내는 다시점의 방식을 활용하여 삼차원의 대상을 이차원의 평면 회화로 표현하였다.

05 윗글의 내용과 일치하지 않는 것은?

① 재현과 추상은 사실상 같은 작업이다.
② 인상파는 사물을 지각한 그대로 재현하려고 했다.
③ 세잔은 전통적인 원근법을 버렸다.
④ 세잔은 자연의 모습을 작가의 감각으로 새롭게 표현하려고 했다.
⑤ 세잔이 입체파에게 가장 영향을 크게 미친 요소는 다시점 방식이다.

06 윗글에서 설명하고 있는 것은?

① 세잔의 회화에 대한 상반된 평가
② 인상주의와 후기 인상주의의 공통점
③ 세잔의 회화와 입체파 회화의 차이점
④ 세잔의 회화가 현대 회화에 미친 영향
⑤ 세잔 회화의 시기별 특징과 그 변화 양상

07 ㉠ ~ ㉢에 대한 이해로 적절하지 않은 것은?

① ㉠이 대상의 순간에 주목했다면 ㉡은 대상의 본질에 주목했다고 할 수 있군.
② ㉡을 기점으로 ㉠의 한계를 극복하면서 현대 회화는 추상으로 나아갔군.
③ ㉡과 ㉢은 전통적인 원근법에 따라 고정된 시점에서 대상을 표현하려 했군.
④ ㉡과 ㉢은 모두 모방과 재현의 전통에서 벗어나 예술의 자율성을 추구했군.
⑤ ㉢은 ㉡의 기하학적 조형에서 더 나아가 자연을 더욱 단순화, 추상화했군.

[08~09] 다음 글을 읽고 물음에 답하시오.

오늘날 우리 사회에서 남성과 여성에게 서로 다른 행동을 기대하는 이유는 무엇인가? 남성과 여성에게는 생물학적 혹은 심리학적으로 타고난 차이가 있으므로 생물학이나 심리학이 남녀의 행위 방식의 차이를 설명할 수 있다는 것이 일반적 대답이었다. 하지만 이런 생각은 논란의 여지가 있다. 마가렛 미드(Margaret Mead)는 뉴기니아의 원시 종족들과 그들 사회에 대한 연구를 통해 중요한 ⓐ 시사점을 제공하였다.

뉴기니아에는 많은 종족들이 살고 있지만 오랫동안 서로 교류가 별로 없었다. 그래서 멀지 않은 거리에 있는 종족들도 서로 다른 행위 방식들을 보여 준다. 아라페쉬족은 남녀의 행위방식을 구별하지 않는다. 심지어 여성이 아이를 가져야만 한다는 사실조차 경시된다. 그리고 아라페쉬족 남성은 아기가 태어나자마자 부인과 같이 누워, 남성과 여성이 한 몸이라는 자기 암시를 통해, 여성이 출산 과정에서 겪는 피로를 대부분 물려받아 여성의 고통을 덜어 준다. 또한 우리 사회에서 흔히 남성의 속성으로 여겨지는 공격성은 아라페쉬족에서는 남녀 모두에게 나타나지 않는다. 이 종족은 아이들의 젖을 늦게 떼고 특정 아이를 특정 어머니가 기르는데, 이처럼 아이를 잘 돌보는 양육방식이 공격성의 약화와 관련이 있다고 미드는 설명한다.

한편 멀지 않은 곳에 최근에 와서 식인 풍습을 버린 문두가머족이 산다. 이 종족은 남녀 모두 비슷한 정도의 공격성을 보여 준다. 그래서 미드는 문두가머족 남녀 사이의 성행위를 서로 멍들고 다치는 싸움이라고 묘사하기도 한다. 또한 문두가머족은 극도의 무관심 속에서 아이를 기르기 때문에 많은 아이들이 어릴 때 물에 빠져 죽는다. 미드는 두 종족의 공격성에 관한 차이와 아이를 기르는 관습의 차이가 그들의 생계와 직결된 식량 획득 방법에서 비롯되었다고 본다. 아라페쉬족은 토지를 경작하여 식량을 얻는 반면, 문두가머족은 전통적으로 다른 인접 사회의 사람들을 살해하여 식량을 획득해 왔기 때문에 이런 차이가 생겼다는 것이다.

08 윗글의 내용과 일치하는 것은?

① 아라페쉬족은 남녀의 성 역할이 분명하게 구분되어 있다.

② 문두가머족 남녀의 공격성이 비슷한 것은 지리적 영향 때문이다.

③ 두 부족 사이의 양육방식 차이는 식량 획득 방법의 차이에서 온 것이다.

④ 두 부족 사이의 공격성에서 차이를 빚는 결정적 요인은 양육방식이다.

⑤ 뉴기니아의 원시 종족들은 서로 다른 생활양식을 보일 수밖에 없는 환경 속에 있다.

09 ⓐ의 내용으로 가장 적절한 것은?

① 인간의 공격성 정도는 양육 방식에 의해 결정된다.

② 남녀의 행위 방식은 기본적으로 생물학적 차이에 근거한다.

③ 남녀의 공격성 여부가 그 사회의 성격을 규정하는 핵심 요소이다.

④ 남녀의 행위 방식은 그 사회의 생존 방식을 통해 설명할 수 있다.

⑤ 남녀의 성 역할은 그 사회가 위치한 지리적 특성을 통해 설명할 수 있다.

10 다음 문서의 형식과 요소에 대한 설명으로 적절하지 않은 것은?

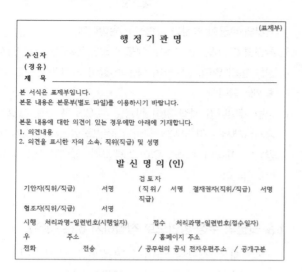

① 제목은 목적과 취지가 나타나게 단문으로 적어야 한다.
② 서문–전문–주문–말문–맺음말의 5단 구성을 기본으로 한다.
③ 발신 담당자의 이름을 밝혀 적는다.
④ 수신인은 보통 수령할 기관이나 부서명을 써야 한다.
⑤ 기관의 공식 문서는 기재해야 한다.

11 다음 중 사업기획서의 작성 시 유의할 사항으로 옳지 않은 것은?

① 기획서의 예측은 합리적이고 타당해야 한다.
② 객관적인 시각을 유지해야 한다.
③ 투자의 가치와 보람을 느낄 수 있는 목표를 설정해야 한다.
④ 상황의 변화에 따라 내용이 유기적으로 변경할 수 있어야 한다.
⑤ 설득을 위하여 가급적 전문적 용어를 사용해야 한다.

12 다음 〈보기〉와 같은 상황에서 영업사원의 고객 응대 방법으로 적절하지 않은 것은?

> **보기**
>
> A 영업사원은 재고로 있던 스마트폰을 반드시 판매 처분해야 했다. 해당 제품이 곧 단종될 것이기 때문이다. 마침 한 고객이 스마트폰 추천을 의뢰하였다. A 영업사원은 고객에게 이 스마트폰에 대해서 어떻게 소개해야 할지 고민하였다.

① 제품의 우수성을 강조한다.
② 제품의 차별성을 설명하며 구매를 유도한다.
③ 반품이 가능함을 알리면서 추천을 적극적으로 한다.
④ 단종 여부를 고객에게 알리지 않는다.
⑤ 가격 할인을 통해 구매자의 관심을 유도한다.

13 다음 중 지시문서에 대한 설명으로 적절하지 않은 것은?

① 훈령은 상급기관이 하급기관에 권한의 행사를 지시하기 위하여 발하는 일반적인 명령을 말한다.
② 지시는 상급기관이 직권 또는 하급 기관의 문의에 대해 개별적이고 구체적으로 발하는 명령을 말한다.
③ 행정기관이 그 하급기관이나 소속 공무원에 대하여 일정한 사항을 지시하는 문서를 말한다.
④ 예규는 법령이 정한 바에 따라 일정한 사항을 일반인에게 알리기 위한 문서로 개정과 폐기가 가능하다.
⑤ 일일명령은 당직, 출장, 시간 외 근무, 휴가 등 일일업무에 관한 명령으로 행정기관이 소속공무원에 대하여 일정한 사항을 지시하는 문서 중 하나이다.

14 다음 중 프레젠테이션 작성 원칙에 대한 설명으로 적절하지 않은 것은?

① 내용의 중요도에 따라 우선순위를 정하고 핵심 내용을 중심으로 작성한다.

② 슬라이드 방향, 글자 크기 등을 최대한 다양하게 하여 청중의 관심을 유도한다.

③ 그림이나 삽화 등 시각자료를 활용하여 전달 효과를 극대화하는 것이 좋다.

④ 정성적 자료는 내용상 쉽게 공감하기 어려우므로 정량적 자료를 통해 신뢰성을 높여야 한다.

⑤ 읽기 쉬운 형태로 구성하여 내용을 명확하게 전달해야 하며 시각적으로 쉽게 인지될 수 있어야 한다.

15 다음 중 공문서의 작성원칙으로 적절하지 않은 것은?

① 문장은 항목별로 구성한다.

② 객관적 언어로 표현해서 글이 애매해지지 않도록 한다.

③ 한글 작성이 원칙이지만 필요한 경우 외국어를 적을 수 있다.

④ 효과적인 의사소통을 위해 가급적 쉬운 사적 언어를 사용한다.

⑤ 외래어는 국어로 순화하여 쓴다.

[16~17] 다음 글을 읽고 물음에 답하시오.

협조문

귀사의 무궁한 발전과 건승을 기원합니다.

환경협회에서는 플라스틱 제품의 오염 실태에 대한 심각성을 널리 알리기 위하여 다음과 같이 공개 학술 세미나를 개최합니다.

이번 세미나가 차질 없이 진행될 수 있도록 관련 홍보담당자님께서는 각 부서에 세미나 공문을 발송해 주시기 바랍니다. 세미나가 차질 없이 진행될 수 있도록 협조를 부탁드립니다.

---

16 윗글의 수정 방안으로 적절하지 않은 것은?

① 제목을 학술 세미나 협조문으로 고친다.

② 발신 단체와 수신 단체를 기재한다.

③ 협조기한을 밝혀 적는다.

④ 협조 내용은 항목별로 작성하기보다 서술형으로 쓴다.

⑤ 본문 밑에 세미나 관련 일정 등을 추가한다.

17 위와 같은 문서의 작성 방법으로 가장 적절한 것은?

① 예시를 들어서 자세하게 설명한다.

② 참여를 유도하는 감각적 문체를 사용한다.

③ 핵심 내용을 육하원칙으로 작성한다.

④ 창의적인 내용으로 구성한다.

⑤ 일정한 양식이 없으므로 개인의 개성을 드러나도록 쓴다.

18 다음은 보고서 작성 과정을 나타낸 것이다. Ⓐ 단계에 맞는 과정은?

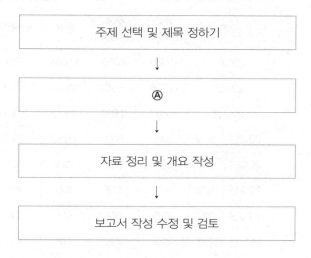

주제 선택 및 제목 정하기

↓

Ⓐ

↓

자료 정리 및 개요 작성

↓

보고서 작성 수정 및 검토

① 현장 방문 및 관찰 조사
② 주제 선정
③ 자료 분석
④ 사실과 의견의 구분
⑤ 조사의 목적 정하기

19 다음 중 이력서를 작성하는 방법으로 적절하지 않은 것은?

① 자신의 지원 동기와 장래 계획 등을 구체적으로 작성한다.
② 허위사실을 기재해서는 안 되며 사실대로 작성해야 한다.
③ 학업과 경력 등은 구분해서 작성한다.
④ 자신의 능력을 연대기적 순서로 기재한다.
⑤ 특정 양식이 없을 경우 자유로운 방식으로 작성해도 된다.

20 다음 중 매체 글쓰기의 특징으로 올바르지 않은 것은?

① 인터넷 글쓰기는 이모티콘을 사용하여 친근감을 높여야 한다.
② 기사문의 요건으로는 객관성과 공정성이 있다.
③ 인용을 할 때는 직접 인용과 간접 인용으로 구분하고 출처를 밝힌다.
④ 매체의 종류로는 신문, 잡지, 라디오, TV, 모바일, 인터넷 등이 있다.
⑤ 매체의 특성상 용건을 간단히 추려서 쓴다.

21 다음 〈보기〉에서 설명하는 트렌드 분석 기법의 바른 예를 고르시오.

보기

트렌드 분석 기법이란 미래예측 기법 중 하나로써 현재와 과거의 자료나 추세에 근거하여 앞으로 도래할 미래 사회의 변화를 예측하는 기법으로 통계적 방법이 빈번하게 사용된다.

① 여러 분야의 전문가들이 모여서 자유롭게 의견을 공유하면서 미래를 예측한다.
② 5년 주기로 돌아오는 패션 형태를 파악해서 봄 상품을 기획한다.
③ 가상 상황을 설정해서 복수의 미래를 예상한다.
④ 주관적 판단에 근거해서 시장을 파악한다.
⑤ 전문가를 대상으로 설문 조사를 실시해 반복적인 피드백으로 미래를 예측한다.

22 다음 〈보기〉의 팔로워십 유형에 해당하는 사원은?

보기

소외형 : 자립적인 사람으로서 일부러 반대의견을 제시한다.

① 기획 방향은 먼저 조직의 운영 방침에 부합되어야 합니다.
② 리더의 판단을 무조건 따르는 것이 가장 현명한 처신입니다.
③ 상부에서 어떠한 지시가 있지 않은 이상 함부로 기획하면 안 됩니다.
④ 아무리 좋은 대안이라도 다른 쪽으로 생각해 볼 필요가 있습니다.
⑤ 먼저 부장님의 의견을 경청하는 것이 좋겠습니다.

23 다음 자료의 분석이 잘못된 것은?

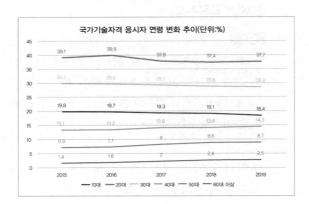

① 국가기술자격 응시자 중 10대~30대 비율은 최근 5년 감소 추세를 보이고 있다.
② 40~50대에서도 국가기술자격 취득에 도전하는 비율이 줄어들고 있다.
③ 20대의 응시율이 가장 높다.
④ 60대에서는 꾸준히 응시율이 늘어나고 있다.
⑤ 10대의 응시율이 줄어들고는 있지만 40대의 응시율보다는 높다.

24 다음 중 아래의 통계자료를 가장 바르게 이해한 것은?

통계표명 : 궁능원 관람객 수　　　　　　[단위 : 천 명]

구분		유료 관람객	무료 관람객	합계	외국인
2010년		6,689	3,355	10,044	1,877
2011년		6,806	3,612	10,418	2,199
2012년		5,882	3,697	9,579	2,165
2012년	10월	948	687	1,635	238
2012년	11월	534	301	835	194
2012년	12월	323	146	465	157
2013년	1월	286	127	413	124
2013년	2월	310	168	478	143
2013년	3월	536	255	791	199

① 2013년 1/4분기의 외국인 관람객은 2012년 4/4분기보다 적지만 계절적 요인을 반영한다면 줄어들었다고 판단할 수 없다.
② 최근 3년간 유료관람객이 무료관람객보다 항상 많으므로 유료관람은 꾸준히 증가하고 있다고 볼 수 있다.
③ 표에 근거한다면 외국인 관람객은 매년 3월이 가장 많을 것이다.
④ 2012년 관람객 합계가 줄어서 유료, 무료, 외국인 관람객이 모두 줄었다.
⑤ 2011년 관람객 합계에 비해 2012년의 합계가 줄어든 것은 무료관람객의 감소 때문이다.

25 다음 〈보기〉가 바탕이 된 추론으로 잘못된 것은?

> **보기**
>
> **가** 어떤 자동차는 공해차량이므로 매연저감장치를 달아야 한다.
> **나** 모든 자동차가 공해차량은 아니다.
> **다** A씨는 자동차를 소유하고 있다.
> **라** B씨는 자동차에 매연저감장치를 달았다.
> **마** 어떤 자동차는 노후된 차량이라서 매연저감장치를 달 수가 없다.

① B씨는 공해차량이었다.
② 어떤 자동차는 공해차량이 아니다.
③ A씨의 자동차는 저감장치를 달 수 있거나 달지 못할 것이다.
④ 어떤 자동차는 저감장치를 달 수 없지만 공해차량이다.
⑤ 모든 자동차가 저감장치를 달아야 하는 것은 아니다.

26 다음 중 의사소통에 대한 설명으로 틀린 것은?

① 청취는 적극적으로 이루어져야 한다.
② 발언에는 비언어적 방법도 중요하다.
③ 피드백은 상호교환적 과정이라 할 수 있다.
④ 상대방이 말하지 않은 내용을 파악할 필요는 없다.
⑤ 상대방이 말하는 것의 핵심을 파악해야 한다.

27 다음 중 의사소통 능력과 기능이 잘못 연결된 것은?

① 통제 : 조직 구성원의 활동을 조정, 관리
② 지침 : 조직 구성원이 자신의 직무가 무엇인지 파악
③ 동기부여 : 동기부여를 통한 목표 달성
④ 자료분석능력 : 자료를 통한 문제해결 능력
⑤ 피드백과 평가 : 중요사항의 평가

28 다음 중 저작권 보호와 관련된 내용이 아닌 것은?

① 청소년 교육의 활성화
② 창작 저변 확대
③ 콘텐츠 산업 생산유발효과
④ 저작권 시장 고용 확대
⑤ 국가경쟁력 향상

29 다음 중 직업윤리에 대한 설명으로 틀린 것은?

① 업무적 무관심은 직업 윤리에 해당되지 않는다.
② 직업에 대한 신념과 의식을 다루는 문제이다.
③ 고객에 대한 직업인의 자세를 포괄한다.
④ 건전한 직업 윤리의 예로 공직자 윤리, 경제 윤리를 들 수 있다.
⑤ 직업 생활에 미치는 세계관, 가치관을 의미한다.

30 다음 중 글쓰기 윤리에 대한 설명이 틀린 것은?

① 다른 사람의 글을 인용할 때는 출처를 밝혀야 한다.
② 글쓰기 윤리를 지키지 않을 경우 창작 의욕을 떨어뜨린다.
③ 변조는 글쓰기 윤리보다는 특허 기술의 문제이다.
④ 표절은 글쓰기의 윤리의식이 부족한 결과이다.
⑤ 창작에 수반되는 작가의 노력을 보호해야 한다.

01 다음 대화의 밑줄 친 부분 중 잘못된 것을 골라 바르게 고쳐 쓰시오. (30점)

| 조건 | 1. 잘못된 것만 골라서 고쳐 쓸 것.
         2. '틀린 표현 – 맞는 표현'의 형식으로 고쳐 쓸 것.

A : <u>오랫만이네요.</u> 그동안 잘 지내셨죠?

B : 네, 잘 지냈습니다. 그런데 최근 <u>어의없는</u> 일이 있었습니다.

A : <u>몇일</u> 사이에 무슨 일이 있었나요?

B : 상품이 불량이라 구매한 상점에 교환하러 가보니 <u>금새</u> 바뀌어서 환불조차 할 수가 없었습니다.

A : <u>예기</u>를 듣고 보니 정말 황당하군요.

---

02 다음 협조 공문을 다음과 같이 작성하였다. Ⓐ ~ Ⓔ에 들어갈 단어를 기호와 함께 순서대로 쓰시오. (30점)

행정자치부

수신 : 정부청사관리소장

(경유)

제목 : 회의장소 사용 및 통신장비 설치 협조

'행정 효율과 협업 촉진에 관한 규정' 개정내용 설명회 개최에 따라 회의장소 사용 및 통신장비 설치 등의 협조를 요청하오니 조치하여 주시기 바랍니다.

1. (Ⓐ)

　가. (Ⓑ) : 0000. 6. 1 (수) 11:00~18:00

　나. (Ⓒ) : 정부서울청사 8층 회의실 (8층 810호)

　다. (Ⓓ) : 30명

2. (Ⓔ)

　가. 참석자용 책상 30개 및 의자 40개 배치

　나. 강의 시설(마이크, 빔프로젝터, 스크린 등) 설치

---

03 〈보기〉의 명제가 반드시 참이 되도록 Ⓐ와 Ⓑ에 들어갈 말을 쓰시오. (30점)

> **보기**
>
> – 참석자가 50명 이하이면 프레젠테이션 장비는 필요 없다.
> – 프레젠테이션 장비를 동원하지 않으면 화이트보드만 필요하다.
> – 화이트보드를 사용할 경우 소강당에서 행사가 열릴 것이다.

(Ⓐ)여서 화이트보드가 필요하다. 따라서 (Ⓑ)는 소강당에서 열릴 것이다.

04 다음 문장에 밑줄 친 단어를 다른 비슷한 어휘로 바꾸어 쓰시오(단, 어휘에 따라서는 조사가 변경될 수 있다). (30점)

구경꾼이 너무 많아서, 자리를 깔고 앉을 자리가 없었다.
　　Ⓐ　　　　　　　　　　Ⓑ　　　　　　　　Ⓒ

05 다음 능동문을 피동문으로 바꿔서 쓰시오. (30점)

1) 사냥꾼이 사슴을 쫓았다. → _____
2) 영수가 영희를 속였다. → _____

06 다음 보도자료의 제목을 완성하시오. (50점)

| 조건 | 1. 본문 안의 어휘만을 사용할 것.
2. 25자 내외로 쓸 것.

중국의 중심부 북경에서 열리는 '한국 학생들'의 '중국어 잔치'

북경한국국제학교는 5.3(화)~5.6(금) 나흘간 〈중등 중국어 페스티벌〉을 개최하였다. '중국어 페스티벌'은 재미있고 유익한 여러 가지 활동을 통하여 교실에서 학습하는 중국어를 실생활에서 다양하게 활용하는 기회를 학생들에게 제공하고자 실시하는 학교의 대규모 행사로, 개교 이래 꾸준히 실시하여 올해로 18주년이 되었다.

---

07 다음 홍보문을 세 문장의 안내글로 요약해서 쓰시오. (100점)

| 조건 | 1. 행사의 목적과 취지, 세부 안내사항이 모두 들어갈 것.
2. 반드시 세 문장의 한 단락으로만 요약할 것.

심폐소생술 & 응급처치 교육 안내

"심장마비, 황금의 5분으로 생명을 살립시다."

소중한 가족과 동료의 건강과 안정을 지키기 위한
심폐소생술 및 응급처치 교육에 회원님들의 많은 참여를 바랍니다.

▶ 교 육 일 시 : 매월 넷째 주 목요일 12시
▶ 교 육 장 소 : 3층 체육관
▶ 교육대상자 : 교육 희망자 누구나
▶ 신 청 방 법 : 안내데스크 방문 신청
▶ 문 의 사 항 : 02-123-4567~8

영진체육문화센터

08 다음 통계자료를 [조건]에 맞게 분석하시오. (100점)

| 조건 | 1. 통계표의 국가 중 미국, 중국, 한국에 대해서만 서술할 것.
　　　 2. 200자 내외로 쓸 것.

주요국 화장품 시장규모

(단위 : 백만 달러, %)

순위	국가명	2012년	2013년	2014년	2015년	2016년	점유율	YoY
1	미국	61,143	62,824	64,509	67,469	70,645	17.4	4.7
2	중국	32,740	35,805	38,626	41,178	43,632	12.0	6.0
3	일본	31,049	31,373	31,683	32,436	32,942	9.0	1.6
4	브라질	18,317	20,587	22,991	22,760	23,510	6.4	3.3
5	독일	14,037	14,165	14,480	14,767	15,034	4.1	1.8
6	영국	12,550	12,952	13,346	13,663	14,188	3.9	3.8
7	프랑스	12,228	12,261	12,323	12,368	12,278	3.4	−0.7
8	한국	8,766	9,298	9,875	10,435	10,926	3.0	4.7
9	이탈리아	8,921	8,805	8,717	8,863	8,937	2.4	0.8
10	러시아	5,545	5,678	5,883	6,741	7,420	2.0	10.1
11	스페인	6,880	6,697	6,651	6,743	6,914	1.9	2.5
12	인도	4,048	4,739	5,402	6,044	6,689	1.8	10.7
13	멕시코	5,574	5,806	6,041	6,359	6,798	1.9	6.9
14	캐나다	4,048	5,718	5,825	5,972	6,078	1.7	1.8
15	호주	4,540	4,670	4,863	5,155	5,441	1.5	5.5
16	태국	3,224	3,467	3,726	4,031	4,363	1.2	8.2
17	사우디아라비아	3,193	3,595	4,086	4,313	4,324	1.2	0.3
18	아르헨티나	1,371	1,793	2,391	3,159	4,063	1.1	28.6
19	인도네시아	2,118	2,481	2,915	3,356	3,753	1.0	11.8
20	폴란드	3,018	3,100	3,203	3,325	3,476	1.0	4.6
합계(28개국)		303,553	317,846	332,908	348,370	364,928	100.0	4.8

09 다음 자료들은 우리나라 환경 오염실태를 나타내고 있다. 다음 자료를 바탕으로 한국의 최근 환경오염실태에 대한 보고서를 작성하시오. (300점)

| 조건 |　1. 자료 한 개당 한 문단의 글을 서술할 것(총 4문단).
　　　　2. 자료에 대한 분석만을 쓸 것.
　　　　3. 900자 내외로 쓸 것.

자료 1

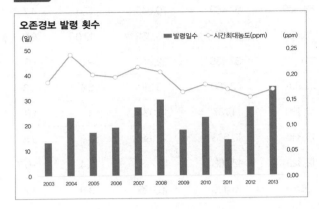

자료 2

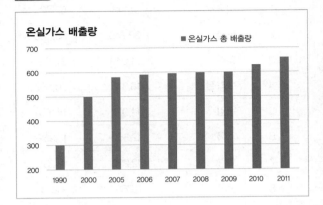

자료 3

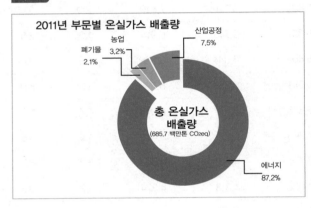

자료 4

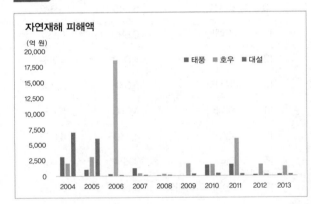

최종 모의고사 **04회**

국가공인 한국실용글쓰기검정 문제지		
수험번호		제한시간 120분
객관식 영역(300점)/서술형 영역(700점)		감독관 확인

정답 & 해설 ▶ 254쪽

객관식 영역(300점)

[01~03] 다음 지문을 읽고 질문에 답하시오.

(가) 일반적으로 사람의 눈과 눈 사이는 약 6.5㎝ 정도 떨어져 있어 각각의 눈에서는 서로 다른 2차원 영상을 보게 된다. 각각의 망막에 맺힌 좌우 영상은 뇌로 전달되는데 뇌로 전달되는 좌우 영상은 각각 2차원 정보이다. 이를 3차원 정보로 다시 복원하기 위해 뇌는 경험적 요인과 생리적 요인으로 대별되는 ⓐ 3차원 복원 시스템을 이용하여 두 영상을 서로 융합시켜 본래의 3차원 장면을 재구성하고 이로부터 실제감과 거리감을 느끼게 된다.

경험적 요인은 ㉠ 양안의 초점 조절에 의해서가 아니라 한쪽 눈으로도 3차원 정보를 느낄 수 있다는 의미로 단안 요인이라고도 한다. 인간은 지금까지 경험에 의해 축적해 온 여러 요인의 도움으로 거리감을 느끼는 것이다. 엄밀히 말하면 이것은 3차원 영상 정보가 아니라 경험에 의한 ㉡ 3차원 착시라고 할 수 있다. 경험적 요인에는 ㉢ 같은 간격의 선들이 거리가 멀어지면 좁아 보이게 되는 직선 원근, 가까이에 있는 물체는 빨리 움직이고 멀리 있는 물체일수록 천천히 움직이는 운동 시차, ㉣ 물체의 상대적 크기나 조밀도에 따른 거리감, 멀리 있을수록 흐리게 보이는 대기에 의한 원근 등이 있다. 이들은 모두 한쪽 눈만으로도 심도를 느끼게 한다.

(나) HIV란 '인간 면역 결핍 바이러스(HIV, human immu-nodeficiency virus)'를 말한다. HIV는 인체에 침투하자마자 인체 내 면역 세포인 CD4 세포를 대량으로 파괴하고, 인체는 이 세포들을 다시 채우려고 노력한다. 이 치열한 전투는 몇 년간 계속된다. 하지만 CD4 세포가 혈액 1㎖에 200개 이하로 떨어지는 순간 HIV는 폭발적으로 증가하기 시작한다.

이렇게 CD4 세포의 숫자가 줄어들면 면역력이 떨어지게 되고 각종 감염성 질환과 종양이 발생하여 사망에 이르게 되는데 이러한 증상을 에이즈 또는 후천성 면역 결핍증이라고 한다.

과학자들은 이 HIV가 역전사(逆轉寫) 바이러스라는 것을 발견하였다. 일반적으로 DNA에 담긴 유전 정보는 RNA로 전달되는 전사(轉寫, transcription)를 거쳐 단백질이 합성되는 번역(translation)의 과정을 거쳐서 전달된다. 하지만 역전사는 DNA를 주형으로 RNA로 유전 정보가 전달되는 전사와는 반대로 RNA를 주형으로 하여 DNA로 유전 정보가 전달되는 과정을 거치는 것을 말한다. 즉 HIV는 자신의 RNA를 숙주의 DNA에 끼워 넣는 역전사 효소를 가지고 있는 바이러스인 것이다.

01 (가)를 통해 파악되는 ⓐ와 관련된 설명으로 적절한 것은?

① 경험적 요인이 생리적 요인보다 더 중요하다.

② 2차원적 영상 정보를 융합해도 실제감과 거리감을 느낄 수는 없다.

③ 경험적 요인으로 느끼는 3차원 영상 정보는 일종의 착시이다.

④ 좌우 망막에 비친 평면적 영상은 입체 영상으로 복원될 수 없다.

⑤ 대기에 의한 원근은 한쪽 눈만으로는 느낄 수가 없다.

02 (가)의 ㉠~㉢ 중, 다음 〈보기〉의 상우가 안대를 하고 있는 동안 사용할 수 없는 것을 고르시오.

> **보기**
>
> 상우는 어느 날 친구들과 야구를 하다가 공을 맞아 왼쪽 눈을 다쳤다. 그래서 안과에서 치료를 받고 왼쪽 눈에 안대를 하게 되었다. 그날 저녁 어머니께서는 상우에게 식탁에 있는 양파를 집어 달라고 하셨다. 상우는 손을 뻗어 양파를 집으면서, 양파의 위치에 대해 평소와 조금 다른 느낌을 받았다.

① ㉠
② ㉡
③ ㉢
④ ㉣
⑤ ㉠, ㉡

03 (나)에 대한 설명으로 적절한 것은?

① HIV 치료제의 효능을 설명하고 있다.
② 후천성 면역 결핍증의 개념을 설명하고 있다.
③ HIV 치료제의 개발 가능성을 설명하고 있다.
④ HIV 치료제의 부작용을 설명하고 있다.
⑤ HIV는 전사를 통해서 단백질을 합성한다.

04 다음 중 프레젠테이션의 의미로 적합하지 않은 것은?

① 기업 및 개인을 홍보하기 위한 컴퓨터 프로그램의 종류이다.
② 컴퓨터 또는 멀티미디어를 사용하여 각종 정보를 전달하는 행위이다.
③ 멀티미디어 작업을 통해 상대방에게 정보를 제공하고 설득하는 일이다.
④ 줄글만으로는 설명이나 설득이 쉽지 않을 때 이용할 수 있는 행위이다.
⑤ 판매하는 상품을 쉽게 설명할 수 있다.

05 다음 기안서 작성법 중 적절하지 않은 것은?

① 수신기관 – 수신 기관명을 기재하되 내부의 기안일 경우 내부 결재라고 작성한다.
② 보존일자 – 공문서의 분류 및 보존에 관한 규칙에 따라 공문서와 일반 문서 모두 기재하여야 한다.
③ 발신기관 – 해당 문서를 발신하는 기관의 명칭을 기재한다.
④ 시행일자 – 문서의 효력이 발생하는 날짜를 말하는 것으로 최종 결재권자의 결재가 있어야 한다.
⑤ 문서번호 – 통상 기관 기호, 분류번호, 붙임표 등 문서 등록 번호로 구성한다.

06 다음 중 자기소개서의 서술과정으로 적절하지 않은 것은?

① 성격 및 가치관 – 추상적이거나 단정적으로 서술하기보다 사례를 통해 표현해야 한다.
② 성장배경 – 연대기적으로 서술해서 일목요연하게 나열해야 한다.
③ 학창 생활 – 업무와 연관된 내용을 중심으로 구체적으로 기술한다.
④ 경력 사항 – 업무 수행에 도움이 될 수 있는 특기사항이나 경력을 적는다.
⑤ 지원 동기 및 포부 – 단순하거나 과장되지 않게 강한 의지를 담아 각오를 밝힌다.

07 '불조심'과 관련된 공익 광고 문구를 작성할 때 〈보기〉의 조건에 맞게 완성한 것은?

보기

- 경고의 메시지를 담을 것
- 비유적인 표현을 사용할 것
- 불조심을 홍보하는 내용을 분명히 담을 것

① 나의 작은 주의로 화재 없는 천국 같은 겨울을 보낼 수 있습니다.
② 당신이 버린 작은 담뱃불이 당신의 전부를 태울 수 있습니다.
③ 지구가 몸살을 앓고 있습니다. 당신의 솔선수범으로 지구를 깨끗하게.
④ 가을 산은 특히 건조하므로 산불 예방에 힘써야 합니다.
⑤ 불조심은 나부터 실천합시다.

08 다음은 홍보 용어 사전이다. 용어와 그 의미가 잘못 연결된 것은?

ㄱ 리뷰 : 전문가 집단을 대상으로 한 소책자
ㄴ 리플릿 : 선전을 위한 소책자, 제품 설명서
ㄷ 브로슈어 : 팸플릿과 리플릿의 장점을 모은 소책자
ㄹ 전단 : 한 장으로 인쇄된 광고 홍보물
ㅁ 카탈로그 : 상품의 목록, 도서목록, 상품목록, 기관 홍보물

① ㄱ
② ㄴ
③ ㄷ
④ ㄹ
⑤ ㅁ

09 다음 중 효과적인 프레젠테이션을 위한 방법으로 옳지 않은 것은?

① 청자의 이해를 돕기 위해 가급적 다양한 영상 및 자료를 담는다.
② 청자가 집중할 수 있도록 간단하게 구성한다.
③ 리허설을 통해서 발생할 수 있는 문제들을 미리 점검한다.
④ 발표 내용을 이해해서 청자의 입장에서 쉽게 설명한다.
⑤ 청자와 대화하듯 눈을 맞추면서 발표한다.

10 다음 채용 공고문의 수정사항으로 옳은 것은?

채용 공고

이기적닷컴과 함께할 인재를 모십니다.
역량 있는 많은 인재들의 지원을 기다리겠습니다.

1. 모집분야 : 회계 분야
2. 모집인원 : 00명
3. 모집절차 : 1차–서류, 2차–면접
4. 응시자격
   1) 대학 졸업자
   2) 성실하고 능력이 우수한 자
5. 접수기간 : 0000.00.00. ~ 0000.00.00.
6. 접수방법 : 이메일 지원
   (selfish-yj@youngjin.com)
7. 문의 : 02)123–4567

---

① 문장이 너무 간결해 정보가 부족하다.
② 전형절차의 기준을 공개해야 한다.
③ 응시 자격의 기준이 추상적이다.
④ 핵심내용만 간결하게 작성한다.
⑤ 모집 인원을 정확히 밝혀야 한다.

11 다음 ④에 들어갈 대금 청구서의 제목으로 알맞은 것은?

대금 청구서

수신 : 영진회사

참조 : 총무부장

제목 : (④)

귀사의 번영과 발전을 기원합니다.

지난 0000년 00월 00일에 납품해 드린 품목의 금액 5,000,000원을 0000년 00월 00일 지급하기로 약정 하였으나 지급일보다 20일이 경과된 현재까지 아직 결재가 이루어지지 않았습니다.

따라서 이를 확인하시고 0000년 00월 00일까지 지급하여 주시기 바랍니다.

0000년 00월 00일

닷컴주식회사

대표 홍길동

---

① 지급일 재설정의 건
② 납품 대기 만기 안내의 건
③ 납품 대금 지급 예정의 건
④ 대금 청구서 확인의 건
⑤ 납품 대금 청구의 건

12 다음 중 매체 글쓰기의 방법으로 옳지 않은 것은?

① 도입부는 독자의 호기심을 이끌어 내야 한다.
② 감각적 문장과 시각적 자료를 활용할 수 있다.
③ 내용은 짧게, 주제는 좁게 설정한다.
④ 주관적 감정이나 의식은 배제한다.
⑤ 거창하고 난해한 내용은 원론을 중심으로 설명한다.

[13~14] 다음 글을 읽고 물음에 답하시오.

지점 개설 시장 조사 기획

작성일 : 0000년 00월 00일

작성자 : 기획실 홍길동 과장

당사에서 ○○지역에 지점을 개설하기 위해서 예정지 주변 지역 시장 조사를 아래와 같이 기획하였습니다.

1. 조사방법

　조사 기간 : 0000년 00월 00일 ~ 0000년 00월 00일

　조사 인력 : 기획실 3명/법무팀3명

　조사 내용 : 경쟁 업체의 현황과 인구 및 세대별 인구 분포, 교통 조건, 유동 인구 및 지역 개발 여부 등

　역할 분담 : 2팀으로 나누어 활동

　　　　　　 − A팀 : 거주지별 인구 이동 및 경쟁 업체 조사

　　　　　　 − B팀 : 설문 조사와 반응 분석

2. 조사 계획

팀 단위로 토론하여 조사 방법을 정한 뒤 팀의 일정에 맞추어 조사하여 주별 결산 및 토론을 거쳐 최종 결론을 도출한다.

---

13 위와 같은 문서의 서술 원칙으로 적절한 것은?

① 주어를 생략해서 서술을 간소화해야 한다.
② 전문용어나 약자를 써서 서술을 간결하게 해야 한다.
③ 출처는 생략해도 된다.
④ 어떤 행동이 필요한지 추상적으로 표현해야 한다.
⑤ 하나의 기획서에는 한 가지 목적만 집중해야 한다.

14 위 문서를 보고하기 전에 적절한 수정 방안을 〈보기〉에서 고른 것은?

> **보기**
>
> ⓐ 되도록 한 장의 문서로 끝낸다.
> ⓑ 예상 결과에 대한 내용을 추가한다.
> ⓒ 다른 지점 성공 사례를 추가한다.
> ⓓ 제목은 '지점 개설 기획서'로 간결하게 고쳐 쓴다.

① ⓐ
② ⓐ ⓑ
③ ⓑ ⓒ
④ ⓐ ⓑ ⓒ ⓓ
⑤ ⓑ ⓒ ⓓ

[15~16] 다음 글을 읽고 물음에 답하시오.

공사 안내문

안녕하세요. 101동 이웃 여러분

704호에서 인테리어 리모델링 공사를 합니다. 공사기간 동안 이웃분들에게 최대한 불편이 없도록 소음, 분진 등에 관하여 철저히 관리하여 안전하고 신속하게 진행하도록 하겠습니다. 댁내에 항상 행복함이 있기를 기원합니다. 감사합니다.

1. 공사기간 : 0000년 00월 00일 ~ 00월 00일
2. 공사세대 : 101동 704호
3. 공사내용 : 실내 전체 인테리어 리모델링
4. 공사업체 : 영진 인테리어
5. 연락처 : 010-1234-5678

---

15 위와 같은 글의 작성 요령으로 적절하지 않은 것은?

① 효율적인 정보제공을 위해 반드시 일정한 형식으로 작성해야 한다.
② 사실적인 정보를 그대로 타인에게 알려주는 객관적인 내용으로 구성해야 한다.
③ 타인에게 특정한 행동을 바라는 목적을 가지고 작성한다.
④ 정보를 길게 나열해서 작성하는 것은 지양해야 한다.
⑤ 정보를 구체적으로 작성하여 수신자의 이해를 돕는다.

16 위와 같은 글을 회사에서 작성했을 때 다음 중 적절하지 않은 것은?

① 회사가 정한 방침에 따라 문서번호를 적는다.
② 상황에 맞게 경어를 사용하거나 이미지를 첨부할 수 있다.
③ 안내문을 작성하게 된 취지, 목적 등을 간략하게 제목으로 적는다.
④ 발신에는 문서의 주체가 되는 회사명이나 대표자의 이름을 적는다.
⑤ 회사의 사안이나 행사를 알리는 데 목적이 있으므로, 수신자를 정확하게 기재한다.

17 다음 경영전략 추진 과정 중 잘못 짝지어진 것은?

① 전략목표설정 – 비전설정
② 환경분석 – 외부환경분석
③ 경영전략도출 – 사업전략
④ 경영전략실행 – 경영목적 달성
⑤ 평가 및 피드백 – 미션 설정

18 다음 조직 유형에 대한 설명 중 틀린 것은?

① 비공식조직은 단체들의 협동과 상호작용에 따라 형성된 자발적 조직이다.
② 영리조직은 대부분 사기업을 의미한다.
③ 비영리조직으로는 정부조직과 자선단체 등이 있다.
④ 조직규모는 가족 소유의 상점을 소규모 조직, 대기업을 대규모 조직이라 한다.
⑤ 조직의 구조, 기능, 규정이 조직화된 것을 공식 조직이라고 한다.

19 다음 중 대인관계능력에 대한 설명이 잘못된 것은?

① 협업능력 : 다양한 배경을 가진 사람들과 함께 업무를 할 수 있다.

② 리더십능력 : 업무를 수행함에 있어 다른 사람을 이끌 수 있다.

③ 갈등관리능력 : 업무와 관련된 모든 것을 정직하게 수행한다.

④ 협상능력 : 업무를 수행함에 있어 다른 사람과 협상할 수 있다.

⑤ 고객서비스능력 : 고객의 요구를 만족시키는 자세로 업무를 수행할 수 있다.

20 다음 중 효과적인 팀의 특징이 아닌 것은?

① 팀 내 역할과 책임을 명료화시킨다.

② 의견의 불일치를 건설적으로 해결한다.

③ 리더십 역량을 공유하며 구성원 상호 간에 지원을 아끼지 않는다.

④ 과정에 초점을 맞춘다.

⑤ 팀의 사명과 목표를 명확하게 기술한다.

21 다음 중 경영 자원의 의미를 잘못 설명한 것은?

① 자원 : 기업 활동을 위해 사용되는 기업 내의 물적 · 인적인 부분

② 경영 목적 : 기업 전체가 공유하는 비전, 가치관, 사훈, 기본 방침 등으로 표현됨

③ 인적 자원 : 기업 경영은 조직 구성원들의 역량과 직무 수행에 기초하여 이루어지기 때문에 인적자원의 선발, 배치 및 활용이 중요

④ 전략 : 기업 경영 목적을 달성하기 위한 기업 내 모든 자원을 조직화하기 위한 일련의 방침 및 활동

⑤ 자금 : 기업의 경영 목표를 달성하는 데 필요한 활동은 자금에 의해 수행되고, 확보되는 자금 정도에 따라 기업 경영의 방향과 범위가 정해짐

22 다음 인적자원관리에 대한 설명 중 틀린 것은?

① 인력의 충원과 유지 · 활용 · 개발에 관한 계획적이고 조직적인 관리활동의 체계를 의미한다.

② 인적자원관리의 가장 중요한 과제는 조직의 목표를 이루도록 하는 일이다.

③ 인적자원관리는 인적자원의 확보, 활용, 개발로 크게 나누어질 수 있다.

④ 조직에서 사람을 다루는 철학과 그것을 실현하는 제도와 기술의 체계가 인적자원관리라고 할 수도 있다.

⑤ 인적자원관리는 조직구성원들이 자발적으로 조직의 목표달성에 적극적 참여 및 기여하도록 함으로써 조직의 발전과 개인의 발전이 균형을 이루도록 해야 한다.

[23~24] 다음 표를 보고 물음에 답하시오.

2009~2014년 한국영화산업 관객 수 예측(명)

구분	한국영화 관객 수	외국영화 관객 수	한국영화 시장점유율	성장률
2009	77,497,669	72,955,904	51.5%	2.1%
2010	80,061,487	71,272,954	62.9%	0.6%
2011	84,985,428	69,380,253	55.1%	2.0%
2012	89,909,367	67,885,670	57.0%	2.2%
2013	94,833,311	66,276,717	58.9%	2.1%
2014	99,757,251	65,937,369	60.2%	2.8%

23 위와 같은 자료를 바탕으로 분석 글을 쓸 때 적절하지 않은 것은?

① 그래프나 표의 제목을 바탕으로 첫 문장을 쓴다.

② 수치적 결과를 정확하게 기술해야 한다.

③ 글의 목적에 따라 수치를 임의로 해석할 수 있다.

④ 수치적 차이가 나는 경우 부연 설명을 덧붙일 수 있다.

⑤ 원인과 결과를 설명하기 위해 다른 자료를 활용할 수 있다.

24 위 자료에 대한 분석으로 틀린 것은?

① 외국영화 관객 수는 매년 2~3% 정도 증가할 것이다.

② 전체 영화시장은 1.9%씩 성장할 것이다.

③ 한국영화의 점유율이 50% 상회할 것이다.

④ 한국영화 관객 수는 2011~2014년까지 5~6% 성장할 것이다.

⑤ 2014년 한국영화 점유율은 60.2%가 예상된다.

25 다음 문제해결에 관한 설명 중 옳지 않은 것은?

① 문제해결 절차는 문제인식-문제도출-원인분석-해결안 개발-실행 및 평가 5단계 순이다.

② 문제의 의미는 조직의 목표와 현상의 차이를 말한다.

③ 발생형 문제는 창의적인 능력이 필요하다.

④ 설정형 문제는 장래 경영 전략에 대한 문제이다.

⑤ 탐색형 문제는 현재 상황을 더 개선하기 위한 문제이다.

[26~27] 다음 그래프를 보고 물음에 답하시오.

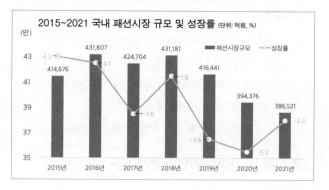

26 위와 같은 자료의 특성으로 알맞지 않은 것은?

① 기간별 추이를 한 번에 파악할 수 있다.

② 주어진 값을 통해 다음 단계를 쉽게 예측할 수 있다.

③ 내용의 구성비를 분할하여 나타낼 때 효과적이다.

④ 제한된 공간에 많은 양을 보여 주려고 할 때 용이하다.

⑤ 대소관계를 파악하기가 쉽다.

27 위 자료를 발생형 문제해결 관점에서 발언한 내용이 아닌 것은?

① 코로나19 팬데믹 사태로 패션 시장은 마이너스 성장을 보여 주었다.

② 글로벌 보호무역 기조도 성장세를 둔화시키고 있다.

③ 2021년 국내 패션 시장은 -2.0% 감소한 38조 6천억 원 시장규모이다.

④ 불황을 극복하려면 새로운 패션 트렌드를 만들어야 한다.

⑤ 2018년 성장률이 소폭 상승하였다.

28 글쓰기 윤리를 주제로 글을 쓸 때 적절하지 않은 항목은?

① 언어 교육에서 글쓰기 윤리에 대한 접근
② '표절'과 '글쓰기 윤리 위반'의 차이
③ 자료 사용과 글쓰기 윤리의 연관성
④ 올바른 보고서 원칙
⑤ 표절 정도에 따른 다양한 표절 양상

29 아래 두 사람의 발언과 관련 없는 설명은?

> 도둑 : 타인의 저작물을 자신의 저작물인 것처럼 도용하는 것이 표절이야.
> 작가 : 비판이나 풍자의 목적으로 타인의 제작물을 이용하는 것은 패러디에 해당돼.

① 지적재산권은 산업재산권과 문학, 음악, 미술 작품 등에 관한 저작권의 총칭이다. '저작인격권'은 저작자가 자신의 저작물에 대해 갖는 정신적, 인격적 이익을 법률로써 보호받을 권리이다.
② 저작권법상의 대원칙은 저작물을 창작한 사람이 저작자이고 그 저작자가 모든 저작권을 가진다고 하는 이른바 '창작자 원칙'이다.
③ 저작인격권은 타인에게 양도할 수 없는 권리로 규정되어 있지만, 저작재산권의 경우는 자유롭게 양도할 수 있는 것으로 규정되어 있기 때문에 저작재산권을 저작자로부터 양도받은 사람도 저작재산권자가 될 수 있다.
④ 자신의 발명품의 제조·사용·판매에 대한 독점권을 가지므로 타인에게 특허실시를 허락할 수 있으며 특허실시권자로부터 사용료(Royalty)를 받거나 기타의 보상을 받을 수 있다.
⑤ 타인의 저작물을 적법하게 이용하기 위해서는 저작재산권 제한 사유 등에 해당하는 경우를 제외하고는 정당한 저작재산권자의 사전 허락을 받아야만 한다.

30 다음 직업윤리에 대한 설명 중 바르지 않은 것은?

① 윤리적 규범이란 공동생활과 협력의 필요를 기반으로 공동협력의 규칙을 형성하는 것이다.
② 회사의 방침을 잘 이해하고 실천하는 것이다.
③ 직업을 가진 사람이라면 반드시 지켜야 할 공통의 윤리규범이다.
④ 근면의 의미는 직장에서 정해진 시간을 준수하며 생활하는 것이다.
⑤ 정직은 신뢰를 형성하고 유지하는데 가장 기본적인 규범이다.

01 다음 대화에서 밑줄 친 ㉠, ㉡ 문장의 높임표현을 각각 바르게 고쳐 쓰시오. (30점)

〈전체 조례시간〉

담임선생님 : 잠시 후에 ㉠ 교장선생님의 말씀이 계시도록 하겠습니다.

교장선생님 : 한 학기 동안 수고했고 방학 동안 모두 건강하게 보내길 바랍니다.

〈교실〉

담임선생님 : 모두 방학 동안 별일 없이 건강하게 보내길! 혹시 궁금한 거 있는 사람?

홍길동 : 방금 전에 ㉡ 3학년 선배님이 그러시던데요, 방학 동안 체육관 이용이 불가능한가요?

선생님 : 그게 무슨 소리니?

02 다음 아파트 공고문의 제목으로 적절한 내용을 ㉠에 쓰시오. (30점)

(㉠)

수능이 한 달도 남지 않았습니다. 대한민국의 학생들에게 있어 가장 중요한 순간이니만큼 수험생들이 최선의 컨디션으로 좋은 결과를 얻을 수 있도록 아파트 단지 주민 여러분의 협조를 부탁드립니다. 특히 어린이들의 놀이 소음, 못질, 음악 소리, 인테리어 공사 등으로 층간소음이 발생할 우려가 있으니 실내에서의 소음에 주의하심으로 수험생들을 향한 응원을 부탁드립니다.

0000년 00월 00일

영진아파트 관리사무소

03 다음 의견에 대응하는 견해를 [조건]에 맞게 쓰시오. (30점)

| 조건 | 1. 접속사를 사용하여 세 문장으로 작성할 것.

　　　 2. 첫 번째 문장 : 해당 의견을 일부 인정하면서 시작할 것.

　　　 3. 두 번째 문장 : 해당 의견에 반대하는 입장을 취할 것.

　　　 4. 세 번째 문장 : 문제점에 대한 올바른 방안을 제시할 것.

오늘날 온라인 동영상 소셜 플랫폼을 비롯한 여러 가지 매체들은 우리들에게 다양한 볼거리와 지식을 제공함으로써 우리의 삶의 질을 향상시키고 새로운 정보를 접할 수 있는 기회를 많이 만들어 준다.

04 다음 보고서의 제목으로 적절한 내용을 ㉠에 쓰시오. (30점)

(㉠)

I. 탐구 동기

'말의 힘'이라는 다큐멘터리를 시청하고, 실제 언어 실험을 통하여 말이 가진 영향력을 확인하고 싶었음.

II. 탐구 목적

말이 식물의 생장에 어떤 영향을 미치는지 언어 실험의 과학적 분석을 통해 알아봄.

III. 탐구 방법

1. 적정량의 밥을 담은 용기를 두 개씩 준비

2. A 용기에는 긍정적이고 고운 말을, B 용기에는 부정적이고 험한 말을 매일 3회씩 함.

IV. 탐구 결과

1. B 용기의 밥알에 곰팡이가 먼저 핌.

2. 바르고 고운 말 쓰기와 올바른 언어생활의 중요성을 강조함.

V. 결론 및 제언

언어 실험을 통해 말의 힘을 확인함.

05 다음 〈보기〉의 규정을 참고하여, 〈사례〉의 띄어쓰기를 올바르게 고치시오. (30점)

PART
07

보기

제41항 : 조사는 그 앞말에 붙여 쓴다.

제42항 : 의존 명사는 띄어 쓴다.

제43항 : 단위를 나타내는 명사는 띄어 쓴다. 다만, 순서를 나타내는 경우나 숫자와 어울리어 쓰이는 경우에는 붙여 쓸 수 있다.

제45항 : 두 말을 이어 주거나 열거할 적에 쓰이는 말들은 띄어 쓴다.

사례

어머니께서대학교졸업선물로정장한벌을사주셨다.

06 다음 설명을 읽고 ㉠에 해당하는 예를 〈보기〉에서 찾아서 쓰고, 그 단어를 넣어 짧은 문장을 쓰시오. (50점)

맞춤법 제10항

한자음 '녀, 뇨, 뉴, 니'가 단어 첫머리에 올 적에는 두음 법칙에 따라 '여, 요, 유, 이'로 적는다. ㉠ 다만, 단어의 첫머리 이외의 경우에는 본음대로 적는다.

보기

결뉴, 연세, 당요, 남녀

07 다음 ㉠에 들어갈 내용을 [조건]에 맞게 한 문장으로 쓰시오. (100점)

| 조건 | 1. 사례 1과 사례 2의 상황이 동일하도록 문장을 작성할 것.
2. 한 문장으로 작성할 것.

> 능동 표현 : 주어가 동작을 스스로 하는 것을 나타냄
> → 사례 1. 사자가 얼룩말을 잡았다.
> 피동 표현 : 주어가 다른 주체에 의해서 동작을 당하게 되는 것을 나타냄
> → 사례 2. (㉠)

08 다음 제시문을 200자 내외로 요약하시오. (100점)

> 역사라는 것은 현대와 같은 정보화 시대에서도 효용 가치를 지니는가? 역사는 정보화 시대에 맞지 않는다거나, 컴퓨터에 넣기엔 너무 낡았다는 사람들이 있다. 그러나 과연 이러한 생각이 옳은 것인지는 한 번 생각해 볼 일이다. 그 이유는 역사란 단순한 과거의 기록이 아닌 우리들이 앞으로 살아가야 할 미래를 위해 반드시 필요한 삶의 지침서라 할 수 있기 때문이다. 예를 들어 자동차를 타고 낯선 곳을 여행하는 두 사람이 있다고 가정해 보자. 한 사람은 지명만 알고 찾아가는 사람이고, 다른 사람은 길을 찾는 데 유용한 지도와 나침반이 있다고 할 때, 누가 목표지점에 더 정확히 도착하겠는가?
> 우리는 이를 통해 역사가 과거의 사건을 통해 우리의 위치와 목표를 정확히 확인하고 앞으로의 미래를 향한 가장 올바른 길을 제시한다는 걸 알 수가 있다.
> 사람의 인생이라는 항해에서 가장 중요한 것이 무엇일까? 먼저 목표를 설정하는 것과 그 목표를 찾아가는 방법을 선택하는 것이다. 우리에게 올바른 목표가 없다면 삶은 의미가 없고 방법이 올바르지 않다면 성취라는 것도 불가능하기 때문이다. 역사는 우리 삶의 과정에서 올바른 길이 무엇인가를 판단하는 안목을 길러 주고 이에 대한 실천 의지를 강화시켜 준다.
> IMF를 예로 들자면 이에 대해 전혀 모르는 사람, 그저 역사적 사건으로만 아는 사람, 그리고 위기와 극복의 과정을 통해 IMF가 가진 역사적인 의미를 깨달은 사람의 삶은 각각 서로 다를 것이다. 과거의 역사는 오늘날 우리가 가진 확실한 참고서이며 의미와 가치가 있는 삶을 원한다면 과거로 돌아가서 그들의 기록을 읽어 볼 필요가 있다.

09 다음 자료를 근거로 통일 교육 및 남북한 통일에 대한 의식 조사에 대한 보고서를 [조건]에 맞게 작성하시오. (300점)

| 조건 | 1. 자료 1의 도표 두 개를 각각 한 문단씩 작성할 것.
　　　 2. 550자 내외로 작성할 것.
　　　 3. 자료 1 도표 분석 시 막대가 가장 큰 그래프만 분석할 것.

자료 1

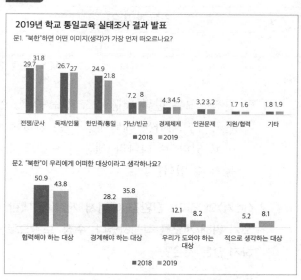

자료 2

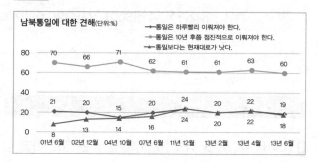

구분		표본수(명)	통일은 하루빨리 이뤄져야 한다.	통일은 10년 후쯤 점진적으로 이뤄져야 한다.	통일보다는 현재대로가 낫다.	모름/응답 거절
전체		1,234	19	60	18	4
성별	남성	611	21	61	14	4
	여성	623	17	59	21	3
연령별	19~29세	228	10	62	26	3
	30대	245	11	66	21	1
	40대	271	20	66	13	1
	50대	234	18	61	15	7
	60대 이상	257	32	46	15	7

최종 모의고사 05회

국가공인 한국실용글쓰기검정 문제지			
수험번호			제한시간 120분
객관식 영역(300점)/서술형 영역(700점)		감독관 확인	

정답 & 해설 ▶ 256쪽

객관식 영역(300점)

01 다음 〈자료〉를 읽고 [조건]에 맞게 쓴 글로 가장 적절한 것은?

| 조건 |
1. 자료에 제시된 견해를 일부 인정하면서 시작한다.
2. '간접 광고'의 문제점을 제기하고 해결 방안도 제시한다.

자료

간접광고(PPL)는 영화, 드라마, 예능 프로그램 등 콘텐츠 속에서 특정 제품이나 브랜드를 자연스럽게 노출시켜 소비자에게 알리는 광고 방식이다. 간접광고는 방송 제작비를 절감하면서 브랜드 이미지를 올릴 수 있어서 방송 제작 환경을 개선한다. 따라서 간접광고의 규제를 완화해야 한다.

① 객관성과 공정성이 요구되는 프로그램에는 간접광고를 도입해서는 안 된다. 광고 대상의 인지도를 올리기 위해서는 자극적인 장면이 동원된다.
② 간접광고가 광고 산업 활성화에 좋은 영향을 줄 것이다. 그러나 시청자의 시청권이 침해당할 우려가 크다.
③ 간접광고가 간혹 방송 내용의 개연성을 떨어뜨리지만, 광고 대상의 장점을 확실히 알리는 수단이라고 할 수 있다. 드라마나 예능 프로그램에만 제한하는 것이 바람직하다.
④ 간접광고가 방송 제작에 경제적 도움을 주는 것은 사실이지만 프로그램의 질을 떨어뜨릴 수 있다. 간접광고의 노출 정도에 대한 제도적 장치를 마련할 필요가 있다.
⑤ 간접광고는 한류 열풍에 도움을 줄 수 있다. 한국의 드라마는 해외에서 높은 인기를 유지하고 있다. 우리나라 제품의 브랜드 가치를 높일 수 있다.

02 〈보기〉와 같이 '친환경 에너지 개발'에 대한 글을 쓰기 위해 개요를 작성하였다. 수정, 보완으로 적절하지 않은 것은?

보기

주제문 : 친환경 에너지 개발의 필요성을 인식하자 … ⓐ

I. 서론 : 친환경 에너지의 개념 및 개발 현황 … ⓑ

II. 본론
1. 친환경 에너지 개발의 필요성
① 이산화탄소 배출에 대한 국제적 규제
② 친환경 에너지 개발을 위한 국제적 경쟁 추세
③ 태양열에 치우친 친환경 에너지 수급 … ⓒ

2. 친환경 에너지 개발의 장애 요소
① 친환경 에너지의 중요성에 대한 인식 부족
② 친환경 에너지 개발에 대한 정책 미비
③ 친환경 에너지 개발에 대한 기업의 투자 부족
④ 친환경 에너지 개발 비용의 조달 방안 모색 … ⓓ

3. 친환경 에너지 개발을 위한 노력
① 친환경 에너지의 중요성 홍보
② 친환경 에너지 개발을 위한 정책 마련
③ … ⓔ

III. 결론 : 친환경 에너지 개발을 위한 사회적 관심 촉구

① ⓐ - 전체 내용을 포괄하지 못하므로 '친환경 에너지 개발의 중요성을 인식하고 이에 관심을 가져야 한다.'로 수정한다.

② ⓑ - 문제점을 부각시키기 위해 친환경 에너지 개발 현황을 통계 수치로 제시한다.

③ ⓒ - 상위 항목의 내용과 맞지 않으므로 삭제한다.

④ ⓓ - 'I'로 옮겨 서론의 내용을 뒷받침하도록 한다.

⑤ ⓔ - 'II-2-③'을 고려하여 '친환경 에너지 개발을 위한 기업의 투자 유도'라는 내용을 추가한다.

03 다음과 같은 상황의 고 대리에게 필요한 업무능력 요소로 바르지 않은 것은?

> 고 대리는 입사 이후 영업 판매 1위 자리를 놓친 적이 없다. 그는 언제나 유쾌한 사람으로, 만나는 사람마다 쉽게 친해지고 인간관계가 좋은 편이다. 그러다 보니 늘 자신감이 넘치고 직업에 대한 자부심도 가지고 있었다. 그런데 최근 들어 그의 매출이 점차 줄어들고 있다. 몇 년 만의 폭염으로 인해 대리점 내방 고객도 줄어들어 신제품이 출시되었음에도 매출 부진에서 벗어나질 못하고 있는 상황이다. 이러한 상황에서도 고 대리는 폭염만 지나가면 다시 내방객도 늘어나고 매출도 상승할 것이라는 생각에 위기감을 느끼지 않고 있다.

① 위기상황을 극복하기 위한 적극적인 자세

② 문제 해결을 위한 체계적인 분석과 접근

③ 매출의 감소에 대한 비판적인 사고

④ 능력 밖 문제에 대한 객관적 판단

⑤ 안일한 자세에 대한 자기반성

[04~05] 다음 글을 읽고 물음에 답하시오.

> 근대국가의 형성 과정에서 시민권은 민주주의와 자본주의의 자유시장 체제의 발전과 함께 크게 신장되었다. 개인의 권리와 정치의 참여의 자유는 시민권의 주요 개념을 형성한다. 나아가 시민권은 현대 사회의 민족국가라는 이데올로기를 뒷받침하는 근거가 되었다. 하지만 현대 사회는 민족국가 단위만으로는 처리할 수 없는 범세계적 문제가 발생하고 있으며 이는 민족국가로서의 시민권에서 '세계시민'이라는 개념으로 확장되기에 이르렀다. 국민 국가로서의 시민권은 국가의 일체감과 권리의 부여, 나아가 자유민주주의 공동체를 이루는 중요한 근거가 되고 있다. 정치적 일체감은 곧바로 민주주의 수호로 이어지며 이는 경제 공동체인 자본주의의 유지와 발전으로 이어지고 있다. 그러나 시민권은 국내의 일체감을 형성하는 데는 유효하지만 점차 글로벌화되어 가는 시대에 새로운 문제를 해결하는데 한계점을 보이고 있다. 먼저 지구적인 재앙으로 번져가는 지구온난화 문제와 국제 테러, 점차 얽혀 가는 국제 무역 등은 민족국가 혼자서는 해결할 수 없는 문제들이며 점차 국내 영역을 벗어나 세계 시민의 필요성을 느끼게 되었다.
>
> 사실 세계시민의 개념은 최근에 불거져 나온 문제는 아니다. 이미 칸트가 일찍이 국제법과 세계시민법을 주장하면서 국제적 문제의 해결 방안을 모색했으며 그 이래로 여러 학자들이 국제 문제를 다루어 왔다. 그러나 당시의 주장은 세계시민의 개념이 필요하다는 것을 명시하였을 뿐 오늘날처럼 국제적인 이슈가 첨예하지는 않았기에 세계시민권의 문제가 절박한 쟁점은 아니었다. 오늘날 세계의 문제는 더는 국가적 차원에서 해결할 수 없기에 세계정부의 필요성까지 언급하고 있는 상태이다.
>
> 나아가 싱어는 다음과 같이 주장하기에 이르렀다.
>
> "국가가 오늘날 신자유주의적 경제를 통제하는 것은 불가능하며, 그래서 단일한 세계에 적합한 정부를 개발해야 한다."
> 세계시민주의를 주장하는 싱어의 의견이 현대 세계의 문제 해결에 접근하고 있지만 여기에는 반대 의견도 많이 있다. 세계를 한 시민의 통합하려는 움직임에는 여러 가지 쟁점이 도사리고 있다.

04 윗글의 제목으로 가장 적절한 것은?

① 세계 시민의 개념 형성과 필요성
② 시민권의 발달 과정
③ 세계시민법의 허와 실
④ 지구온난화의 문제
⑤ 국제적 문제의 해결 방안

05 윗글을 잘못 이해한 독자의 반응은?

① 시민권은 현대 자본주의 발달과 함께 크게 성장했군.
② 세계시민에 대한 관심은 세계적인 문제 발생 때문이군.
③ 세계시민에 대한 개념은 현대에 들어와서 생긴 개념이군.
④ 만약 세계정부가 수립된다면 많은 문제점을 가지고 있겠군.
⑤ 싱어는 세계시민주의에 대해서 많은 연구를 하였군.

[06~08] 다음 글을 읽고 물음에 답하시오.

(가) 서울의 산과 고개는 서울 고유의 생활터전을 형성하였으며 생활양식의 가치관과 풍습에도 많은 영향을 ⊙ 주었다. 무엇보다 서울은 자연환경과 조화를 이루며 도시가 이루어졌다는 점이 우리 민족의 자연관을 잘 나타내고 있다.

(나) 서울의 산은 백두대간을 지선으로 해서 크게 내사산과 외사산으로 구분할 수 있는데, 내사산은 서울 ⓒ 성관을 잇는 4개의 산으로서, 낙산, 인왕산, 남산, 북악산이고 외사산은 서울의 외곽을 둘러싸는 4개의 산, 용마산, 덕양산, 관악산, 북한산으로 이루어져 있다.

(다) 한국은 유난히 산이 많은 지형으로 이루어져 있어 산과 산을 잇는 고개가 많으며 이 고개가 길이 되어 사람들의 통행에 ⓒ 도움이 되었다. 그래서 한국 문화에는 고개와 관련된 이야기가 유난히 많다.

(라) 서울에도 주 통행로서 유명한 고개가 많이 있는데, 대표적으로 황토마루, 붉은재, 배오개, 무악재가 있으며 미아리 고개는 17세기 병자호란 때 청군의 침입로였으며 6.25전쟁의 애환이 서린 곳이기도 하다.
무엇보다 고개는 서울의 상인들이 넘나드는 상업활동의 주 통행로로써 곳곳에 장승들을 세워 복을 기원하고 안녕을 염원하는 건축물을 ⓔ 새우기도 하였다.

(마) 서울의 자연환경인 산과 고개는 서울 사람들의 생활에 절대적인 영향을 주었으며 산을 배경으로 하는 독특한 민족 문화를 발달시켜왔다. 하지만 현대의 개발로 인해 예전에 자연을 ⓜ 이용하기 보다는 보존하며 조화를 이루려는 정신은 점차 쇠락해 가고 있는 실정이다.

06 윗글의 주제로 적절한 것은?

① 서울의 산은 크게 내사산과 외사산으로 구분한다.
② 한국은 유난히 산이 많은 지형으로 이루어져 있다.
③ 한국의 고개는 상인들의 주 통행로였다.
④ 서울의 자연환경은 점차 쇠락하고 있다.
⑤ 서울의 옛 생활터전은 자연환경과 조화를 이루었다.

07 다음 〈보기〉의 글이 들어가야 할 적절한 문단은?

보기

이들 산은 도시 구조 결정의 요인으로서 서울의 형세는 주로 이들 산과 고개를 따라 건축물이 지어졌다. 무엇보다 궁궐 건설에 있어서 산세를 이용한 창덕궁과 북악산을 병풍으로 해서 세워진 경복궁이 대표적인 예이다. 현대에도 역시 청와대가 북악산 산자락의 품에 안겨 그 자연과 건축물의 조화를 이루고 있다.

① (가)와 (나) 사이
② (나)와 (다) 사이
③ (다)와 (라) 사이
④ (라)와 (마) 사이
⑤ (마)의 뒷부분

08 윗글을 수정할 방안으로 적절하지 않은 것은?

① '주었다'를 '내주었다'로 고친다.
② '성관'을 '성곽'으로 고친다.
③ '도움이 되었다'보다는 '도움을 주었다'가 더 자연스럽다.
④ '새우기'를 '세우기'로 고친다.
⑤ '이용하기보다는'으로 붙여 쓴다.

[09~10] 다음 글을 읽고 물음에 답하시오.

기초연금은 만 65세 이상으로 한국국적을 가지고 국내에 거주하는 노인 중 가구의 소득인정액이 선정기준액 이하인 이들에게 지급된다. 소득인정액은 노인 가구의 소득과 재산을 합산한 금액을 뜻하며, 이 금액이 해당 연도 선정기준액의 이하이면 기초연금 지급 대상자에 포함된다.

정부는 매년 1월 선정기준액을 발표하는데, '선정기준액'은 노인의 소득하위 70%를 선정하는 기준을 뜻한다. 노인 소득재산 분포와 임금·지가·물가상승률 등을 종합적으로 반영해 설정한다.

한국은 OECD 국가 중 노인 빈곤율이 가장 높은 국가이다. 노인 빈곤율은 노인 자살률과 밀접한 관계를 가지고 있으며 점차 고령화 사회로 접어드는 한국 사회에서 점점 중요한 이슈로 부각되고 있다.

고령화 사회로 접어들면서 기초 연금은 사회의 주요한 이슈로 부각되고 있다. 이 제도는 노인의 복지 측면에서 생활의 안정을 주는 제도로 평가된다. 특히 직장인의 국민연금 가입은 퇴직 시 노후 안정이라는 사회보장성 복지 혜택을 받을 수 있다는 장점이 있다.

그러나 좋은 제도임에도 불구하고 아직 지급 요건에 대해서 사회적 합의가 제대로 이루어지지 않았다. 무엇보다 노인 연령의 제한선이 문제이다. 조기 노령인구라는 측면에서 고령화가 성숙기에 접어든 사회에서 사회경제활동인구의 감소는 심각한 문제이다. 기초 연금이 연금 수혜자의 조건을 조정할 경우 많은 혼란이 일어날 수도 있지만 노인 빈곤율과 근로 소득 추세에 따라 제도의 변화가 시급한 상황이다.

09 윗글의 제목으로 적절한 것은?

① 기초연금의 의의와 개선점
② 노인 문제에 대한 대책
③ 노인 빈곤율과 근로 소득의 추세
④ 국민연금과 기초연금의 관계
⑤ 노령인구의 증가와 대책

10 윗글을 잘못 이해한 것은?

① 경제활동인구의 감소는 기초연금 시행에 대한 수정을 요구하는 한 요인이다.

② '선정기준액'은 매년 바뀌고 있다.

③ 노인의 소득이 선정기준액 이하일 경우 기초연금 대상자이다.

④ 노령 연령 제한선에 대한 사회적 합의가 있어야 한다.

⑤ 한국의 노인 빈곤율은 심각한 상황이다.

[11~13] 다음 글을 읽고 물음에 답하시오.

대학에서 회화를 전공하던 중 메디컬 아트 분야를 학과 교수님을 통해 알게 되었다. 이 분야는 내가 어린 시절 가졌던 흥미를 상기시켰다.

어릴 적 나는 물고기를 무척 좋아했는데, 다양한 물고기 종류를 관찰하면서 그 어류들의 특징을 그림으로 표현하는 일을 즐겨 했다. 그림책이나 어류 도감에 나와 있는 그림을 베껴 그리는 수준이기는 했지만, 민물과 바닷물고기들의 미세한 차이점을 발견하면서 그것들을 종이에 다시 나타내는 일이 무척 흥미로웠다.

그 후로 성장하면서는 그런 식의 그림 그리기가 나에게 무엇을 의미하는지 몰랐는데 메디컬 아트에 대한 내용을 접하면서 그 물고기들을 열심히 그렸던 일이 나에게 어떤 의미였는지 알게 되었다.

그림을 통해서 사물과 교류하는 일은 각별한 중요성을 가진다고 생각한다. 먼저 실용적인 측면에서 그렇다. 어떤 사물을 이용하려면 그 사물을 자세히 관찰해야 할 것이고 그것을 구체적으로 나타내야 한다. 이럴 때 사물은 단순히 보이는 존재가 아니라 나와 소통하는 차원으로 발전한다. ㉠ 나는 이러한 소통을 그림으로 옮기면서 사물과 내가 한 차원 가까워지는 점을 좋아했던 것 같다.

그러한 그림 그리기라면 메디컬 아트야말로 나에게는 각별한 분야일 수밖에 없다. 그리고 점점 이 분야를 조사하면서 내가 그림 그리는 작업에 더 큰 의미를 부여할 수 있는 분야임을 확신하게 되었다.

또한, 세밀화에 대한 관심이 많은 나로서는 이러한 관심을 인체와 의학 분야에 집중한다면 예술적인 성취뿐만이 아니라 의료 발전에도 많이 기여할 수 있다는 기대에 가슴을 설레게 하였다. 미술적 재능과 전문 의학 지식을 통해서 새로운 차원의 메디컬 아트 분야를 개척하고 싶다. 또한, 기술적으로도 바이오 메디컬 관련 영역을 좀 더 넓게 공부하고 연구해서 이 분야에 최첨단 영역을 개척하고 싶다.

11 윗글에 대한 조언으로 알맞지 않은 것은?

① 실제 자신의 경험을 바탕으로 써야 한다.

② 자기소개에 대한 초고가 완성되면 반드시 글 다듬기를 해야 한다.

③ 미래 가능성과 학업 포부를 분명히 밝혀야 한다.

④ 정보 수요자가 필요로 하는 시점에 작성해야 한다.

⑤ 자신의 생각을 뒷받침할 수 있는 실제 자료를 근거로 해야 한다.

12 윗글의 내용을 통해서 아래 질문에 답할 수 없는 것은?

① 이 분야에 지원하게 된 동기는?

② 이 분야가 자기 적성에 맞다고 생각하는 이유는?

③ 이 분야에 대한 자신의 계획은?

④ 이 분야에서 개선해야 할 점은 무엇인가?

⑤ 이 분야를 지원하기 전 전공은 무엇인가?

13 밑줄 친 ㉠을 고친 문장으로 가장 적절한 것은?

① 나는 이러한 소통을 그려서 사물과 유사해지는 느낌을 좋아하게 되었다.

② 나는 이러한 소통을 그림으로 표현하면서 사물과 한층 가까워지는 느낌을 받았다.

③ 나는 이러한 소통을 그림으로 그려서 사물과 가까워지는 느낌에 도달하였다.

④ 나는 이러한 소통을 통해서 사물과 가까워지는 느낌에 달했다.

⑤ 나는 사물과 가까워지기 위해 이러한 소통을 표현하였는데 그 수단이 그림이다.

1. 논문제목 : 주요국의 공적 노후소득보장제도 수급 요건
   에 관한 연구
2. 저   자 : 김원섭
3. 발행년도 : 2019. 8.
4. 연구문제제기
   초저출산과 기대수명의 연장으로 향후 인구구조는 악화
   일로로 치닫을 것으로 예상된다. 인구구조의 고령화로
   인한 각종 사회보장제도의 재정 운영에 막대한 영향을
   미치게 될 것이다. 최근 정부는 이에 대응하여 지급 요
   건의 합리적 방안을 강구 중이다. 본 연구는 선진국 사
   례를 참조하며 연급의 수급 정책의 시사점을 모색한다.
5. 이론적 배경
   문헌조사분석, 해외사례 조사분석, 국가 간 비교연구,
   통계분석

14 윗글과 같은 형식을 작성할 때 알맞지 않은 것은?

① 대안 분석 및 전망이 있어야 한다.
② 전문용어는 되도록 피하는 것이 좋다.
③ 논리적인 근거가 제시되어야 한다.
④ 입증할 수 있는 자료가 있어야 한다.
⑤ 문제의 원인이 객관적으로 제시되어야 한다.

15 다음 글을 통해 예측할 수 있는 내용으로 적절하지
않은 것은?

① 선진국의 연금 사례를 자세히 알 수 있을 것
   이다.
② 여러 가지 자료 조사 기법을 알 수 있을 것이다.
③ 각국의 출산율 추이를 알 수 있을 것이다.
④ 적정 노령 연령에 대한 글쓴이의 주장을 대
   하게 될 것이다.
⑤ 사회보장제도에 대한 구체적인 내용을 접하
   게 될 것이다.

초대장

안녕하십니까? 항상 동문회의 발전에 깊은 관심과 애정을
보내 주셔서 감사드립니다. 다름이 아니오라 천고마비의
계절 가을을 맞이하여 동문회를 개최하고자 합니다. 부디
많은 분들이 참석하시어 선, 후배들 간의 친목을 도모하고
깊은 정을 나누었으면 좋겠습니다. 동문회의 발전을 위해
함께 자리를 빛내 주시길 바랍니다.

▶ 일시 : 0000년 00월 00일(월) 18:00~22:00
▶ 장소 : 새하늘 씨푸드 뷔페(충무로 하이프라자 7층)
▶ 대상 : 영진초등학교 동문 선, 후배님들
▶ 교통 : 지하철 4호선 충무로역 도보 5분

부가 – 아울러 37기 홍길동님의 국회의원 당선 축하 행
사가 다음 주 같은 시간, 같은 장소에서 열릴 예정이니 참
고하시길 바랍니다.

0000년 00월 00일

영진초등학교 총동문회장 심학규 배상

16 위와 같은 문서의 작성방법으로 가장 적절한 것은?

① 참신하게, 개성 있는 표현을 통해 작성하도
   록 한다.
② 자료를 분석해 설득적인 표현을 주로 사용하
   도록 한다.
③ 행사 정보에 대해서는 구체적으로 적기보다
   는 압축해서 적도록 해야 한다.
④ 일기, 편지처럼 사적인 문서이므로 객관적
   표현은 자제하도록 해야 한다.
⑤ 따로 일정한 양식이 없기 때문에 전달하고자
   하는 정보를 구체적으로 진술하면 된다.

17 윗글을 수정한 것으로 적절하지 않은 것은?

① 장소하고 관련된 전화번호를 추가해야 한다.
② 행사 목적을 알리는 제목을 기입하는 것이 좋다.
③ 회비 관련 내용과 행사 담당자의 연락처를 추가한다.
④ 하단에 약도를 간단하게 추가해 위치를 알리는 것도 중요하다.
⑤ '부가'에 해당하는 내용은 행사와 관련이 없다. 따라서 뒷장에 적도록 한다.

18 다음과 같은 글의 특징으로 적절하지 않은 것은?

> 정들었던 교정을 떠나기에 앞서 사랑하는 후배들에게 몇 마디 부탁을 드리고자 합니다.
> 첫째, 항상 자신감 있는 모습으로 공부하기 바랍니다. 지금은 비록 원하는 대학에 진학할 수 있을 만큼 실력을 갖추지 못했다 하더라도, 자신감을 가지고 열심히 공부하면 원하는 대학에 진학할 수 있을 것입니다. 그리고 대학에 진학하는 것만이 인생의 전부는 아니니까 학창 생활을 통해 폭 넓은 경험을 쌓길 바랍니다.
> 둘째, 학교에 대한 긍지를 가지고 생활하기 바랍니다. 우리 학교에서 보내는 학창 시절을 가치 있는 시간으로 여기고, 언제 어디서나 자랑스럽게 이야기해 주십시오. 그래야만 여러분의 수많은 후배들 또한 더욱 큰 애정을 가지고 학교 생활을 할 수 있을 것입니다.
> 이제 지난 3년간의 배움을 뒤로 하고, 새로운 출발을 위해 모교를 떠나면서 사랑하는 후배들의 자랑스러운 모습을 기대합니다. 안녕히 계십시오.

① 공식적인 낭독을 위한 글로써 주로 공동체 의식에서 행해진다.
② 정중하고 엄숙한 분위기의 글이다.
③ 행사의 원활한 진행보다는 사실 전달과 설득을 목적으로 한다.
④ 화려한 수식의 웅변이나 현학적 지식 등은 피하는 것이 좋다.
⑤ 의식에 참여한 사람들이 행사의 분위기에 쉽게 적응할 수 있도록 쓰인 글이다.

19 다음 중 사업기획서 작성 시 유의사항으로 적절하지 않은 것은?

① 시장 규모, 점유율 등의 분석은 합리적이고 타당해야 한다.
② 설득하고자 하는 대상이 이해할 수 있는 언어로 작성하는 것이 좋다.
③ 잠재적인 위험과 그에 대한 적절한 대응방안도 제시되어야 한다.
④ 사업기획서를 작성할 시에는 투자자의 투자 가치, 보람까지 고려할 수 있도록 한다.
⑤ 사업의 목적과 그 내용에 따라 다양하게 작성되기 때문에 공통적인 구성요소는 없다.

20 다음의 ⓐ ~ ⓔ에 들어갈 말로 적절하지 않은 것은?

> ### 전자금융거래 기본약관
>
> 제1조 (ⓐ)
> 이 약관은 영진교육(전자상거래 사업자)이 운영하는 영진교욱 사이버 몰(이하 "몰"이라 한다)에서 제공하는 인터넷 관련 서비스(이하 "서비스"라 한다)를 이용함에 있어 사이버 몰과 이용자의 권리 및 책임사항을 규정함을 목적으로 합니다.
>
> 제2조 (ⓑ)
> ① "몰"이란 영진교육이 재화 또는 용역을 이용자에게 제공하기 위하여 컴퓨터 등 정보통신 설비를 이용하여 재화 등을 거래할 수 있도록 설정한 가상의 영업장을 말하며, 아울러 사이버몰을 운영하는 사업자의 의미로도 사용합니다.
> ② "이용자"란 "몰"에 접속하여 이 약관에 따라 "몰"이 제공하는 서비스를 받는 회원 및 비회원을 말합니다.
>
> ─중략─
>
> 제5조 (ⓒ)
> ① "몰"은 컴퓨터 등 정보통신설비의 보수점검, 교체 및 고장, 통신의 두절 등의 사유가 발생한 경우에는 서비스의 제공을 일시적으로 중단할 수 있습니다.
>
> ─중략─

제9조 (ⓓ)

"몰"이용자는 "몰"상에서 다음 또는 이와 유사한 방법에 의하여 구매를 신청하며, "몰"은 이용자가 구매신청을 함에 있어서 다음의 각 내용을 알기 쉽게 제공하여야 합니다. 단, 회원인 경우 제2호 내지 제4호의 적용을 제외할 수 있습니다.

제10조 (ⓔ)

① "몰"은 제9조와 같은 구매신청에 대하여 다음 각 호에 해당하면 승낙하지 않을 수 있습니다. 다만, 미성년자와 계약을 체결하는 경우에는 법정대리인의 동의를 얻지 못하면 미성년자 본인 또는 법정대리인이 계약을 취소할 수 있다는 내용을 고지하여야 합니다.

① ⓐ 목적
② ⓑ 이용자 약관
③ ⓒ 서비스 중단
④ ⓓ 구매신청
⑤ ⓔ 계약의 성립

21 다음은 미디어 글쓰기에 대한 설명이다. 항목들을 순서에 맞게 적절하게 배열한 것은?

ⓐ 동일한 화제나 이슈에 대한 다른 글도 참고하면서 글감을 찾는다.
ⓑ 예상 독자의 성향과 원하는 것이 무엇인지를 파악한다.
ⓒ 지역이나 사물, 인물을 직접 찾아가 조사한다.
ⓓ 부족한 부분은 보충하고 중복되거나 불필요한 내용은 삭제한다.
ⓔ 미디어의 성격을 고려한 후 그 특성에 맞는 글쓰기를 해야 한다.

① ⓑ－ⓐ－ⓒ－ⓔ－ⓓ
② ⓑ－ⓐ－ⓒ－ⓓ－ⓔ
③ ⓐ－ⓒ－ⓔ－ⓓ－ⓑ
④ ⓐ－ⓑ－ⓒ－ⓔ－ⓓ
⑤ ⓐ－ⓑ－ⓒ－ⓓ－ⓔ

22 다음 상황에서 문제해결에 장애가 되는 요인은?

지난 2년간 매출에 가장 큰 기여를 했던 A 상품의 매출이 떨어지기 시작했다. 매출감소의 원인을 분석하고 해결하기 위해 컨설팅 업체에 도움을 요청하니 타사에서 유사한 상품이 저렴하게 출시가 되었기 때문이라고 한다. 해결방법으로는 가격을 인하하는 방법이 최선이라고 한다. 한편 팀원들이 고객 대상으로 한 설문결과를 살펴보니 좀 더 새로운 상품을 요구한다는 고객 평이 가장 많았다며 신상품 개발이 우선이라는 보고서를 작성해 왔다. 최근 A 상품에 대한 뉴스와 신문기사들을 보니 A 상품에 함유되어 있는 성분 중 인체에 해로운 물질이 소량 발견되었다는 기사들도 찾아볼 수 있었다. SNS에서는 A 상품 모델의 스캔들로 인해 A 상품이 싫어졌다는 평도 찾아볼 수 있었다. 조사해 본 결과 중 어떠한 것들을 우선순위로 해결해야 할지 또 다른 고민이 생겼다.

① 고정관념
② 과도한 자료수집
③ 단순한 정보에 의지
④ 지나치게 부족한 분석
⑤ 객관성 결여

23 다음 차용증에 대한 수정방안으로 적절하지 않은 것은?

```
                    차용증

1. 원금 : 금 삼천육백만 원
2. 변제기일 : 0000년 00월 00일
3. 이자 : 연 10%
4. 기한의 이익 상실 : 이자의 지급을 1회라도 연체한
   때에는 채무자는 기한의 이익을 상실하고, 채권자
   가 변제기일 전이라도 원리금을 청구하면 채무자
   는 이의 없이 변제하기로 한다.

                0000년 00월 00일

연대보증인 : 홍길동
주민등록번호 : 000000-0000000
주소 : 서울시 ○○구 △△동 ㅁㅁ번지

채권자(인) : 홍인형
주민등록번호 : 000000-0000000
주소 : 서울시 ○○구 △△동 ㅁㅁ번지

                채권자 홍상직 귀하
```

① 이자 지급시기, 방법을 반드시 추가한다.
② '(₩36,000,000원 정)'을 1번 항목 끝에 추가한다.
③ 1회를 3회로 수정하게 된다면 그것은 법적으로 정해진 연체 횟수에 의거한 것이다.
④ 연대보증인의 연대 채무이행의 책임을 항목에 추가 명시한다.
⑤ 연대보증인과 채권자와 마찬가지로 채무자의 인적사항도 기록한다.

24 다음은 홍보방법을 홍보 매체에 따라 구분한 것이다. 잘못 짝지어진 것은?

① 리뷰 : 해당 상품의 정보를 기업이 매스컴에 제공하기 위해 발표내용을 인쇄해서 발표하는 통신문서이다.
② 카탈로그 : 체계성을 지니고 있으며 다양한 항목에 설명을 붙여 만든 상품목록이다.
③ 포스터 : 일정한 내용을 그림이나 표어, 표제를 통해 상징적으로 표현하는 것이다.
④ 팸플릿 : 주로 음악회 같은 행사에서 공연의 목적과 인사말, 연주자의 소개와 작품의 해설 등을 안내하는 홍보책자이다.
⑤ 리플릿 : 흔히 전단이라고 불리는 2~4페이지 정도의 인쇄물이며 행사나 제품의 간략한 특징을 소개하는 소형 팸플릿을 의미한다.

25 다음 공문서 구성 요소에 대한 설명 중 옳지 않은 것은?

```
              문서번호 : _____ ㉠
수신인 _____ ㉡
(경유)
(참조)
발신인 _____ ㉢
발신 연월일
제목

인사말
근거 _____ ㉣
주요내용
마무리
첨부

발신기관 : ○○○○
담당자 및 담당자 연락처 : _____ ㉤
```

① ㉠ 문서번호는 문서 분류 및 보관 등을 위해 필요한 요소이다.
② ㉡ 수신인란에는 문서를 수령할 기관이나 부서명을 적는다.
③ ㉢ 발신 기관을 의미하는 것이 발신인이다.
④ ㉣ 문서가 바탕하고 있는 각종 법적 근거를 의미하는 것으로 법적 효력과 시행 방법을 규정하는 기초를 제공한다.
⑤ ㉤ 공문서가 제대로 전달되었는지를 확인하고 문서의 책임자를 확정하는 것으로 해당 수신기관의 수신자 이름과 연락처를 기재한다.

26 다음은 공익광고에 나오는 문구이다. 이에 대한 설명으로 가장 적절한 것은?

> "물을 오염시키는 원인의 66%가 생활하수입니다. 이제 맑은 물을 되살려야 하지 않을까요? 남은 식용유는 휴지로 닦아 낸 후 설거지를 해야 하고요. 음식 찌꺼기는 물기를 없애고 따로 분리해서 버려야 합니다. 조금만 수고하면 맑은 물을 마실 수 있습니다. 작은 실천이 맑은 물을 되살립니다."

① 계몽 위주와 일방적인 훈화의 방식으로 설득이 진행된다.
② 여러 주제를 다룸으로써 보다 유익하게 구성하고 있다.
③ 현장 고발 프로그램의 긴박감을 잘 살려 내고 있다.
④ 지나치게 선정적인 표현으로 인해 거부감이 느껴진다.
⑤ 완곡한 표현을 사용해 경각심을 일깨우고 있다.

27 아래 자료에서 ㉠과 ㉡을 비교하였을 때 다음 도표가 의미하는 바를 가장 적절하게 추론한 것은?

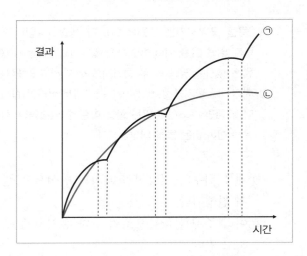

① 중간 휴식 시간의 유무와 생산량과의 관계
② 급식실의 청결도와 이에 따른 학생 이용자 수와의 관계
③ 아침 식사 여부와 지각 횟수와의 관계
④ 주 5일제의 시행 여부와 운동량과의 관계
⑤ 흡연 유무와 여기에 의한 폐암 발생률과의 관계

28 〈자료1, 2, 3〉을 모두 활용하여 '바람직한 교통 문화'에 관한 공익 광고를 만들고자 한다. 광고 문구로 가장 적절한 것은?

자료 1

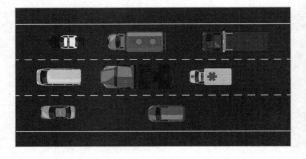

자료 2

자료 3

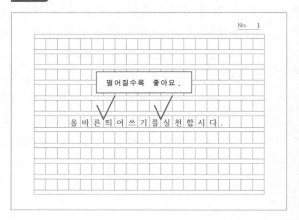

① 당신의 갓길 주행, 구급차가 멈춰 섭니다.
② 시간이 절약되는 여유 있는 안전 운전
③ 불행으로 가는 지름길, 무리한 차선 위반
④ 가족에게 아픔까지 끼어드는 과도한 앞지르기
⑤ 가족의 행복에 더 가까워지는 안전거리 확보

29 다음 글을 평가한 것으로 적절하지 않은 것은?

대리점개설 허가 신청

수신 : 영진주식회사 대표이사 홍길동님 귀하
발신 : 서울시 ○○구 △△동 ㅁㅁ번지 김소월 드림
제목 : 대리점개설허가신청에 관한 건

귀사의 무궁한 발전과 번영을 기원합니다.
이번에 귀사에서 ○○구에 영진 치킨집 대리점을 개설한다는 사실을 신문광고를 통해 알게 되었습니다. 아래에 자기소개서를 첨부하오니 꼭 대리점 개설에 제가 선택될 수 있도록 잘 부탁드리겠습니다.

첨부 : 자기소개서 1통

– 끝 –

---

① 타당한 근거를 제시하여 설득력을 높여야 한다.
② 구체적인 자료와 수치가 포함된 계획서를 추가로 제출할 필요가 있다.
③ 자기소개서와 대리점 신청은 별개이기 때문에 다른 서류로 대체해야 한다.
④ 제목으로 설정한 '대리점개설허가신청'은 알아보기 쉽도록 띄어 쓰는 것이 좋다.
⑤ 사업 목표와 방법을 구체적으로 제시해야 본사의 신뢰를 얻을 수 있다.

---

30 다음 글을 평가한 것으로 적절하지 않은 것은?

합의서

피해자 홍길동(000000-0000000)
가해자 심학규(000000-0000000)

피해자 홍길동은 0000.00.00. 11:00경 서울 ○○구 △△동 ㅁㅁ번지 영진 상가 앞에서 가해자 심학규부터 폭행을 당했습니다. 이에 ○○경찰서에 가해자 심학규를 신고했습니다. 피해자는 가해자 심학규로부터 치료비 명목으로 5,000,000원을 받아 가해자의 처벌을 원치 않은 것으로 합의합니다.

0000.00.00.

---

① 피해자, 가해자의 인적 사항(주소)을 추가하는 것이 좋다.
② 폭행 부분은 '8주간의 치료(왼쪽 갈비뼈 골절상)를 요하는'으로 구체화해야 한다.
③ 언제 합의금을 받았는지 알 수 있도록 받은 날짜, 시간 등을 구체화한다.
④ '합의 후 민형사상 소송이나 이의를 제기하지 아니한다.'를 마지막 부분에 추가해야 한다.
⑤ 정해진 공통 양식에 맞도록 육하원칙으로 작성하여 법적 효력을 가질 수 있도록 한다.

01 다음 ㉠에 들어갈 품의서의 제목을 작성하시오. (30점)

| 조건 | '~에 관한 건'의 형식으로 작성할 것.

(㉠)

영업팀 신규 채용으로 사무용 PC 구입 및 기존 노후 모니터를 교체하고자 하오니 재가하여 주시기 바랍니다.

− 아래 −

1. 대상 : 신입 직원 : PC 1대 + 모니터 2대
2. 사유 : 본체 및 모니터 미비
3. 제품 : 영진전자 베타스캔 24형
4. 첨부 : 세부 견적서

02 다음 기안문의 빈칸 (가)~(다)를 각각 공문서 양식에 맞게 수정하시오. (30점)

| 조건 | 각각의 항목에 해당하는 번호와 글자를 쓰시오.

수신자 사업소장

(경유)

제목 : 0000년 법인세 수정신고 자료 제출

0000년도 법인세 신고 납부 시 각 사업소에서 제출한 자료 중 누락 및 오류 사항이 있으면 국세기본법 제00조에 의거하여 수정신고를 하고자 하오니 아래의 기일을 참고하시어 자료를 제출하여 주시길 바랍니다.

(가) : 0000.05.21.
(나) : 0000.06.04.
(다) : 붙임 '법인세 수정신고 자료 작성요령' 참조
* 붙임 − 법인세 수정신고 자료 작성요령 1부 끝.

03 다음 전제들의 흐름상 적절한 결론 ㉠을 [조건]에 맞게 쓰시오. (30점)

| 조건 | 1. '부의 양극화'라는 말이 문장 속에 들어가야 한다.
2. 한 문장으로 작성하며 45자 이내로 한다.

전제 1 : 소득분배 불평등을 나타내는 지니계수가 0.4를 넘으면 소득이 불평등한 것이다.

전제 2 : OECD 회원국의 지니계수 평균은 0.314(2016년)이다.

전제 3 : 한국의 지니계수는 0.304(2016년)로 기록되었다.

결론 : ㉠

04 다음 설명을 읽고, ⓐ에 해당하는 예를 〈보기〉에서 찾아서 쓰고, 그 단어를 넣어 짧은 문장을 쓰시오. (30점)

| 조건 | (가), (나), (다), (라) 기호를 쓰지 않으면 감점함.

맞춤법 11항

한자음 '랴, 려, 례, 료, 류, 리'가 단어의 첫머리에 올 적에는 두음법칙에 따라 '야, 여, 예, 요, 유, 이'로 적는다.

ⓐ 다만, 모음이나 'ㄴ' 받침 뒤에 이어지는 '렬', '률'은, '열', '율'로 적는다.

보기

양심, 나열, 역사, 선율, 예의

PART 07 최종 모의고사

최종 모의고사 05회 241

05 다음은 선유도 관광 안내글이다. 다음 글을 읽고 [조건]에 맞게 제목을 쓰시오. (30점)

| 조건 | 1. 명사형으로 끝낼 것.
2. 지명을 넣을 것.
3. 글 전체를 포괄할 것.

(㉠)

첫 번째로는 이웃 섬들을 둘러보는 여행이다. 선유도와 무녀도, 장자도, 대장도는 섬끼리 다리로 이어져 있기 때문에 걸어서 다녀올 수 있다. 배를 타고 들어온 섬에서 또 다른 섬들을 걸어서 다녀오는 일이 조금은 색다르다. 자전거로 선유도를 한 바퀴 둘러보고 장자도를 거쳐 대장도까지 다녀오는 데 1시간이면 충분하고, 무녀도를 다녀오는 데도 1시간이면 넉넉하다. 연인들이 구경을 한다 해도 3시간이면 여유 있게 4개의 섬을 모두 둘러볼 수 있다.

옛날 선유도는 3개의 섬으로 분리되어 있었는데 파도에 쓸려 온 모래가 오랜 세월 쌓여 언덕을 만들면서 지금처럼 하나로 연결됐다. 바로 '선유 8경'의 하나인 명사십리 해안이다. 십리라 하지만 실제 길이는 1.5km쯤 된다. 그러나 백사장의 폭이 200m이고 수심은 어지간히 멀리 나가도 2m 정도에 불과하니 가족 피서지로는 더없이 좋다. 이 명사십리 산책이 선유도에서 두 번째 즐길 거리다.

세 번째는 갯벌 체험으로, 썰물 때 갯벌에서 소금으로 맛조개를 잡을 수 있다. 갯벌의 구멍에 소금을 조금씩 뿌려·놓으면 맛조개가 삐죽이 고개를 내민다. 반쯤 올라왔을 때 잽싸게 잡아채면 된다. 또 바지락, 모시조개 등을 캐고 소라를 줍거나 농게, 달랑게를 잡을 수 있다. 그러니 취사도구와 양념을 준비할 일이다. 해수욕장 양쪽 끄트머리 근처의 갯벌에서 이런 갖가지 갯것을 손쉽게 잡을 수 있는 것이 포인트다.

---

06 다음 그래프를 [조건]에 맞게 설명하시오. (50점)

| 조건 | 1. 취업률과 진학률의 연도별 변화추이를 비교할 것.

2. 통계결과가 의미하는 바를 쓸 것.

3. 세 문장으로 작성할 것.

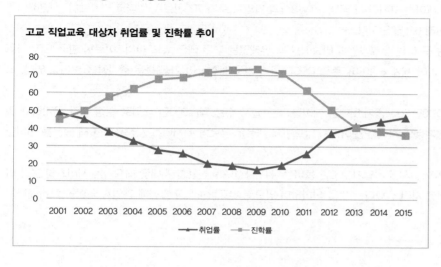

고교 직업교육 대상자 취업률 및 진학률 추이

07 다음 기사문에 적절한 표제를 작성하시오. (100점)

(㉠)

6일 한국디지털미디어 산업협회(이하 코디마)가 국내 IPTV 3사의 가입자 수가 700만을 넘었다고 발표했다. 지난해 11월 7일 600만 가입자를 넘어선 이래 6개월 만이다.

코디마는 "케이블TV, 위성방송 등 다른 유료방송과 비교했을 때 유례없는 매우 빠른 속도"라며 "이로써 한국 IPTV 가입자 수는 프랑스, 중국, 미국에 이어 세계 4위이며, 주요 OECD 국가 가운데 한국이 가장 높은 증가율을 보이고 있다."고 밝혔다.

또 코디마는 "IPTV 가입자는 700만으로 증가했지만, 케이블TV 가입자 수는 약 1,500만 내외로 일정 수준 유지하고 있다."며 "이는 IPTV가 기존 사업자들의 파이를 뺏어오지 않으면서 새로운 유료방송 서비스 시장을 창출해 냈음을 의미한다."고 평가했다.

코디마는 보도자료를 통해 "IPTV 실시간 가입자 700만 돌파는 IPTV가 방송통신융합 시대를 대표하는 서비스일 뿐만 아니라 대중적인 유료 방송 매체로 자리 잡았다는 것을 의미하며 앞으로 유료방송시장 발전에 견인차 역할을 하게 될 것"이라고 말했다.

---

08 다음은 정보산업 학회에 참여한 홍길동 대리가 작성한 보고서의 일부이다. 다음 메모를 보고 보고서의 빈칸 (가)를 채우시오. (100점)

| 조건 | 1. 메모의 내용을 모두 반영할 것.
　　　　2. 두 번째 문장은 '왜냐하면 ~ 때문이다.'의 형식으로 쓸 것.

메모

• 정보산업의 배경 → 다음 분기 프로젝트에 반영 → 학회 발표 참고(논문 활용 예정)

• 산업 배경 및 구체적 사례 소개 → 정보산업에 대한 구체적 지식 습득

• 보고서 작성 요령 : 구체적으로 어떤 발표가 있었는지, 어떤 점을 사업에 활용할 수 있는지 기록하며 다음 프로젝트에 있어 긍정적인 부분 강조하기

학회명	정보산업의 시작과 발전
- 중략 -	
주체	정보산업활성화재단
발표 내용 및 발표자	오전 : 정보 통신의 등장 – 교수 심학규 오후 : 정보와 산업의 발달 과제 – 교수 이몽룡
소감	(가) 오늘 학회의 내용을 참고하여 다음 분기 프로젝트를 성공적으로 런칭할 것이다.

09 다음을 토대로 '임금피크제' 도입 전망 보고서를 작성하시오. (300점)

| 조건 | 1. 800±50자 이내로 작성하시오(띄어쓰기 포함).
2. 서론에 임금피크제의 개념과 도입배경을 제시하시오.
3. 본론에 임금피크제의 유형과 장단점, 향후 도입전망을 제시하시오.
4. 본론을 서술할 때 각 문단에 주어진 자료를 적어도 1개 이상 제시하시오.
5. 본론에 임금피크제 도입 시 청년층 채용인원 변화를 사업부문에 따라 분석하시오.
6. 결론에 보고자의 의견을 제시하시오.

자료 1

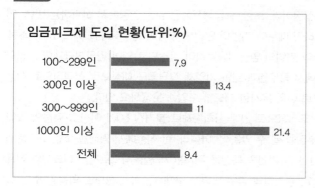

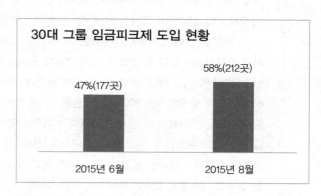

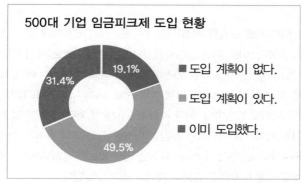

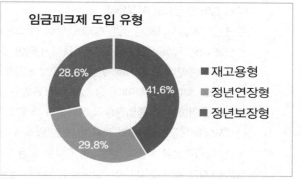

자료 2

정년 연장 시 임금피크제 도입 여부에 따른 청년층 순채용 인원 변화

구분	임금피크제 도입 기업			임금피크제 미도입 기업		
	연장 전	연장 후	증감	연장 전	연장 후	증감
전체	383	487	27.2%	3,011	2,759	−8.4%
공공기관	158	65	−58.9%	578	442	−23.5%
제조업	149	284	90.6%	1,055	1,525	44.5%
비제조업	77	185	140.3%	1,582	992	−37.3%

*2014년 정년제가 있는 사업장 940개소를 대상으로 분석한 결과

임금피크제가 ○○자동차그룹을 필두로 내년부터 모든 계열사에 도입하게 돼, 이목이 집중되고 있다. 임금피크제는 근로자의 지속적 고용을 위하여 일정 연령을 기준으로 임금을 조정하고, 소정기간 동안의 고용을 보장하는 제도를 말한다. 이는 정년의 연장여부 및 대상자의 고용형태를 기준 3가지 유형으로 나눌 수 있다. 먼저 기업에서 정해 놓은 정년을 보장하는 것을 전제로 정년 이전 일정 시점부터 임금을 동결하거나 삭감하여 임금수준을 조정하는 정년연장형이 있고, 마지막으로 일단 정년이 된 종업원이 퇴직하고 계약직 등의 신분으로 고용이 연장되는 고용연장형이 있다.

현재 우리 사회와 기업의 고령화가 빠르게 진행되고 있는 추세이고, 2000년 '고령화 사회'에 진입하였으며 2018년에는 '고령사회'에 진입하여 국가적 인력난이 심화되고 있는 실정이다. 또한, 노동생산성은 일정 연령에서 하락하는 반면, 연공급 임금체계하에서 근로자의 임금은 지속적으로 상승하기 때문에 기업의 인건비 부담이 갈수록 심화되고 있다. 특히, 최근 경제성장률 둔화 및 글로벌 경기 변동성 증가에 따라 기업의 임금지불능력이 감소되고 있어 임금피크제의 도입의 필요성이 대두되고 있다. 미국, 유럽, 일본 등 일부 국가에서 공무원과 일반 기업체 직원들을 대상으로 선택적으로 적용하고 있으며, 한국에서는 2001년부터 금융기관을 중심으로 이와 유사한 제도를 도입해 운용하고 있다.

임금피크제는 국제통화기금(IMF) 외환위기 이후 기업 구조조정으로 인해 사회문제로 불거진 50대 이상 고령층의 실업을 어느 정도 완화할 수 있고, 기업 측에서도 인건비의 부담을 덜 수 있을 뿐 아니라, 한 직종에서 평생을 보낸 고령층의 풍부한 경험과 노하우를 살릴 수 있다는 장점이 있다. 반면 각 기업의 특성을 무시한 채 일률적으로 임금피크제를 적용할 경우 임금수준을 하락시키는 편법으로 작용할 수 있고, 공기업의 경우 노령자 구제수단의 일환으로 악용될 수도 있다는 점이 단점으로 지적된다.

한편 ○○자동차그룹은 11일 "0000년부터 전 그룹사에 임금피크제를 도입할 방침"이라며 "이는 청년고용 확대 및 고용 안정에 대한 사회적 요구에 적극 부응하기 위한 것"이라고 밝혔다. 이를 위해 ○○자동차그룹은 계열사별로 각기 다른 현재의 정년 연한을 60세로 일괄 연장하고 임금피크제를 통해 정년연장에 대한 인건비 추가 부담을 경감하는 한편 청년 채용을 확대할 계획이다. 정년을 앞둔 종업원들을 위해 재취업 및 창업 프로그램, 자기계발, 노후 대비 프로그램을 개발해 운영하는 등 종업원들의 정년퇴직 후 안정적인 삶도 지원할 방침이다. 이에 따라 ○○자동차그룹은 계열사별로 근로자대표(노동조합 등)와 적용 범위 및 방식에 대해 협의를 시작하고 적극적인 동참과 협조를 요청할 예정이다. 그는 "이번 임금피크제 시행과 청년고용 확대는 고용 안정에 대한 사회적 책임을 다하고 우수한 인재 확보를 통해 회사의 내실을 다지기 위한 것"이라며 "앞으로도 우수한 젊은 인재들에 대한 투자를 지속해 나가겠다"라고 덧붙였다.

최종 모의고사 01회

객관식 영역

01 ③	02 ③	03 ④	04 ①	05 ②
06 ④	07 ⑤	08 ②	09 ⑤	10 ⑤
11 ⑤	12 ④	13 ④	14 ④	15 ②
16 ①	17 ③	18 ⑤	19 ①	20 ①
21 ②	22 ④	23 ④	24 ③	25 ④
26 ②	27 ①	28 ②	29 ③	30 ③

01 ③

③번 내용은 글의 목적인 디지털 격차의 해결 방안에 중점을 두기로 한 의도에 벗어나, 디지털 격차의 영향에 대해서 쓴 내용을 수정하기로 하였으니 고쳐쓰기 단계에 해당된다.

02 ③

자유의 침해는 인간의 기본권을 훼손하는 것이지 사회 경제 이익과 연결되는 문제는 아니다. 자유의 침해는 두 번째 비판에 해당하고, 사회 전체의 이익 감소는 첫 번째 비판의 내용이다.

03 ④

이 글은 부의 재분배가 사회 전체 공리를 감소시키고, 세금부과는 자유의 침해로 이어진다고 주장하고 있다. 그러나 ④의 내용은 불평등 지수가 개선된다는 것은 부의 분배가 이루어지고 있으며, 그 결과 전체 공리도 좋아지고 있다는 내용이므로 윗글의 주장을 약화시키는 자료 내용이라고 할 수 있다.

> **오답 피하기**
> ① 윗글의 첫 번째 비판을 강화시켜 주는 내용이다.
> ② 윗글과 관계없는 내용이다.
> ③ 두 번째 비판, 자유의 침해를 강화시켜 주는 내용이다.
> ⑤ 역시 두 번째 비판에 해당된다.

04 ①

(다) 세계보건기구는 코로나 바이러스 감염증의 에어로졸 감염 가능성에 대해 "새로운 증거가 나타났다는 점을 인정한다"고 밝혔다. 앞서 전 세계 32개국 과학자 239명은 "에어로졸을 통한 코로나 바이러스 감염 가능성이 높다"며 WHO에 코로나 예방 수칙을 수정할 것을 촉구했다. 그간 WHO는 코로나 바이러스가 주로 비말(침방울)과 접촉을 통해 감염된다는 입장이었다.
(나) 뉴욕타임스에 따르면 베테나라 알레그란치 WHO 감염통제국장은 이날 브리핑에서 "공공장소, 특히 혼잡하고 폐쇄됐으며 환기가 되지 않은 특정 환경에선 에어로졸 전파 가능성을 배제할 수 없다"며 이같이 말했다. 다만, 그는 아직 새로 나타난 증거가 확정된 사실은 아니라며 "증거를 수집하고 해석해야 한다"고 했다.
(라) 숨야 스와미나탄 WHO 수석과학자는 "일련의 증거가 계속 늘어나고 있으며 이를 진지하게 받아 들이고 있다"며 "코로나 관련 새로운 논문을 하루 평균 500편 검토하고 있다"고 했다. 마리아 판케르크호보 WHO 신종질병팀장은 "우리는 비말뿐 아니라 에어로졸 전파 가능성에 대해서도 검토해 왔다"며 몇 주 안에 관련 브리핑이 있을 것"이라고 말했다.
(가) 앞서 지난 4일 NYT, LA타임스에 따르면 호주 브리즈번 퀸즐랜드 공대의 대기과학 및 환경엔지니어링 전문가인 리디아 모로스카 교수는 "공기 중에 떠다니는 에어로졸 등 미립자를 통해 코로나에 감염될 수 있다"며 "WHO에 보낼 관련 공개 서한에 32개국 239명의 과학자가 서명했다"고 밝혔다. 서한에는 코로나의 주감염 경로에 비말과 접촉 외에 에어로졸 전파를 첨가해야 한다는 내용이 담겼다.
(마) 에어로졸 전파는 비말에 섞여 있던 바이러스가 수분이 빠진 뒤 공기 중에 떠다니는 방식으로 감염을 일으키는 것을 의미한다. 이들은 세계 각국에서 보고되는 '수퍼 확산'을 설명해 줄 수 있는 건 공기를 통한 감염뿐이라며 여러 논문에서 에어로졸이 장기간 공기 중에 떠다닐 수 있고, 사람들이 1.8m 떨어져 있어도 감염될 위험성이 크다는 사실이 규명됐다고 주장했다.

05 ②

(A) 다만, (B) 또한

06 ④

권리의 범위에 대한 적정성 여부는 특허 명세서 작성 시 확인할 사항이다.

07 ⑤

위 공문서는 교육청이 각 학교로 보내는 외부 공문서이므로 발신처를 반드시 기재해야 한다.

08 ②

자신의 목표를 장기와 단기로 나누어 시간을 관리한 경험 기술은 자원관리능력 중 하위능력인 시간관리 항목에 어울린다.

09 ⑤

제안의 설득을 위한 참신한 표현은 광고문에 필요하다.

10 ⑤

대체로 지출 결의서는 사내에서만 통용되는 사내 문서이다.

11 ⑤

이 보고서는 생산관련 인력구성과 업무별 조직체계가 해당 분야별로, 주야간 교대근무 인원 및 팀장의 업무 겸임, 목표 생산량 1000개 등을 기본으로 하는 인원구성을 필요로 하기 때문에 작성한 것이다. 따라서 ⑤는 일부분만 기술한 것이다.

12 ④

보고서는 표준화된 양식에 따라 보고해야 한다.

13 ④

(E) 언제 : 1월 말까지 준비완료(1개월간)
(F) 어떻게 : 휴대폰 문자 빨리 보내기, 색깔 맞추기 등의 행사 실시

14 ④

초안 단계는 문서로 정리하는 것이 용이하다.

15 ②

연도별로 각 사의 구성비가 변화되는 수치를 볼 수 있다.

16 ①

①은 프로세스형 자료 구조에서 보여 줄 수 있는 장점으로서 보기의 트리형 구조와는 어울리지 않는다.

17 ③

본 광고는 과도한 음식물 쓰레기 처리 비용에 따라 음식을 남기는 행위를 하지 않도록 하려는 것이 의도이므로 ③이 가장 적당하다. ①은 최종 의도(음식물 남기지 않는 것)를 설득하기 위한 방편이고 ④, ⑤는 광고문 안에서 벗어난 내용이다.

18 ⑤

위 광고는 공익 광고이므로 ⑤의 기업 광고 의도는 아니다.

19 ①

기사는 생계형 투잡이 늘어나면서 일과 삶의 균형을 지향하는 정책 목표와 달리 노동현장은 실제로 다르다는 것을 보여 주고 있다. 따라서 삶의 균형이 흔들리는 모습을 생계형 투잡으로 본 기사문은 설명하고 있다. ⑤는 일용직에만 국한해서 말하고 있다.

20 ①

①은 광고문에 어울리는 문구이지, 객관성과 공정성을 목표로 하는 기사문과는 어울리지 않는다.

21 ②

(나)의 내용으로는 실명에 대한 명시가 주를 이루고 있으므로 소제목으로는 '실명거래'가 적절하다.

22 ④

④는 공문서의 일반적 특징이며, 위와 같은 거래관련 문서와는 맞지 않는 내용이다.

23 ④

영업팀에서는 먼저 지점별로 제품 하자에 대한 주의 사항을 전달해야 한다.

24 ③

박스 재질에 대한 업무는 기획팀 담당이다.

25 ④

복지가 향상되면 대인관계가 좋아진다는 내용은 두 설문조사에서는 파악할 수가 없다.

26 ②

상기 설문조사에서 나타난 부담감의 원인은 직장 동료들과의 대인관계가 좋지 않은 것이 가장 업무에 영향을 준다고 했으므로, 위 설문과 가장 어울리는 갈등 유형은 ②이다.

27 ①

A 기업은 B에 3, C에 5, D에 8의 이익을 주고 있어서 총액이 16이다. 따라서 다른 기업에 이익을 주는 총액이 제일 높으므로 A기업을 가장 유용한 기업이라고 판단할 수 있다.

28 ②

B 기업이 타 회사에서 얻는 이익이 8로 가장 작다.

29 ③

업무는 현장 중심으로 이루어져야 한다.

30 ③

표절은 타인의 저작, 연구, 아이디어 등을 정당한 승인 없이 사용하는 행위를 말한다. 위에 설명한 내용은 '중복게재'에 대한 설명이다.

서술형 영역

01 예시 답안

A : 통의 뚜껑과 본체를 여러 개로 나눈다는 아이디어를 생각해 냈다고 언급했다.
'본채'는 여러 채로 된 살림집에서 주가 되는 집채를 뜻하며, 기계 따위의 중심 부분을 뜻할 때는 '본체'라고 써야 한다. '여러'는 관형사이므로 뒤에 오는 명사와 띄어 써야 한다. '-하다'는 앞의 명사와 붙여야 한다.

B : 양념통이라는 설명 대상에 대한 과학적 상식을 제시하여 학생들의 흥미를 유발하지는 않았다.
'유발하지는 않았다'에서 조사나 어미 다음에 오는 말은 띄어쓰기해야 한다.

02 예시 답안

(가) 고령화 인구
(나) 사고의 전환
(다) 과거 기준
(라) 해결점

03 예시 답안

세계화는 오늘날 선후진국 간 갈등의 핵심이다.

04 예시 답안

(B) 저는 평소에 따뜻한 사회를 만드는 일에 관심이 있어서 경제학을 전공하였습니다. 귀사의 모집공고를 통해 취약 계층을 돕는 사회적 기업임을 알게 되어 지원하였습니다.

05 예시 답안

단말을 소지하지 않거나 차량 운전자가 재난 상황을 인지하기 어려운

06 예시 답안

(가) 특허 출원 시 자유로운 형식의 '임시 명세서' 제출 가능해져

07 예시 답안

(가) : 사무실 이전 검토 건
(나) : 다음 분기에 임차 만료인 본 사무실은 임대료 고인상 요구와 사업상의 이유로 이전을 검토하고 있습니다.
(다) : 재계약 시 사무실 월 임대료 15% 인상을 임대인이 요구함
(라) : 자사 물류 센터 이전으로 사무실과의 거리가 멀어지면서 자재 공급이 늦어지고 있는 등 사업상 불리한 위치에 있음

08 예시 답안

취업자 수와 실업자 수가 모두 증가했으므로 경제 활동 인구는 증가했고, 비경제 활동 인구는 감소했다. 실업률의 변화가 없으므로 취업자 수와 실업자 수는 같은 비율로 증가했다.

09 예시 답안

원고지 답안 확인하기 ▶

통계청이 발표한 '사회조사'에 따르면 우리나라의 기부 실태는 국민 중 1년 동안 기부를 해본 경험이 35% 정도에 그친다고 한다. 이는 미국의 절반에 불과한 수치에 불과하므로 우리나라는 기부 문화 활성화가 절실하다.

통계청 조사에 따르면 우리나라가 기부하지 않는 주된 이유는 '경제적 여유가 없어서'가 제일 큰 이유이고, 두 번째로 '기부에 대한 무관심'이며 그 다음으로는 '기부 단체 등에 대한 불신' 등으로 조사되었다.

우리나라 기부문화가 활성화되려면 먼저 기부의 의미에 대한 인식이 바뀌어야 한다. 우리나라는 세계 기부 지수상에서 146개국 중 45위로 인도네시아(6위)보다도 많이 뒤떨어지는 기부 문화를 보이는데, 이는 '나눔의 기쁨'이라는 기부 행위에 대한 인식이 이루어져 있지 않기 때문이다. 한편으로는 사회 지도층과 부유층이 솔선수범해서 기부 행위를 많이 해야 한다. 이러한 모범적 사례가 많아져야 우리 사회는 기부 문화가 빠르게 전파될 것이다. 더불어 기부 단체의 자금 운용이 투명하게 이루어져서 기부금 운용에 대한 불신도 없어야 우리의 기부 문화는 활성화될 것이다.

PART
07

최종 모의고사

객관식 영역

01	①	02	③	03	②	04	④	05	④
06	⑤	07	①	08	②	09	①	10	②
11	②	12	④	13	①	14	③	15	⑤
16	⑤	17	①	18	①	19	②	20	③
21	④	22	③	23	②	24	④	25	⑤
26	②	27	①	28	①	29	⑤	30	③

01 ①

B는 질문에 필요한 정보만 제공하지 않고 다른 의견이나, 감정 등 불필요한 세부 사항을 덧붙여 양의 격률을 지키지 않았다.

02 ③

'디디다'의 준말인 '딛다'가 맞는 맞춤법이다.

03 ②

(다) 국제 유가의 상승세가 회복되고 있다는 사실을 먼저 알리고 있다. 이후 (나)에 지난해 국제 유가의 악화된 상황을 알려 주고, 이어서 (마)에서 상승 원인을 짚고 있다.

04 ④

사원증 교체에 대한 개별 문의 사항을 상담해 줄 담당자가 명시되어야 한다.

오답 피하기

① 사내문서일지라도 공식문서는 문서 번호가 있어야 한다.
② 제목에 따른 부연 설명이 있어야 한다.
③ 날짜를 수정할 필요는 없다.
⑤ 기안서, 품의서 등 결재를 필요로 하는 문서에 필요하다.

05 ④

문제해결능력은 업무 관련 문제 발생 시 대안을 제시하는 능력이다. 나머지 보기는 모두 대인관계능력에 해당하는 질문들이다.

06 ⑤

보고서에 해당되는 내용이다.

07 ①

①은 보도자료에 해당하는 예이다.

08 ②

프레젠테이션 시 청중을 설득하기 위해서 사용하는 내용이다. 기획서 문서 내용으로는 맞지 않다.

09 ①

기획의 연유는 배경 설명에서 충분히 밝히고 있다.

10 ②

선 그래프는 매출의 변동 추이 등 시간의 순서에 따라 측정치를 한 눈에 보여 줄 때 용이하다. 실행 전략은 오히려 화살표 등으로 시간의 순서에 따라 실행할 업무 순서를 단계적으로 보여 주는 표가 더 효과적이다.

11 ②

오답 피하기

① 광고문에 더욱 가까운 이야기 이다.
③, ⑤ 행사와 무관한 내용이다.
④ 설명회가 진행 장소는 이미 명시되어 있다.

12 ④

홍보문은 예절을 갖추는 것보다 정보의 간략함과 명확성을 기해야 한다.

13 ①

을의 투자금은 갑의 신탁 진행 시 시행사의 지분으로 보존하기로 명시하였기에 회수 위험을 안고 있다고 볼 수는 없다.

14 ③

본 계약서는 을이 갑의 사업에 투자하는 계약서이다.

15 ⑤

갑은 회사의 상태를 을에게 투명하게 보여 주어야 하므로 회계 자료에 대한 열람권을 가질 수 있다.

16 ⑤

기자가 작성하는 기사문에 해당한다.

17 ①

경제협력개발기구(OECD)에서 발표한 경제전망을 알리고 있으므로 ①이 가장 적절하다.

18 ①

방역조치로 인한 역성장은 2020년에 해당된다.

19 ②

마스크를 비누에 비유하였으며 비누로 감염된 비말을 제거할 수 있음을 알려 주고 있다.

20 ③

공기충전 포장 상품은 부서짐을 방지하기 위한 것이므로 무조건 수효를 줄이는 것은 대안이 될 수 없다.

21 ④

직원 체육대회는 사내 조직원 팀워크 향상 방안이다.

22 ③

고객의 주문 정보를 먼저 객관적으로 확인하고 신속한 처리를 먼저 약속해서 불만 상황을 완화시켜야 한다.

23 ②

경쟁 전략은 상대방보다 우위를 점하는 내용을 강조해서 자신에게 유리한 쪽으로 협상을 진행하는 전략이다.

24 ④

인력배치 시 직원의 흥미를 고려해야 한다.

25 ⑤

(가)~(마) 지원자들의 문제해결능력과 조직적합성 점수 합계는 각각 16, 16, 19, 13, 17이며 순위는 (다) 〉 (마) 〉 (가) = (나) 〉 (라)이다. 따라서 차순위자는 (마)이다.

26 ②

승합차는 감소하였지만 화물차는 1.4%의 연평균 증가율을 나타내었다.

27 ①

표에서 연평균 증가율과 용도별 비중을 보면 각각 수치를 확인할 수 있다.

28 ①

관세 보호 조치는 장기적으로는 국내 산업에 좋지 않다고 본문에서 기술하고 있다.

29 ⑤

단기적으로는 관세로 국내 산업을 보호하지만 장기적으로는 기술 지원 등 품질 향상에 근본적인 대책이 있어야 한다.

30 ③

③은 전문성의 원칙이라기보다는 고객 중심의 원칙 입장이다.

서술형 영역

01 예시 답안

걸맞는 → 걸맞은
생각할런지 → 생각하는지
솔직이 → 솔직히
회수 → 횟수
각별이 → 각별히

02 예시 답안

(가) 원활한 의사소통을 하기 위해서는 올바른 (표현)을 사용하는 것이 중요하다.
(나) 리더의 올바른 (판단)이 대단히 중요하다.
(다) 이 회사는 분식회계로 세금을 (탈루)한 혐의를 받고 있다.
(라) 우리는 매너리즘을 다른 말로 (타성)에 젖었다고 말한다.

03 예시 답안

Ⓐ 백신 관련 소식
Ⓑ 기대하였다.

04 예시 답안

미국은 탄소배출권의 양을 재조정하자고 항의하였다.

05 예시 답안

디자인의 보호와 이용을 Ⓐ 도모함으로써 디자인의 창작을 Ⓑ 장려하여 산업발전에 이바지함을 목적으로 1961년 12월 31일 Ⓒ 법률 제951호로 제정됨. 디자인등록 출원, 등록, Ⓓ 심사요건 및 디자인권의 Ⓔ 보호 등을 내용으로 하고 있으며, 2004년 12월 31일 의장법에서 Ⓕ 디자인보호법으로 법명이 개정되었음.

06 예시 답안

한국과학기술원은 암 표적성 광치료제가 기존의 광민감제의 부작용 문제를 해결하고 정상세포는 파괴되지 않고 암세포만 제거된다는 사실도 확인했다.

07 예시 답안

영진병원은 모스크바 중심의 러시아 서쪽 지역의 의료 관광 활성화를 위해서는 이번 9월에 시행하는 의료 박람회에 참가하여 병원 홍보 및 안내를 할 필요가 있기에 행사 참가를 요청하는 내용을 기안합니다.

08 예시 답안

건강보험심사평가원에서 2015년 만성피로증후군 진료 인원을 성별, 연령별로 조사한 결과 조사 대상자 중 여성은 62.3%, 남성은 37.7%로 여성은 남성보다 24.6% 더 높은 것으로 나타났다. 따라서 여성이 남성보다 만성피로증후군을 더 많이 앓고 있음을 확인할 수 있다. 또한 연령별로는 50대가 21.5%로 가장 높고 40대가 18.9%로 두 번째로 높다. 이는 경제활동 인구에서 가장 높은 연령층부터 만성피로증후군을 많이 느끼고 있음을 알 수 있다.

09 예시 답안

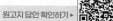
원고지 답안 확인하기 ▶

2015 통계청 조사 결과 대한민국 1인 가구는 520만 3천 가구로 파악되었다. 이는 2010년 대비 106만여 가구가 더 늘어난 것으로 점점 1인 가구는 늘어나는 추세이다. 조사된 1인 가구의 10명 중 4명은 미혼 월세 거주자로서 미혼자는 전체 가구 수의 43.9%를 차지하고 있다.
2018년에는 585만 가구로 다시 늘어나서 전체 가구 수의 29.3%를 차지하고 있으며 소득별로는 200~300만 원 미만의 가구가 1인 가구 전체 중에서 35.7%를 차지해서 가장 높은 소득 비중을 나타내고 있지만 100만 원 미만의 계층도 11.3%, 200만 원 미만은 24.6%로 두 계층이 차지하는 비중은 35.9%로 상당히 많은 비중을 보이는데 대체로 1인 가구의 빈곤층이 상당히 넓게 나타나고 있음을 알 수 있다. 국가별 비중으로 보더라도 한국은 북유럽 나라보다는 낮은 비율이기는 하지만 미국보다는 높은 비중으로 1인 가구가 많음을 보여 주고 있다.
한편 혼자 사는 만족도 조사에서는 30대 초반 여성이 84.5%의 높은 수치를 보여 주었고, 그 다음으로는 20대 중반 여성이 79.1%로, 대체로 젊은 층 여성들이 높은 만족도를 나타내고 있음을 보여 주고 있다. 남성의 경우도 20대 초반 청년들이 70.6%로 연령대에서는 가장 높은 만족도를 가지고 있었다.
1인 가구의 증가 원인으로는 무엇보다 경제적 원인이 가장 크다고 볼 수 있다. 물가 상승과 빈부격차의 심화는 결혼 기피 현상으로 이어졌고 육아와 교육비의 증가는 더욱 1인 가구의 비율을 늘어나게 하였다. 이러한 현상은 설령 결혼 후 부부가 맞벌이를 하여도 크게 나아지지 않을 것으로 예상되므로 더욱 1인 가구의 현상은 심화하였다.

최종 모의고사 03회

객관식 영역

01 ②	02 ①	03 ④	04 ①	05 ①
06 ④	07 ③	08 ③	09 ④	10 ②
11 ⑤	12 ④	13 ④	14 ②	15 ④
16 ④	17 ③	18 ①	19 ①	20 ①
21 ②	22 ④	23 ②	24 ①	25 ③
26 ④	27 ④	28 ①	29 ①	30 ③

01 ②

'전화기 고장'과 '이런 서비스'에 대한 진술이 전제되어야 하므로 맨 앞으로 옮길 수 없다.

02 ①

국토교통부가 규제 없는 자유 실증으로 각 지자체의 드론 산업을 육성하려는 것이 이 글의 취지이다. 따라서 다른 선지들은 기사 일부분의 내용만을 반영하는 것들이다.

03 ④

㉠은 '불편이 있어 온' 기간을 나타낼 수 있도록 '그간'이라는 명사, ㉡은 앞서 선술된 서비스모델 사례를 가리킬 수 있도록 '이렇듯'이라는 부사, ㉢은 '또한'이라는 부사어로 '드론 특별자유화 구역' 지정과 관리가 국토부의 행위임을 설명해야 한다.

04 ①

세계 드론 시장의 매출 규모는 본 기사와는 맥락이 맞지 않는 내용이다.

05 ①

첫 번째 문단에서 과거 모방, 재현주의였던 회화가 현대 회화를 추상으로 이끌었다고 설명한다.

06 ④

세잔이 현대 회화를 추상으로 이끌었고 입체파에 영향을 주었다는 내용이 골자를 이루고 있다.

07 ③

㉡세잔과 ㉢입체주의는 전통적인 원근법에 따라 고정된 시점에서 대상을 표현하는 것을 거부했다.

08 ③

글의 끝부분에서 식량 획득 방법의 차이가 아이를 기르는 관습의 차이로 이어지고 있음을 나타내고 있다.

09 ④

본문은 우리 사회에서 남성과 여성에게 서로 다른 행동을 기대하는 이유(남녀의 행위 방식)가 생존 방식에 따라 결정된다는 설명을 하고 있다.

10 ②

전문─주문─말문의 3단 구성이 기본이다.

11 ⑤

전문적 용어는 되도록 사용하지 않는 것이 좋다.

12 ④

직업 윤리의 관점에서 판매원은 정보를 숨겨서는 안 된다.

13 ④

예규는 행정 사무의 통일을 기하기 위하여 반복적 행정 사무의 처리 기준을 제시하는 법규문서 외의 문서를 말한다. ④의 설명은 공고문서 중 고시에 해당한다.

14 ②

발표 형식은 되도록 간단명료하게 만들어서 청중들이 집중과 이해가 쉽도록 돕는다.

15 ④

사적 언어보다 공적 언어를 사용해야 한다.

16 ④

협조 내용은 핵심만 적어서 항목별로 나누는 것이 좋다.

17 ③

협조문은 정확한 정보를 전달하는 것이 목적이므로 육하원칙에 맞게 내용을 전달한다.

18 ①

Ⓐ는 관련 자료 수집 단계로 조사, 관찰, 현지 답사 등을 해야 한다.

19 ①

이력서는 기본 정보를 정리해서 작성하는 것이므로 지원 동기 등은 자기소개서에 작성해야 한다.

20 ①

이모티콘을 자제하고 어법에 맞는 글을 작성해야 한다.

21 ②

과거의 추세에 근거해서 미래를 예측하고 있다.

오답 피하기
① 브레인스토밍 기법
③ 시나리오 기법
④ 직관적 예측 기법
⑤ 델파이 기법

22 ④

오답 피하기
① 실무형
② 순응형
③ 수동형
⑤ 수동형

23 ②

40~50대의 응시율이 늘어나고 있다는 것을 그래프를 통해서 확인할 수 있다.

24 ①

1/4분기와 4/4분기는 계절적 요인이 있으므로 단순 비교할 수는 없다.

25 ③

A 씨의 자동차가 공해 차량이라는 근거가 없는 상황에서 저감 장치 유무를 논의하는 것은 무의미하다.

26 ④

의사소통은 발화와 같은 언어적 요소뿐 아니라 비언어적 요소도 포함한다.

27 ④

문제해결능력에 해당된다.

28 ①

청소년 교육은 저작권과 직접적인 관련이 있다고 볼 수는 없다.

29 ①

무관심도 직업 윤리에서 주의해야 할 항목이다.

30 ③

변조는 데이터를 임의 조작해서 속이는 행위로 글쓰기 윤리에 포함된다.

01 예시 답안

오랫만이네요–오랜만이네요
어의없는–어이없는
몇일–며칠
금새–금세
예기–얘기

02 예시 답안

Ⓐ 설명회 개요
Ⓑ 일시
Ⓒ 장소
Ⓓ 참석
Ⓔ 협조요청 사항

03 예시 답안

Ⓐ 참석자가 50명 이하
Ⓑ 행사는

04 예시 답안

Ⓐ 관객(또는 사람)
Ⓑ 돗자리
Ⓒ 공간(또는 곳)

05 예시 답안

1) 사슴이 사냥꾼에게 쫓겼다.
2) 영희가 영수에게 속았다.

06 예시 답안

북경한국국제학교 중등 중국어 페스티벌 개최

07 예시 답안

영진체육문화센터에서는 심폐소생술과 응급처치 교육을 실시합니다. 교육 일시와 장소는 매월 넷째 주 목요일마다 12시에 영진체육문화센터 3층 체육관에서 이루어집니다. 희망하는 누구나 교육이 가능하오니 안내데스크에서 방문 신청해 주시기 바랍니다.

08 예시 답안

2016년 화장품 시장규모는 미국이 706억 달러(17.4%)로 개별국가 기준 세계에서 가장 큰 시장이며, 이어서 중국(436억 달러, 12.0%)이 2위를 차지하고 있다. 우리나라의 2016년 화장품 시장규모는 109억 달러로 프랑스에 이어 8위를 차지했으며, 세계 화장품 시장에서 차지하는 비중은 3.0% 수준이다.

09 예시 답안

원고지 답안 확인하기 ▶

2013년 오존경보 발령횟수가 역대 최고치를 기록했다. 통계에서 시간최대 농도가 상승하지 않았음에도 오존경보 발령횟수가 늘어났다는 것은 우리나라의 평균 오존 농도가 상승했음을 말해 준다.
우리나라의 온실가스 배출량이 2000년대에 들어서면서 대폭 증가하였다. 2005년 이후로는 상승 폭이 크지는 않으나 배출량은 매해 상승하여 전년도 대비 하락세를 나타낸 해가 없음을 보인다.
2011년도 우리나라의 온실가스 배출량에서 에너지 부문은 87.2%라는 압도적으로 높은 비중을 차지하고 있다. 다음으로는 산업공정 7.5%, 농업 3.2%, 폐기물 2.1%가 뒤를 따르고 있다.
우리나라 자연재해 피해는 이따금 최고치를 기록하기는 하나 전체적으로 감소세를 보이고 있다. 또한 2005년 이후 겨울철 재해인 대설은 여름철 재해인 태풍, 호우보다 상대적으로 적은 피해액을 기록하고 있다.

객관식 영역

01 ③	02 ①	03 ②	04 ①	05 ②
06 ②	07 ②	08 ②	09 ①	10 ③
11 ⑤	12 ⑤	13 ⑤	14 ②	15 ①
16 ④	17 ⑤	18 ①	19 ③	20 ④
21 ①	22 ②	23 ③	24 ①	25 ③
26 ③	27 ④	28 ④	29 ④	30 ②

01 ③

(가)의 두 번째 문단에서 3차원 복원 시스템에 이용되는 경험적 요인은 경험에 의한 3차원 착시임을 설명하고 있다.

02 ①

한쪽 눈을 다친 상우는 양안의 초점 조절을 사용할 수 없어 단안 요인의 도움으로 거리감을 느껴 양파를 집었다.

03 ②

(나)에서는 HIV의 개념을 설명함으로써 HIV가 역전사 효소를 가지는 바이러스임을 밝히고 있다.

04 ①

프레젠테이션 자체가 컴퓨터 프로그램은 아니다.

05 ②

일반적인 문서의 경우 각 자체 규약 등에 의하여 기재하거나 기재하지 않는 경우도 있다. 일반 회사에서는 이 보존 기간의 기재를 생략한다.

06 ②

자기소개서에서 가정환경이나 성장배경은 자신을 뚜렷하게 나타낼 수 있는 경험만을 적어서 채용 담당자의 눈에 띄어야 한다.

07 ②

①은 경고 메시지가 없고, ③은 화재와 관련 없는 오염문제이다. ④, ⑤은 비유와 경고가 빠져 있다.

08 ②

리플릿은 2~4면 정도의 인쇄물이며 전단지로 불린다. 선전을 위한 소책자는 팸플릿에 해당한다.

09 ①

청자의 이해를 위해서 자료는 쉽고 단순하게 구성해야 한다. 발표를 위한 자료일지라도 너무 다양하면 집중과 이해를 방해하게 된다.

10 ③

③ 자격 기준이 모호하므로 구체적인 자격 요건을 밝혀야 한다.

오답 피하기
① 필요한 정보를 제공하고 있다.
② 전형 절차의 기준은 공개하지 않아도 된다.
④ 채용공고의 원칙은 아니다.
⑤ 전형 절차에 관해서 자세히 밝힐 필요는 없다.

11 ⑤

제목은 문서의 목적을 담고 있어야 한다. 본 문서는 대금청구가 주목적이므로 ⑤이 적절하다.

12 ⑤

거창하고 난해한 내용은 독자의 이해를 얻기 힘들므로 현실적인 사례를 통해 쉽게 접근해야 한다.

13 ⑤

오답 피하기
① 주어와 서술어를 분명히 밝혀서 작성해야 한다.
② 전문용어는 되도록 사용하지 않아야 한다.
③ 출처를 생략해서는 안 된다.
④ 명확하게 표현해야 한다.

14 ②

오답 피하기
ⓒ 하나의 기획서에는 하나의 목적만을 다루어야 한다.
ⓓ 제목이 지나치게 간결하면 핵심 내용을 전달할 수 없다.

15 ①

안내문은 상황과 필요도에 따라 대부분 자유로운 형식으로 작성한다.

16 ④

발신에는 문서를 작성한 본인의 성명이나 소속 등을 적는다.

17 ⑤

미션 설정은 전략목표설정에 해당하는 것이다.

18 ①

비공식조직은 단체가 아닌 개인들이 자발적으로 형성한 조직이다.

19 ③

직업윤리에 해당하는 내용이다.

20 ④

조직은 결과에 초점을 맞춘다.

21 ①

경영 자원에는 인적, 물적인 것뿐 아니라 시간 등의 비물질 자원도 포함된다.

22 ②

인적자원관리의 가장 중요한 과제는 조직의 목표와 개인의 목표가 조화를 이루도록 하는 일이다.

23 ③

자료는 객관적으로 해석하여야 한다.

24 ①

외국영화 관객 수는 점차 감소할 것으로 예측하고 있다.

25 ③

발생형 문제에는 분석적 사고가 필요하다.

26 ③

구성비 분할은 원 그래프에 해당하는 내용이다.

27 ④

발생형 문제는 현재의 문제를 분석하는 것이다. 그러나 ④은 창조적 관점의 탐색형 문제 해결 방안이라고 할 수 있다.

28 ④

보고서 작성과 관련된 내용으로서 저작권에 대한 주제가 아니다.

29 ④

두 사람은 저작물과 관련된 이야기를 하고 있으며 보기 중 ④만이 특허권에 대해 설명하고 있다.

30 ②

조직이해능력에 해당한다.

01 예시 답안

㉠ 교장선생님의 말씀이 있겠습니다.
㉡ 3학년 선배가 그러던데요.

02 예시 답안

수능 전 아파트 내 면학 분위기 조성 협조 안내

03 예시 답안

온라인 동영상 소셜 플랫폼을 포함한 대중매체가 우리에게 새로운 지식과 다양한 정보를 전해 주는 것은 사실이다. 하지만, 자극적이고 흥미 위주의 볼거리는 오히려 인간의 창의력을 제한할 뿐 아니라 인간관계의 단절을 가져와서 삶의 질을 하락시킬 수가 있다. 따라서 사용자들은 대중매체의 내용을 선별적이고 주체적으로 수용해야 한다.

04 예시 답안

사람의 말이 대상에 미치는 영향

05 예시 답안

어머니께서 대학교 졸업 선물로 정장 한 벌을 사 주셨다.

06 예시 답안

㉠에 해당하는 예 : 남녀, 결뉴
짧은 문장 : 남녀가 서로 결혼을 앞두고 결뉴를 했다.

07 예시 답안

㉠ 얼룩말이 사자에게 잡혔다.

08 예시 답안

역사라는 것은 현대의 정보화 사회에서도 여전히 효용가치가 있다. 역사는 과거를 통해 우리 자신의 현 위치를 확인하고 미래를 향한 가장 올바른 길을 제시하기 때문이다. 더 나아가 삶의 과정에서 올바른 길이 무엇인가를 판단하는 안목과 이에 따른 실천 의지를 강화시켜 준다는 데 그 의의가 있다.

09 예시 답안

 원고지 답안 확인하기 ▶

학생과 교사들의 북한·통일에 대한 인식과 각급 학교의 통일교육 운영 실태를 정확하게 진단하기 위하여 '2019년 학교통일교육 실태조사'를 실시하였다.
'북한(정권)에 대한 생각'이라는 질문에 '협력'이라고 응답한 비율은 43.8%로 지난 2018년 50.9% 대비 7.1% 하락하였다.
북한(정권)에 대해 '협력' 응답율은 2018년 50.9%에서 2019년 43.8%로 전년 대비해서 하락하였고, 북한의 이미지에 대한 전쟁/군사 응답률이 전년 대비 증가한 것으로 나타났다.
다음으로 19세 이상 연령을 대상으로 남북통일에 대한 견해를 물었을 때 '통일은 10년 후쯤 점진적으로 이뤄져야 한다'는 의견이 60%로 가장 많고 '통일보다는 현재대로가 낫다' 19%, '통일은 하루빨리 이뤄져야 한다' 18%로, 점진적으로 통일해야 한다는 의견이 대세를 이뤘다.
응답자 특성별로 보면, 통일이 하루빨리 이뤄져야 한다는 의견은 6.25 한국전쟁을 경험한 세대인 60세 이상 고연령에서 32%로 가장 많았다. 통일보다는 현재대로가 낫다는 의견은 20대에서 가장 많았고 남성(14%)보다 여성(21%)에서 많이 나타났다.

객관식 영역

01	④	02	④	03	④	04	①	05	③
06	⑤	07	②	08	①	09	①	10	③
11	④	12	④	13	②	14	②	15	④
16	⑤	17	⑤	18	③	19	⑤	20	②
21	①	22	②	23	③	24	①	25	⑤
26	①	27	①	28	⑤	29	③	30	⑤

01 ④

자료에 제시된 견해를 일부 인정하고, 간접광고의 문제점, 해결 방안을 제시하였다.

오답 피하기

① 자료에 제시된 견해를 인정하지 않음
② 해결 방안 미제시
③ 글의 전개 순서가 조건과 맞지 않음
⑤ 간접광고의 문제제기와 해결 방안이 없음

02 ④

ⓓ는 '친환경 에너지 개발의 장애 요소'와 내용상 관련성이 없으며 서론인 '친환경 에너지 개념 및 개발 현황'과도 맞지 않다. 따라서 삭제하는 것이 옳다.

03 ④

매출이 떨어지고 있는 원인에 대한 비판적인 사고와 매출 향상을 위한 해결책이 필요한 상황이며 이에 대해 체계적인 접근을 해야 한다. 폭염이 끝난 후 내방객 수 회복에만 기대는 것은 오히려 도움이 안 될 수 있다.

04 ①

윗글은 세계시민에 대한 개념을 고찰하고 있다.

05 ③

세계시민에 대한 개념은 이미 근대에서 칸트가 주장한 바 있다.

06 ⑤

글의 요지는 서울의 옛 터전이 산과 고개의 지형과 조화를 이루었다는 것을 강조하고 있다.

07 ②

(나)에서 산의 설명을 하고 있으므로 자연스럽게 (나) 다음에 글이 이어져야 한다.

08 ①

서술어 '주었다'를 그대로 사용하는 것이 어법에 맞다.

09 ①

기초연금에 대한 설명과 그 제도의 바른 적용에 대하여 논하고 있다.

10 ③

기초연금 대상자는 노인의 소득과 재산을 합산해서 기준을 설정한다.

11 ④

본문은 자기소개서에 해당하며 ④은 보고서 작성에 해당하는 사항이다.

12 ④

메디컬 아트 분야에 대한 문제점이나 개선점을 논한 내용은 없다.

13 ②

② 문장이 본래의 의미를 손상하지 않으면서 가장 어법이 자연스럽다.

14 ②

본문은 연구 논문이므로 일반 기사문과는 다른 성격으로서 학술적인 용어가 사용되어 학문적 전문성을 담고 있어야 한다.

15 ④

각국의 연금 제도에 대한 조사이므로 저자의 독자적인 주장을 기대하기는 어렵다.

16 ⑤

초대장과 안내문은 일정한 형식이 없기 때문에 전달하고자 하는 내용을 목적에 맞게 구체적으로 밝히기만 하면 된다.

17 ⑤

하나의 초대장에는 하나의 행사를 안내하는 것이 좋으며 한 장에 적는 것이 효과적이므로 동문회와 관련이 없는 축하 행사를 초대장의 뒷면에 적는 것은 적절하지 않다.

18 ③

본 글은 식사문이라고도 하는데 이는 행사의 원활한 진행을 위한 글이지 설득이나 사실의 전달을 위한 글과는 거리가 멀다.

19 ⑤

사업기획서에 공통적으로 포함되는 요소들로는 사업 개요, 현황, 추진계획, 회사 운영 계획, 재무 계획 등이 있다.

20 ②

ⓑ에는 '용어의 의미'가 들어가야 한다.

21 ①

'ⓐ 자료수집, ⓑ 주제설정, ⓒ 취재, ⓔ 글쓰기, ⓓ 다듬기'에 해당하므로 ⓑ-ⓐ-ⓒ-ⓔ-ⓓ의 순서가 옳다.

22 ②

문제의 해결을 위해 다방면으로 접근은 하였으나 특별한 공통점을 찾지 못하고 다양한 채널, 여러 가지 문제에 대해 과도하게 자료를 수집함으로 정보의 적합성을 판단하기 어려운 상황에 처했다.

23 ③

연체에 대한 횟수는 당사자들끼리 합의하에 이루어지며 따로 법적인 규정은 없다.

24 ①

리뷰는 전문가 집단을 전제로 상품이나 공연에 대한 소개글을 말하는 것이며, 상품의 정보를 기업이 매스컴에 제공하기 위해 발표내용을 인쇄해서 발표하는 통신문서는 뉴스릴리즈이다.

25 ⑤

⑩은 발신인 주무 담당자의 이름과 연락처를 기재하는 곳이다.

26 ①

② '맑은 물을 되살리자'라는 단일 주제를 다루고 있다.
③ 현장 고발 프로그램이라 보기 어렵다.
④ 선정적 표현은 어디에도 없다.
⑤ 완곡한 표현이 아닌 어떤 행동이 필요한지 구체적으로 명시하였다.

27 ①

해당 도표는 ㉠ 그래프가 일정 시간 동안 결과가 제자리를 머물지만 시간에 흐름에 따라 결과값이 상승하는 것을 보이고 있으며 ㉡ 그래프는 결과값이 제자리거나 하강은 하지 않으나 시간의 흐름에 따라 ㉠보다 현저히 낮은 결과값을 보인다. 그러므로 중간 휴식을 취한 ㉠의 그래프가 휴식 없이 계속 작업을 한 ㉡의 그래프보다 생산량이 높아질 수 있음을 보여 주고 있는 도표이다.

28 ⑤

모든 자료를 사용하라고 했으므로 정답은 ⑤이다.

29 ③

자기소개서는 본사의 신뢰를 얻기 위해 자신에 대해 보여 줄 수 있는 가장 좋은 수단이므로 그대로 두고 다른 자료를 추가로 첨부하도록 하는 것이 좋다.

30 ⑤

육하원칙을 적용해서 구체적으로 법적인 문제없이 작성해야 하는 것은 맞지만 합의서 서식이 특별하게 정해져 있는 것은 아니다.

서술형 영역

01 예시 답안

사무용 PC 및 모니터 구매에 관한 건

02 예시 답안

(가) 1. 수정신고기한
(나) 2. 자료제출기일
(다) 3. 자료작성요령
내용의 '수정신고 자료 제출'과 '아래의 기일'을 통해 수정신고와 자료제출에 대한 두 개의 기일이 존재하고, 붙임된 파일을 통해 작성 요령을 유추할 수 있다. 또한 공문서에서는 글을 쓸 때 앞에 번호를 붙여 가며 짧게 끊어서 중요한 요점이나 단어를 나열하는 방식인 개조식으로 항목을 나열하도록 해야 한다.

03 예시 답안

㉠ : 한국의 지니계수는 OECD 평균치에 가까우므로 부의 양극화가 심하지 않다.
전제 2에서 제시한 OECD 회원국의 평균값과 한국의 평균값이 비슷하고 소득분배 불평등 지수 0.4 이하이므로 경제 불평등의 다른 표현인 부의 양극화가 심하지 않다는 결론을 내릴 수 있다.

04 예시 답안

ⓐ 예 : 나열, 선율
짧은 문장 : 규칙적으로 나열된 음자리표들을 보니 아름다운 선율이 그려진다.

05 예시 답안

선유도를 즐기는 3가지 방법

06 예시 답안

고교 직업교육 대상자 진학률은 지속적으로 증가하다 2009년을 기점으로 감소하였으며, 2015년 취업률보다 10% 낮은 수치를 기록하고 있다. 반면 취업률은 줄곧 감소하다 2009년을 기점으로 6년 연속 상승하여 2015년 46.6%로 진학률보다 10%가 더 높다. 고교 직업교육 대상자의 진학률이 하락하고 오히려 취업률이 상승하는 것은 고졸 취업문화가 지속적으로 증가하고 있다는 것을 의미한다.

07 예시 답안

IP TV 가입자 700만 명 넘어서

08 예시 답안

학회에서 발표된 내용을 참고하여 정보산업에 관한 지식을 다음 분기 프로젝트에 활용하려고 했던 나에게 학회 강의는 큰 도움이 되었다. 왜냐하면 산업 배경과 사례들이 매우 구체적으로 설명되었던 덕에 앞으로 사업 발전을 어떤 식으로 도모할 수 있을지 배울 수 있었기 때문이다.

09 예시 답안   원고지 답안 확인하기 ▶

임금피크제는 근로자의 지속적 고용을 위해 일정 연령을 기준으로 임금을 조정하고, 소정기간 동안의 고용을 연장 또는 보장하는 제도이다. 한국사회의 급속한 고령화와 노동생산성과 임금 상승의 불균형, 경제성장률 둔화와 글로벌 경제의 변동성 증가 등에 따라 그 도입 필요성이 대두되었다.
임금피크제는 정년보장형, 정년연장형, 고용연장형으로 나눌 수 있다. 2014년 고용노동부 자료에 따르면 임금피크제 도입 유형은 재고용형이 가장 많고, 다음으로 정년연장형, 정년보장형 순이다. 근로자 입장에서 임금피크제 도입은 실업을 어느 정도 완화할 수 있다. 기업의 측면에서는 인건비 부담을 줄이고, 오랜 기간 지속한 근로자의 경험과 노하우를 살릴 수 있다는 장점이 있다. 반면 기업 특색을 무시한 임금피크제는 임금 수준 하락의 편법으로 악용될 수 있으며, 공기업의 경우 노령자 구제 수단으로 악용될 수 있다는 단점도 존재한다. 이러한 임금피크제 도입은 현재 1,000명 이상의 대규모 사업장에서 가장 많이 도입하고 있다. 또한 국내 30대 기업은 56%가 도입했으며, 500대 기업은 31.4%가 도입했고, 49.5%가 도입할 계획이 있음을 표명했다. 결국 대형 사업장을 중심으로 임금피크제 도입이 확산될 것으로 전망된다.
임금피크제 도입 시 청년 순채용 인원 변화는 2014년 정년제가 있는 사업장 940개소를 대상으로 분석한 결과 제조업과 비제조업 분야는 증가했지만, 공공기관은 오히려 채용인원이 감소하는 경향을 보여 준다. 즉 ㅇㅇ자동차와 같은 제조업 분야는 청년고용 확대와 고용안정이라는 사회적 요구에 부응할 수 있음을 알 수 있다. 하지만 공공기관에서는 노령자 구제 수단으로만 활용될 수 있음을 보여 준다.
따라서 임금피크제의 도입은 제조업과 비제조업 분야를 중심으로 선시행하고, 공공기관의 경우 그 단점을 극복할 수 있는 방안을 마련하는 신중한 태도가 필요하다.

자격증은
이기적

국가공인 한국실용글쓰기검정 답안지

이름	
생년월일	

수험번호

⓪	⓪	⓪	⓪	⓪	⓪	⓪	⓪	⓪
①	①	①	①	①	①	①	①	①
②	②	②	②	②	②	②	②	②
③	③	③	③	③	③	③	③	③
④	④	④	④	④	④	④	④	④
⑤	⑤	⑤	⑤	⑤	⑤	⑤	⑤	⑤
⑥	⑥	⑥	⑥	⑥	⑥	⑥	⑥	⑥
⑦	⑦	⑦	⑦	⑦	⑦	⑦	⑦	⑦
⑧	⑧	⑧	⑧	⑧	⑧	⑧	⑧	⑧
⑨	⑨	⑨	⑨	⑨	⑨	⑨	⑨	⑨

감독관 확인란	

번호 1~10

번호					
1	①	②	③	④	⑤
2	①	②	③	④	⑤
3	①	②	③	④	⑤
4	①	②	③	④	⑤
5	①	②	③	④	⑤
6	①	②	③	④	⑤
7	①	②	③	④	⑤
8	①	②	③	④	⑤
9	①	②	③	④	⑤
10	①	②	③	④	⑤

번호 11~20

번호					
11	①	②	③	④	⑤
12	①	②	③	④	⑤
13	①	②	③	④	⑤
14	①	②	③	④	⑤
15	①	②	③	④	⑤
16	①	②	③	④	⑤
17	①	②	③	④	⑤
18	①	②	③	④	⑤
19	①	②	③	④	⑤
20	①	②	③	④	⑤

번호 21~30

번호					
21	①	②	③	④	⑤
22	①	②	③	④	⑤
23	①	②	③	④	⑤
24	①	②	③	④	⑤
25	①	②	③	④	⑤
26	①	②	③	④	⑤
27	①	②	③	④	⑤
28	①	②	③	④	⑤
29	①	②	③	④	⑤
30	①	②	③	④	⑤

수험생 유의 사항

1. 이름, 생년월일, 수험 번호는 검정색 볼펜으로 작성할 것.
2. 수험번호 및 객관식 답안 표기는 정확하게 할 것.
   올바른 표기 : ● 잘못된 표기 : ⊘ ⊗ ⊙ ◐ ◑
   (빨간색 등으로 중복 표기 시 중복답안으로 0점 처리되니 주의하기 바람)
3. 잘못 표기하거나 작성한 답안은 수정테이프를 사용하여 수정할 것.
   (서술형 답안은 수정테이프와 수정기호 모두 사용 가능)
4. 문제 번호와 일치하는 답안 번호에 정확하게 표기할 것.
5. 위의 사항을 따르지 않을 경우에는 본인의 불이익이 될 수 있습니다.

서술형 답안 작성 시 유의 사항

1. 서술형 답안은 검정색 볼펜으로 작성할 것.
2. 문제에서 요구하는 조건을 충족시킬 것.
3. 문제에 맞는 답안 번호를 확인하고, 해당 답안을 벗어나지 않게 작성할 것.
4. 글씨는 채점 요소가 아니며, 판독할 수 있게 또박또박 쓸 것.

서술형 1번

서술형 2번

서술형 3번

서술형 4번

서술형 5번

서술형 6번

<table>
<tr><td>서
술
형
7
번</td><td></td></tr>
</table>

<table>
<tr><td>서
술
형
8
번</td><td></td></tr>
</table>

서술형 9번

150

300

450

600

750

900

1050

1200

국가공인 한국실용글쓰기검정 답안지

이름	
생년월일	

수험번호

0	0	0	0	0	0	0	0
①	①	①	①	①	①	①	①
②	②	②	②	②	②	②	②
③	③	③	③	③	③	③	③
④	④	④	④	④	④	④	④
⑤	⑤	⑤	⑤	⑤	⑤	⑤	⑤
⑥	⑥	⑥	⑥	⑥	⑥	⑥	⑥
⑦	⑦	⑦	⑦	⑦	⑦	⑦	⑦
⑧	⑧	⑧	⑧	⑧	⑧	⑧	⑧
⑨	⑨	⑨	⑨	⑨	⑨	⑨	⑨

감독관 확인란	

번호	1~10	번호	11~20	번호	21~30
1	① ② ③ ④ ⑤	11	① ② ③ ④ ⑤	21	① ② ③ ④ ⑤
2	① ② ③ ④ ⑤	12	① ② ③ ④ ⑤	22	① ② ③ ④ ⑤
3	① ② ③ ④ ⑤	13	① ② ③ ④ ⑤	23	① ② ③ ④ ⑤
4	① ② ③ ④ ⑤	14	① ② ③ ④ ⑤	24	① ② ③ ④ ⑤
5	① ② ③ ④ ⑤	15	① ② ③ ④ ⑤	25	① ② ③ ④ ⑤
6	① ② ③ ④ ⑤	16	① ② ③ ④ ⑤	26	① ② ③ ④ ⑤
7	① ② ③ ④ ⑤	17	① ② ③ ④ ⑤	27	① ② ③ ④ ⑤
8	① ② ③ ④ ⑤	18	① ② ③ ④ ⑤	28	① ② ③ ④ ⑤
9	① ② ③ ④ ⑤	19	① ② ③ ④ ⑤	29	① ② ③ ④ ⑤
10	① ② ③ ④ ⑤	20	① ② ③ ④ ⑤	30	① ② ③ ④ ⑤

수험생 유의 사항

1. 이름, 생년월일, 수험 번호는 검정색 볼펜으로 작성할 것.
2. 수험번호 및 객관식 답안 표기는 정확하게 할 것.
   올바른 표기 : ● 잘못된 표기 : ⊘ ⊗ ⊙ ⊖ ◑
   (빨간색 등으로 중복 표기 시 중복답안으로 0점 처리되니 주의하기 바람)
3. 잘못 표기하거나 작성한 답안은 수정테이프를 사용하여 수정할 것.
   (서술형 답안은 수정테이프와 수정기호 모두 사용 가능)
4. 문제 번호와 일치하는 답안 번호에 정확하게 표기할 것.
5. 위의 사항을 따르지 않을 경우에는 본인의 불이익이 될 수 있습니다.

서술형 답안 작성 시 유의 사항

1. 서술형 답안은 검정색 볼펜으로 작성할 것.
2. 문제에서 요구하는 조건을 충족시킬 것.
3. 문제에 맞는 답안 번호를 확인하고, 해당 답안을 벗어나지 않게 작성할 것.
4. 글씨는 채점 요소가 아니며, 판독할 수 있게 또박또박 쓸 것.

서술형 1번

서술형 2번

서술형 3번

서술형 4번

서술형 5번

서술형 6번

<table>
<tr><td>서
술
형
7
번</td><td></td></tr>
</table>

<table>
<tr><td>서
술
형
8
번</td><td></td></tr>
</table>

서술형 9번

```
                                                                    150

                                                                    300

                                                                    450

                                                                    600

                                                                    750

                                                                    900

                                                                   1050

                                                                   1200
```